教職概論

武安 宥・角本尚紀 編

昭和堂

はじめに

　このたびの教育諸法案の改定などに伴い、主として学校教育と教師とに関わる新たな概論書が必要との思いから、本書は企画された。教育を、主観的に根源的人間形成の作用として捉えるだけでなく、また客観的にも国家百年の大計の人間形成の作用として日ごろから見做してきた観点から、再度思いを新たにし、わが国がこれまでに歩んできた教育的足跡を辿りつつ、現状を踏まえ、また今後の確実な教育的進展と展望を考慮し、さらに今日の世界の教育状況をも視野に収めて、大方の人々の賛同を得ることのできるような文献としての用書の作成を目指すものである。しかし、使用においては必ずしも教員養成を目的としない一般大学で、教職課程を履修し学校教員を希望する学生のための「教職概論」書であることを共通の主たる心得とするため、教職専門科目としての内容を可能なかぎり充実させ、教職への基礎・基本を教育する必携の啓発書となることに意識を傾注している。このような思いと願いで執筆者一同は、各自の分担領域に真摯に取り組んできたが、十分に至らぬ諸点に関してはご叱正とご宥恕をお願いする次第である。

　今回もまた、大石泉、松井久見子両氏をはじめ、昭和堂の皆々様の多大なご支援を得たことに厚くお礼申し上げたい。

　　　平成 20 年 12 月 12 日

　　　　　　　　　　　　　　　　　　　　　　　　　　武 安　宥　識

目　次

第1章　教育の原理 ……………………………………………………… 1
1　教職研究の基本的態度　1
2　教育とは何か　2
3　教育と人間　3
4　学校とは何か　8
5　教育される者と学校教育　9
6　学校教育と教育的価値　11
7　教育愛の実践場所　13
8　美にして善なる正義の世界　16

第2章　教育の目的 ……………………………………………………… 19
1　「人間になる」という意味　19
　（1）　人間という生き物　19
　（2）　他の生き物　20
　（3）　オオカミと人間　21
2　教育観（目的）の変遷　22
　（1）　教育のあけぼの　23
　（2）　学校の出現　24
　（3）　ソフィストの出現　25
　（4）　ソクラテスの提言　27
　（5）　教育がめざすもの　30
3　教育の二つの目的──個人的なものと社会的なもの　31

第3章　教職の意義と教育実習 ………………………………………… 36
1　教師に求められる資質能力・力量　37

（1）教職の役割とその魅力　　　　　　　　　　　　　　37
　　　（2）国の求める資質能力（答申）　　　　　　　　　　　38
　　　（3）研修を通した資質能力の向上策　　　　　　　　　　40
　　2 教員養成と教育実習　　　　　　　　　　　　　　　　　42
　　　（1）教員養成のしくみ　　　　　　　　　　　　　　　　42
　　　（2）教育実習の意義と役割　　　　　　　　　　　　　　43
　　　（3）介護等体験・スクールサポータ　　　　　　　　　　44
　　3 教師の仕事　　　　　　　　　　　　　　　　　　　　　45
　　　（1）授業　　　　　　　　　　　　　　　　　　　　　　45
　　　（2）学級経営　　　　　　　　　　　　　　　　　　　　46
　　　（3）校務分掌　　　　　　　　　　　　　　　　　　　　47
　　4 教員（教師）の身分・地位　　　　　　　　　　　　　　48
　　　（1）教員の身分　　　　　　　　　　　　　　　　　　　48
　　　（2）教員の服務　　　　　　　　　　　　　　　　　　　50
　　　（3）教員の懲戒・分限　　　　　　　　　　　　　　　　51

第4章　心身の発達と学習過程　　　　　　　　　　　　　　53
　　1 学習と発達はどのような関係にあるのか　　　　　　　　53
　　2 学習における言語と思考の関係と「発達の最近接領域」　56
　　3 発達において構造の構成を主導するもの　　　　　　　　58
　　4 学習と身心発達の関係　　　　　　　　　　　　　　　　60
　　5 「認知構造変容理論」と媒介学習体験　　　　　　　　　62
　　6 フォイヤーシュタインの実践とヴィゴツキー理論　　　　65
　　7 学習と発達の関係と障害の理解　　　　　　　　　　　　66

第5章　学校の組織と運営　　　　　　　　　　　　　　　　69
　　1 学校の組織　　　　　　　　　　　　　　　　　　　　　69
　　　（1）組織とは何か　　　　　　　　　　　　　　　　　　69
　　　（2）実際の組織――校務分掌　　　　　　　　　　　　　70
　　　（3）組織と役割　　　　　　　　　　　　　　　　　　　70
　　　（4）委員会組織　　　　　　　　　　　　　　　　　　　75

　　　　(5) プロジェクトチーム——実践力としての組織　　　　　　　76
　　　　(6) 学校評議員制度　　　　　　　　　　　　　　　　　　　77
　　❷ 学校の運営　　　　　　　　　　　　　　　　　　　　　　　　77
　　　　(1) 企業人からみた学校運営の問題点　　　　　　　　　　　77
　　　　(2) 学校運営の実態　　　　　　　　　　　　　　　　　　　78
　　　　(3) 校長とリーダーシップ——校長の権限と法的解釈　　　　79
　　　　(4) 活力ある組織と運営——リーダーを育てる組織、機能する組織を目指して 81
　　　　(5) 評価制度——人事考課としての評価　　　　　　　　　　82
　　　　(6) 危機管理と運営——対応次第で学校は変わる　　　　　　83
　　　　(7) 研修と資質——研修の日常化　　　　　　　　　　　　　85
　　　　(8) 課題と展望——メンタルヘルスの問題、年齢の偏り　　　86

第6章　教育課程の意義と編成の方法　　　　　　　　　　　　　88

　　❶ 教育課程の意義　　　　　　　　　　　　　　　　　　　　　　88
　　　　(1) 教育課程の定義と法制　　　　　　　　　　　　　　　　88
　　　　(2) 学習指導要領の基準性　　　　　　　　　　　　　　　　91
　　　　(3) 学習指導要領の変遷　　　　　　　　　　　　　　　　　94
　　❷ 教育課程の編成と実施　　　　　　　　　　　　　　　　　　103
　　　　(1) 教育課程の編成権者　　　　　　　　　　　　　　　　103
　　　　(2) 教育課程編成における留意点　　　　　　　　　　　　104

第7章　教育方法と技術　　　　　　　　　　　　　　　　　　107

　　❶ 教育方法の発展と現実　　　　　　　　　　　　　　　　　　107
　　❷ 教育内容の問題に関して　　　　　　　　　　　　　　　　　108
　　　　(1) 教育内容の構造化——何を教えるか　　　　　　　　　108
　　　　(2) 教材の構造化　　　　　　　　　　　　　　　　　　　109
　　❸ 教育の目標——内容という関係における陶冶財(教材の本質) 110
　　❹ 教授原理の本質と問題について　　　　　　　　　　　　　　111
　　　　(1) 範例学習（Exemplarisches Lernen）　　　　　　　　113
　　　　(2) 完全習得学習（マスタリー・ラーニング mastery learning）　114
　　❺ 教師力・授業力・実践力と教授技術について　　　　　　　114

(1) 教材の自作について　　　　　　　　　　　　　　　114
　　　(2) 板書の方法　　　　　　　　　　　　　　　　　　115
　　　(3) 授業（過程の）教師の指導性　　　　　　　　　　115
　6 教授形態の問題、教授組織の原理などについて　　　　　117
　　　(1) 教授・学習活動　　　　　　　　　　　　　　　　117
　　　(2) ティーム・ティーチング　　　　　　　　　　　　118
　　　(3) オープン・エデュケーション（開放教育制度）　　119
　　　(4) 習熟度別学習　　　　　　　　　　　　　　　　　120
　7 教育における訓育論、集団論の問題などについて　　　　122
　　　(1) 生活指導（と訓育）　　　　　　　　　　　　　　122
　　　(2) 子どもの自立と生活指導　　　　　　　　　　　　123
　　　(3) 生活指導の組織と計画　　　　　　　　　　　　　123

第8章　道徳教育の理論と現代的課題　　　　　　　　　　126

　1 道徳教育の目的と意義　　　　　　　　　　　　　　　　126
　　　(1) 道徳教育の目的――人間の望ましいあり方　　　　126
　　　(2) 道徳教育の意義　　　　　　　　　　　　　　　　127
　　　(3) 道徳教育と哲学　　　　　　　　　　　　　　　　128
　2 道徳教育の目標と内容・方法　　　　　　　　　　　　　131
　　　(1) 中学校道徳の目標・方法　　　　　　　　　　　　131
　　　(2) 中学校道徳教育の意義　　　　　　　　　　　　　132
　3 家庭教育と道徳性　　　　　　　　　　　　　　　　　　132
　　　(1) 家庭の教育機能　　　　　　　　　　　　　　　　132
　　　(2) 教育の場としての家庭　　　　　　　　　　　　　134
　　　(3) 「家庭教育」の人間学的考察　　　　　　　　　　136
　4 家庭・地域社会・学校における道徳教育　　　　　　　　136
　　　(1) 家庭・地域社会・学校における道徳教育の一貫性　136
　　　(2) 家庭と道徳教育　　　　　　　　　　　　　　　　137
　5 新学習指導要領における道徳教育の改善方向について　　138
　　　(1) 2008年以降の道徳教育充実の課題について　　　　138
　　　(2) 2008年以降の道徳教育の改善の基本方針と改善の具体的事項　139

第 9 章　特別活動の理論と実践　143

 1 特別活動の目標　143
 2 各活動・学校行事の目標および内容　144
  (1) 特別活動での各活動・学校行事の目標の概要　144
  (2) 各活動・学校行事およびそれらの内容の具体的目標　145
 3 指導計画の作成と内容の取扱い　152
  (1) 指導計画の作成にあたっての配慮事項　152
  (2) 内容の取扱いについての配慮事項　154
  (3) 授業時数などの取扱いについて　154
  (4) 評価　155

第 10 章　生徒指導の理論と実践　158

 1 生徒指導の定義　158
 2 生徒指導の意義　159
 3 生徒指導の組織　161
 4 生徒理解　162
 5 教育相談　163
 6 校則　165
 7 懲戒　165
 8 出席停止　167
 9 少年非行・問題行動　168
 10 少年非行の原因と背景　169
 11 学校における生徒の問題行動と対策　172

第 11 章　教育相談の理論と実践　174

 1 教育相談の意義と目的　174
  (1) 教育相談とは？　174
  (2) 教育相談の目的　175
  (3) 相談の始まりと留意点　176
 2 相談機関および担当者　176

(1) 相談機関の種類と歴史的経緯 　　　　　　　　　　　177
　　(2) 学校での教育相談 　　　　　　　　　　　　　　　177
　　(3) 相談の担当者と資格 　　　　　　　　　　　　　　178
3 相談の方法論 　　　　　　　　　　　　　　　　　　　　180
　　(1) 精神分析療法（psychoanalysis） 　　　　　　　　　181
　　(2) 来談者中心カウンセリング（client centered counseling） 　181
　　(3) ロールプレイ（役割演技） 　　　　　　　　　　　　182
　　(4) グループ・エンカウンター 　　　　　　　　　　　　183
　　(5) 行動療法（behavior therapy） 　　　　　　　　　　184
　　(6) プレイセラピー（遊戯療法 play therapy） 　　　　　186
　　(7) アートセラピー（芸術療法） 　　　　　　　　　　　186
　　(8) 家族カウンセリング 　　　　　　　　　　　　　　　187
　　(9) 教師へのコンサルテーション 　　　　　　　　　　　188
4 発達支援・特別支援教育あるいは生徒指導にかかわる子どもの診断と対応　188
　　(1) 知的障害（精神遅滞 mental retardation） 　　　　　189
　　(2) 広汎性発達障害(pervasive developmental disorder)、
　　　　自閉障害およびアスペルガー障害など 　　　　　　　189
　　(3) AD/HD(Attention Deficit/ Hyperactivity Disorder 注意欠陥／多動性症候群)　191
　　(4) LD（Learning Disorder、Learning Disabilities 学習障害）　192
　　(5) CD（Conduct Disorder 行為障害） 　　　　　　　193
5 教育相談の課題 　　　　　　　　　　　　　　　　　　　194

資料 ……………………………………………………………………… 199
　日本国憲法（抜粋） 　　　　　　　　　　　　　　　　　　199
　教育基本法（全文） 　　　　　　　　　　　　　　　　　　199
　学校教育法（抜粋） 　　　　　　　　　　　　　　　　　　202
　学校教育法施行規則（抜粋） 　　　　　　　　　　　　　　210
　教育公務員特例法（抜粋） 　　　　　　　　　　　　　　　215

索引 ……………………………………………………………………… 220

第1章　教育の原理

1 教職研究の基本的態度

　教職の研究を始めるにあたって、最も基本的な態度（fundamental attitude）とでもいうべきものは、人格形成の精神を養うことである。そのためにはつぎの3点に注目しておきたい。まず第一点はヘーゲルの言葉、「真理への勇気 Mut zur Wahrheit」を養うことであり、またカントが学問的精神に不可欠の態度としてあげている「誠実・正直 Wahrhaftigkeit」である。ついで第二点は自己の体験の省察である。言い換えると自己の教育体験の反省・考察であるが、この場合に教育体験の〈能動的側面〉・〈意図的教育〉と〈受動的側面〉・〈非意図的教育〉との二側面があり、前者の代表者は教育実践家のペスタロッチ（Pestalozzi, Johann Heinrich 1746-1827）であり、彼の『隠者の夕暮』（*Die Abendstunde eines Einsiedlers*, 1780）や『白鳥の歌』（*Schwanengesang*, 1826）などは、教育実践家としての自己の体験省察に根差したいわば実存的真理が明らかとなっている。後者の代表者としてはルソー（Rousseau, Jean Jacques 1712-1778）があり、彼は自己の魂の覚醒というような実存的実証を明らかにする教育体験を、その主著『エミール』（*Émile ou de l'education*, 1762）第4巻を通して、いわば隠れた根拠として明らかにしている。これらの能動・受動の両側面の教育体験をともに豊かに含み、両側面をほとんど等しく根拠とする人間形成論はプラトンとフレーベルを代表者と

することができる。ここから第三点として古今東西の先人の古典（classic）の精読を通してわれわれの教育学精神を深く高く高揚させていく必要が挙げられる。

❷ 教育とは何か

「教育とは何か」という問題をまず言葉を手がかりにして考えてみると、この教育という言葉は『孟子』（孟子 B.C.372-289）の「尽心章句」上、20章にみられる、いわゆる〈三楽〉の章にある「得天下英才而教育之、三楽也」が初出とされている。

ところで、「教」は〈をしえる〉こと〈知らざることを告げ覚らす〉ことであるが、「教は効なり」とあって、効は〈ならう〉であり、「教」とは上の施すところにして下の効うところという。しかし、この「教」の訓である〈をしふ〉は、『大言海』、『広辞苑』（第2版）によると「をしむ（愛む）に通ず」とあって、〈をし〉〈愛し〉〈愛づべし〉〈いつくし〉から出た言葉で、元来〈愛〉を意味したのである。すなわち諭し導く、覚し知らせるという道徳的・知的な意味の根底に愛がある。したがって日本語に元来含蓄されている教育観によると、教育とは〈愛し育てること〉であり、その結果として道徳的、また知的な意味となったものと考えられる。その根本感覚からいえば、教育とは〈愛し育てること〉、〈愛され育つこと〉である。

また「育」は〈育つ〉として、草木の栽培との類比で、成長すること、すなわち、与えられた素質がたえず一定の高さまで発展することである。（語源——巣立つ、一人前になること）。また他動詞〈育てる〉は自動詞〈育つ〉を前提としており、ギリシア語の τροφη（養育）と同義である。一説では、英語の educate は educe と同じラテン語の educere にもとづき lead out、引き出す、すなわち、潜在しているものを引き出して発現させることであるという。ドイツ語の erziehen も引き出す、という意味でまったく educate と同義である。これらの言葉においては教育されるものがひとつの実体としてとらえられ、それの本質が潜在から顕在へ、可能性から現実性へ、時間的、

連続的に展開していくものと考えられ、教育はこの時間的展開過程をただ助けるものとしてとらえられている（神の助力者。天地の化育を賛く）。

しかし教育は〈育〉だけでなく〈教〉、すなわち、〈おしえ導く〉の面がある。日本語でも前述したように、〈をしふ〉は本来愛であるが、それは事柄の必然上〈導き知らせる、覚し知らしめる〉ということになったのであろう。ギリシアでは、先の τροφη（育て）に対して αγωγη（導き）、διδαχη（教えること）がある。ところで教え導くということの根底には何かを与え加えて（まだそう）〈でないもの〉から〈であるもの〉〈であるべきもの〉にするということが含まれている。内在しているものを引き出すという先に述べた〈育〉のもっている連続性に対して、これは非有から有へ、存在から当為へ、無知から知へ、の非連続性、飛躍性が考えられている。さらに根本的な非連続性を示す教育作用としての覚醒、転回、改心などがある。

3 教育と人間

カント（Kant, Immanuel 1724-1804）はその『教育学講義』（*Über Pädagogik*, hrsg. v. Rink. 1803）で「人間は教育されなければならぬ唯一の被造物である」[2]とか、「人間は教育によってはじめて人間となることができる」[3]とか言っている。またその著書『エミール』によってカントに考え方の根本的変革（人間の尊敬）を与えたルソーは「植物は培養（culture）によって成長し、人間は教育（éducation）によって人間となる」[4]と述べている。さらに遡れば、近世教育学の始祖ともいうべきコメニウス（Comenius, Johann Amos 1592-1670）も「教育されなくては、人間は人間になることができない」[5]といっているが、すでにプラトンはその遺著『ノモイ』（Nomoi 法習、法律）において「人間は正しい教育を受け、幸運な資質に恵まれればこのうえもなく神的な温順な動物となるが、十分な教育を受けず、美しく育てられなければ、地上で最も狂暴な動物となる」[6]と述べている。

このように、人間は教育によってのみ人間となることができるという。すなわち、教育は人間成立の不可欠の条件であるというのである。しかもカン

トは人間だけがその他の生物と異なって、教育される必要のある唯一の生物であるというのであるが、それはいかなる意味であろうか。教育なしにただその自然の素質によって成長し、時がくればおのずから人間となるということが可能ではないのであろうか。いったい、ここでいう教育とはいかなる意味であろうか。人間はその他の動物とどういう点で異なっているから教育されなければならないのであるか。

さて、動物は一般的にいって感覚もしくはその連合とこれにともなう感情に支配されている存在であって、いわば刺激と反応運動（または反射運動）との集束（bundle）としての自動機械的な存在で、その生活は本能的（instinctive）であるとされる。動物は本能で生活している。人間も哺乳本能などの本能をもっているが、人間が素質として受けているものは動物の本能のように固定してはいない。人類特有の現象とされている言語能力などはそのよい例といわれる。この非固定性、無限定性、可能性は一方においては人間の可型性（可塑性）として教育可能性の根拠をなし、他方においては、そして、本質的には人間の主体の自由、人間の思考作用の基体的可能根拠をなすものであるが、この非固定性、可能性は自然的成長のままで、すなわち、成人の教育作用なしで人間としての現実性に達することはできないものであろうか。ここでわれわれは人間社会（すなわち、成人を含む人間集団）の外においてたまたま育った野生児に関するいろいろな報告を思い出す。たとえば最も有名なものとしてしばしば問題にされるイタール（Itard, Jean Marc-Gaspard 1774-1838）による『アヴェロンの野性児』(1894)などその代表的なものである。

そこで再度カントの『教育学講義』によると、「人間はただ人間によってのみ、しかも己れも同様に教育されたものであるところの人間によってのみ、教育される[7]」といわれ、このように成人の教育作用を全然受けなければ人間の子どもは人間になることはできない、と考えられるのである。それならばここでいわゆる成人の教育作用とはどのような性格のものであろうか。また〈人間になる〉といわれている「人間」とはどのような特質をもった者と考えるべきであろうか。

第1章　教育の原理

　人間は他の動物とは異なり新しい経験知、すなわち、知識・技術を集団社会に伝達してその共有財産とし、さらにこれを社会の遺産として後代に伝達することができる。すなわち、比喩的にいえば生理的遺伝のみならず、社会的遺伝をもっているものである。これを人間の「歴史性」といってもよい。人間のみが「歴史」をもつといわれる重要な根拠としてこの点をあげることができるであろう。このような新しい知識・技術の伝達は人間以外の動物には、最も高度な知性をもつものにおいてもみられないものである。人間は道具を、すなわち、知識・技術を作りこれを社会的歴史的に伝達する動物であると強調される。しかし、この伝達が可能となるためにはその根底にみずから工夫し考えて作るという「思考作用」が前提されなければならない。この思考作用の基体的可能根拠は上述のように人間素質の非固定性・無限定性にある。人間は考える動物である。すなわち、「rational animal」（理性的動物）である。言い換えると、人間は「文化」をもちこれを伝達する動物である。そして伝達の最も重要な道具は言葉であるから、人間はまた言葉をもつ動物である。ギリシア語では λογος は言葉と理性の両義をもつ。また人間は社会的動物 ζωον πολιτικον である（アリストテレス Aristoteles B.C.384-322）といっても同じことである。そこで、こうした知識・技術の伝達ということがまず成人の教育作用とされるものであろう。しかもこれは教える働きと解すべきであろう。一般的にいって、教える者は年長の世代であり、教えられる者は年少の世代である。この教える働きはつねにかならずしも意図的に行なわれるものではなく、人間の歴史的社会によって教育されて人間となる。この歴史的社会の機能としての非意図的ないしは意図的伝達作用としての教える働きこそわれわれが求めていた、「人間は教育によってのみ人間となる」といわれたその成人の作用である。少なくともその重要なるもののひとつであるということはできる。そしてこの場合人間といわれているのは歴史的社会的動物、文化をもち道具を作る動物、文化を伝達する動物、言葉をもつ動物であり、その根拠をなすものは理性的動物、すなわち、考える動物であるということである。人間の子どもは考えようとする衝動欲求をもつ。この衝動は、しかし、まず、教えることに対する学ぶ働きとして現れる。しかも

この学ぶは、その語源〈まねぶ〉-〈まぬ〉が示しているように、まず模倣（imitation）である。模倣とは、フランスの社会学者タルド（Tarde, Jean Gabriel 1843-1904）によれば主要な社会学原理であるが、また重要な教育学原理のひとつでもあるといえよう。学はまずまねることから出発するといってもよい。子どもの言語学習はその最もよい例であるが、成人の子どもに対する教育的影響は、子どもが社会歴史的存在として成人の模倣をするところに主として成立する。成人の行動の非意図的影響は恐ろしいほど強烈であり、重大である。したがって、非意図的な社会的機能としての教育作用は、意図的に自覚され工夫されなければならない。この自覚的意図的な社会的機能としての教育作用が、厳密な意味での〈考える〉ということにほかならない。もちろん学ぶ働きも、模倣を越えて、意図的に教える働きを受容して、みずからの考える衝動を満足させ、その満足の衝動によって、ますます自分でものを考える（Selbstdenken）人間になって行かなければならない。したがって教えるということも、たんなる文化の〈伝達〉ではなく、つぎの世代の新しい文化〈創造〉を可能ならしめるように、すなわち、子どもの考える衝動、考える力を強め、深め、大きくするように行なわれなければならない。

　社会が真に歴史的であるためには、その成素である個人に自主的思考の自由が与えられなければならない。社会は文化の伝達によって自己を保持し、さらに伝達を受ける者に自主的自由を与えて独立自由な個人格を形成することによって分化・発展する。しかも、いかに分化しても、いやしくも歴史的社会として存立する以上、その根底に何らかの自己同一性（self-identity）がなければならない。このような自己同一性は独立自由な各個別者の自己同一性でなければならない。この自己同一性が歴史的社会を共同体としての場所たらしめているのである。この共同体としての場所を成立せしめている原理を「愛」といってもよいであろう。なぜなら愛とは絶対に分離し独立自由なるものの自己同一性であるからである。これなくしては、社会はその歴史的社会的機能を真に果たすことはできない。このようにして、歴史的社会の機能としての教える働きは、日本語の語源が示しているように、愛にもとづかざるをえない。しかしまた、このようにして、客観的・空間的・社会中心的

な「教」は、主観的・時間的・子ども中心的な「育」と結びつかざるをえないのである。ところで、人間は言語をもつ動物、直立歩行し手を用いる動物である前に、すでに野獣と区別される特性をもっている。それは「笑い」である。人間の子は、直立歩行し、手を用い、話しはじめるはるか以前に（2、3ヵ月で）笑いはじめる。乳呑児が母に抱かれて母に示す〈最初の微笑み das erste Lächeln〉において、人間は真に人間らしくなる。それは母の愛に対して応答する乳呑児の愛の表現である。人間の子どもは考えようとする衝動・欲求をもつが、それ以前に、愛し信じようとする衝動・欲求をもつ。人間の子は、母の愛においてその愛と信の衝動・欲求を満たすことによって「安らい」を得、その安らいは母と子とが占める場所全体の安らいとなり、子は母への愛と信が満たされることによって、その場所の中に存在するすべての事物を愛し信ずるようになる。

　「人間は笑う動物である」といわれる。しかし、もしその笑いが知識や技術にのみ長けた大人の不自然な歪んだ笑いを意味するならば、この言葉は人間の本質を言い表しているものではない。人間は直立歩行し手を用い、言葉をもち、考える理性的動物、歴史的社会的動物である以前に、時間的にも本質的にも「笑う動物」である。その純心無垢な微笑みにこそ人間の本質が表現されている。それは愛の芽生えであり曙光である。根本実在である愛は人間においてその明らかな表現をなす。そのゆえにこそフレーベル（Fröbel, Friedrich 1782-1852）は人間の「最初の微笑み」、母に見せる乳児の最初の微笑みにおいて、子どもの「神性 Gottheit」を認識したのである。[9] 神性とは言い換えると愛にほかならない。フレーベルはこの乳呑児の最初の微笑みが示している愛、すなわち、「共同感情 Gemeingefühl」をどこまでも深く広く育てていくことを教育の根本作用であるとした。しかもこの母の育てる愛の働きなくしては、この子どもの愛する力は育つことができない。幼くして母の手から奪われた野性児は人間の歴史的社会を失っただけではない。彼はその愛と信との衝動を育て現実化する母の愛を失ったのである。そのために彼は人間となることができなかったのである。

4 学校とは何か

　ところで、人間成立の条件としての教育は母の愛の働きに始まるとは上述したところであるが、しかし、この母の愛育は根本実在の愛の表現ではあるけれども、それ自体としてみればなお本能的である。この本能性を純化し、本能にまつわる主観性・個人性、さらに血統に愛着する時間性などの一面性を克服するためには、理性的な客観性・社会性・空間性に結びつかなければならない。すなわち、上述とは逆に、主観的・時間的・子ども中心的な「育」は、客観的・空間的・社会中心的な「教」と結びつかざるをえない。ここにこれまでの母の主観的愛と父の客観的愛とが結合して、はじめて真に愛の教育となることができた。すなわち、主として教育者は「厳父慈母」を一身に有していた「家庭」の空間・場所から、「学校」での教育者・「教師」の必要性が求められて来る。実在は、主観と客観、時間と空間、女子と男子に分離し合一することによって形成的に自覚する。この分離にして合一なるものこそ愛である。実在はこのような愛によって世界形成作用と自覚作用を行なっているのである。そしてこの分離なるがゆえに合一している一者をプラトンの『ティマイオス』編のごとく形成者（δημουργος, ποιητης）または θεος（神）と呼ぶならば[10]、世界は一なる愛の神によって形成自覚されるということができる。

　まことに愛は合一であると同時に、否、合一であるがゆえに分離し、その分離項の独立自由を許す。愛の形成作用が深ければ深いほど、成素の独立自由は高まっていく。このように世界そのものが主観的時間性と客観的空間性を陰陽二元の両極に分離しながらひとつの全体的場所・空間を形成し、形成されていく。その場所は少なくとも三重の構造を成していると考えることができよう。換言すると、根源的な形而上的場所（metaphysical topos）、歴史的社会的場所（historical social topos）、自然的場所（physical topos）である。根源的形而上的場所の形成作用が歴史的社会的場所と自然的場所とを含んで働いていく。こうした世界の愛の形成作用の意味を自覚して、この形成作用

の頂点にある人間形成作用に意図的に参与して（participate）その形成的要素となって働くことが勝義の教育である。プラトンは世界の形成者である惜しみなき愛の神の助手（helper）となって働くことを仕事であると考えた。また教聖ペスタロッチは神の教育（Gotteserziehung）の助手となることが教育者の本務であるという。われわれはまた『中庸』の「天地の化育を知り」、「天地の化育を賛く」という言葉をもこのような意味に解釈することができよう。

このようにして、人間が人間（両親、教師）によって教育されるということは、人間が実在の場所的（家庭、学校）形成作用に参与することによってのみ可能なのである。人間という者は、形而上的場所を根底としてのみ真の教育作用を行なうことができる。もしこれを忘却するならば、悪しき意味における人間主義に堕するであろう。

5 教育される者と学校教育

人間形成の学は、上述のことより世界の形成作用そのものを基盤とする人格形成の学にほかならないことが判明するのであり、その意味でわれわれは、人格形成はたんなる理論学でもまたたんなる実践学でもなく、じつに形成学であると考えるものである。ところで、教育する者は、当然教育される者、すなわち、児童・生徒の真相を承知していなければならないが、そのためには彼等に対して純客観的、いわゆる科学的態度をとる必要があるであろうが、こうした客観（客体）をどう扱うべきか、どう導くべきか、ということが問題にならなければ人間（人格）形成の学問とはいえないであろう。のみならず教育される者は、これに対する者によって種々の性格をとるものであって、この対象はとくに主・客相関的に現れるものであり、たんに客観的には現れないものである。否、この対象は人間（人格）であり、主体的人間（人格）が対象化されうるか、対象となりうるか。対象化された者はすでに主体的自由をもたない非人間的なものになってしまっている、という根本問題がある。

したがって、この両者の関係はたんに理論的関係では成立せず、両者の関

係は実践的関係、人格的関係においてはじめて成立するといえる。それならばこの人間（人格）形成の学は実践学というべきか。しかし、いわゆる実践的関係の学は、理論学が事実学または経験学であるのに対して規範学、すなわち、いかに相手に対して行為すべきかを究めようとするものである。そこでこの実践学ないしは規範学の代表者である倫理学をみれば判明するように、この場合問題となるのは主体がいかに行為すべきかにあり、客体がいかにあるかということはほとんど問題にならない。倫理においては相手がどのような人間であるかということが問題なのではなくて、主体がよき動機にもとづいて行為するか否かに重点がある。しかし、教育また学校教育においては実践的関係ではあるけれども、あくまでも教育される者が、どういう状態からどういう状態になっていくか、その成り行きに主体がどのように参与すべきかが問題である。したがって人間（人格）形成学はたんに客観的な理論学であることもたんに主観的な実践学であることもできないのである。

　いま学を理論学と実践学とに大別したギリシアの哲学者、アリストテレスに立ち帰って考えてみると、この両者（見ると行なう）に対して彼は第三の学として ποιητικη（作る）を立てたのであるが、しかし、〈作る ποιησις〉ということはむしろ〈見る θεωρια〉や〈行なう πραξις〉よりもより根本的な働きであって〈見る〉も〈行なう〉も広い意味の〈作る〉に包括されるように考えられる。言い換えると、ποιησις においては主体の働き、すなわち、客体の成立として主体・客体、主観・客観がひとつになっているということができる。ここに特別な〈作る〉があり、それが教育であり、学校における人間（人格）形成（教育）である。

　ともあれ真の人間（人格）形成においては〈作られるもの〉は〈作るもの〉の手から独立して、自己の働きが自己の意志、良心によってできるようになることが望まれる。こうした意味における〈作る〉こそ、客体の独立性と主体の実践性とが真に合一した、深い意味における〈作る〉であるということができる。このようにして、人間（人格）形成学は最も深い意味における「形成学」ということができる。それはたんなる理論学いわんやその応用学でもなく、またたんなる実践学でもない。前者と後者とをより高い立場において

統一している学問である。

　しかも、上述したように世界そのものが、主・客合一の形成作用によって成立しているものであって、われわれの作る働き、形成作用は、この世界の形成作用の要素として働いているにすぎないのであり、教育（学校教育）ということもこの世界形成作用のうち最も重要なる人間（人格）に自覚的に参与して、世界の形成、すなわち、宗教的に言えば最終的な形成者である神に己を捧げ、神の意志にのみ服従する自由な主体、形成的人間（人格）の形成を助けることにほかならない。人間（人格）形成学はこのような意味における「形成学 ποιησις」の学問でなければならない。それは人間を人間に隷属せしめるような諸学問のたんなる応用学であってはならないし、いわんや現代の教育（学校教育）の傾向性とも見做されるような人間（人格）機械学や破壊学であってはならないことはいうまでもなく、そのためには理論学と実践学との合一・一致であるとともに、深い宗教と哲学による世界観・人間観にもとづいていなければならない。

6 学校教育と教育的価値

　そこで、このような人間（人格）形成を可能にするような場所（空間）としてまず考えられるのが「学校」であろう。この学校の語源的由来を尋ねてみると、洋語ではギリシア語、σχολη（閑暇）に端を発して、ラテン語のschola から school（英）、Schule（独）、école（仏）と展開してきたものであり、それはこの「閑暇 = leisure」の有意義な用い方でギリシア文化・文明の開花をみることになる。国語においてはやはり漢語に起源があり、『孟子』に「庠序学校を設け為して、以てこれを教う。……皆人倫を明らかにする所以なり」とみられて、「人の道」をいかに生きるかを明らかにすることを目的にしたものである。日本語の「学校」という言葉が普及したのは明治維新以降で、広く用いられるようになったのはとくに「学制発布」（1872〔明治5〕年8月）以来であるが、これに先だって出された太政官布告に学校設立の趣旨を説明して「……而て其身を脩め知を開き芸を長ずるは、学にあらざれば

能はず。是れ、学校の設(もうけ)あるゆゑんにして……[13]」とある。

　ところで、テンニース（Tönnies, Ferdinand 1855-1936）によると、社会共同体は第一次集団と第二集団とに分かれ、前者を前近代的集団、後者を近代的集団とも称して、それぞれの代表者として血縁集団としての「家庭」を、利益集団としての「会社」をあげているが、それでは「学校」とはいかなる集団であろうか。ペスタロッチは学校の各教室は家庭の「居間の教育」にみられる両親の愛情の延長線上にあり、そこにはしたがって上からの無償の愛情が実現されるべき空間（場所）であることを強調している。しかし、他方で「学校」はまたデューイ（Dewey, John 1884-1929）によって、明瞭に「社会[14]」であることが認識させられ、したがってそこでは「秩序」が支配してはじめて健全で有効な社会共同集団に成りうると考えられる。このような観点からすると、学校共同体が二つの中心点、すなわち、家庭共同体の「愛」と学校共同体の「秩序」を有すべき、言わば楕円形の社会共同集団として、あるいはいっそう理想的にたとえていうならば、糺(あざな)える一本の縄のごとくにして機能すべきであると力説されるべきであろうか。

　このようにして、現今の文化・文明の衰退傾向を顕にするとも思える時代的状況下にあって、学校はその特徴をまず第一に、「法律に定める学校は、公の性質を有するもの」（教育基本法第6条）として、私立学校といえどもまた「公」の性質をもつものであり（私立学校法）、万人に共同・共通の普遍性を有し、ついで学校は「意図性・組織性」を明確にした社会共同集団であることを強調し、さらに第三には学校が「理想集団」であることを目指して、つねに「ある sein」から「あるべき sollen」姿に向かって奮闘・努力すべき場所であることが自覚されているべきであろう。

　そのためには、学校教育がまず家庭教育の長所となって現れているものを「模倣」し「一般化」しなければならないと考えると、その場所を貫く精神からみるならば、家庭的教育愛ともいうべき「教育愛」が中心でなければならない。子どもは児童・生徒として一室の場所に定期的に集合し、施設や教材を媒介にして一室の人間、すなわち、教師の指導の下に生活し学習する。そこにおける人間関係は教師－児童・生徒、児童・生徒－児童・生徒である

第1章 教育の原理　　13

が、なおそのうえ教師－教師（とくに校長、副校長、教頭など）、職員－児童・生徒（または教師）、保護者・地域住民－教師などいろいろ複雑な人間関係がある。このうちとくに気をつけなければならないことは、教師と教師、事務職員と児童・生徒との人間関係である。これが場としての学校を性格づける「力」の著しさはしばしば閑却されている。また保護者と教師との関係、とくに P.T.A.（Parent-Teacher Association）もまた学校の性格を特色づけるものである。保護者が地域住民でもあることによって、教師や学校一般が政治的、経済的利害関係に巻き込まれるおそれも多い。

7 教育愛の実践場所

しかし、何といっても学校教育の中心となるものは、教師－児童・生徒と児童・生徒－児童・生徒の関係である。その関係は上述からの当然の帰結として、教師が親であり、児童・生徒が子であり、児童・生徒同士が兄弟姉妹であるという関係が望ましい。むろん教師は直接の親ではないから、その愛情の強さにおいて劣るであろうけれども、私有物化する危険が少ないゆえに、神の子として、また兄弟として愛する愛においてはより深いということができる。子どもはこの集団に入ることによって、家庭における兄弟姉妹関係によって開放された愛の場をなおいっそう広く深く自覚体験することができるようになる。このようにして学校における教育の場として最も大切なのは、「学級」である。学級は学校における家庭としてまさに神の国の雛型である。なぜなら神の国は家庭によって象徴されるからである。内村鑑三(1861-1930)はこの点について次のように述べている。「若し信仰に由って成りし団体を教会と称すべくんば、愛に由って結ばれし団会を家庭とべきなり。而してキリストの宣べ給ひし神の国なる者は教会に似たる者にあらずして家庭に類したる者なるは明かなり、神の国に監督と長老と会員とあるべからず、父と母と兄弟と姉妹とあるべきなり、余輩は教会に入籍せんことを欲せず、愛の家庭に迎えられんことを望む」[15]。それゆえ学級は学校における家庭としてまさに神の国の肖像でなければならない。

しかも、児童・生徒は学級において自己と同年配の者、すなわち、兄弟姉妹ではなくして同年の同胞、上・下の関係のないまったく対等な存在、「汝」に出合う。すなわち、友達ができる。そして教師にとって最も大切なことは学級の児童・生徒をまったく同一の愛で愛することである（一視同仁）。彼等が心から望むのは寵愛ではなく、公平ないわば神の如き愛である。この愛によって学級共同体の場所の形成に全員を参加せしめ、真の愛の共同体ならしめ、これによって児童・生徒が個性に応じて形成されていくのである。知力、体力などにおいて劣る者は、この愛の場の力によって高められ、強められていかなければならない。このような学級の場の基体が、いわゆる「学級教室 classroom」である。学級教室の整備が最も重大である。学級教室がなくては学級の家庭性は実現されないからである。夏目漱石（1889-1930）は、1892（明治25）年12月、文科大学教育学論文、「中学改良案」において「教場はかならず一教に一室を与ふべし[16]」として次のように述べている。すなわち、「是は余が高等中学より大学にうつりて大いに感じたることなり、大学にあっては恰も野蛮人が水草を遂うて転居するが如く常に教師のあとを慕ふて転室するゆえ交友の間自ら冷淡に流れ易し、高等中学にありし頃は己れの室は己れの家の如く同級生は恰も一家族の如き思いありしなり、是は余が親しく経験する所なれば教育者はよろしく注意ありきものなり[17]」と。この漱石の指摘した欠陥は現代ますます著しくなりつつある。この対策こそ目下の急務である。

　さて、とくに一定の学校の教育を担当する教師が学級担任（主任）であるが、これこそ「教育の花」と称すべきもので、この教育の中心的な仕事をしなくては、教育の妙味は分からない。教育者としての喜びも、悩みもまた悲しみも。したがって教師の生き甲斐、死に甲斐はここにおいて真に体験、自覚される。たんに学科担任だけでは教育の妙味は味わうことができない。

　しかし、学級担任制と学科担任制とは一方に偏しないように充分に配慮されなければならない。もちろん、下級学校、低学年ほど学級担任制が主でなければならないが、すなわち、学級担任がほとんどすべての教科目を担任して、担当児童・生徒に接する時間をできるだけ多くしなければならない

が、わが国の現状では小学校では学級担任制に、中・高・大では学科担任制に傾きすぎである。小学校でも高学年では教科担任制を充分に取り入れるべきである。これによって児童の個性発見がより滑らかに行なわれるであろうし、また教師も自己の個性に応じたひとつの学問をもつことができるであろう。一人の教師によってほとんどあらゆる教科が担当されるならば、性格その他でその学級担任と合わない子どもはまったく勉学の意志はおろか登校の気力さえ失うであろう。また一人の教師がどの教科にも適しているわけではないから、児童の才能も伸ぶべき機会を逸してしまう危険がある。

これとは反対に中・高においてはほとんどが教科担任制となり、学級担任は1週わずかに数時間、ひとつの教科を教えるにすぎない。極端な場合には授業をもたない学級担任さえある。これでは学級担任といっても名目のみにすぎない。上級学校においても上述した学級教室の問題とともに学級担任的要素を十分に取り入れなければならない。

このようにして、学校と各教室を含むすべての場所を支配するいわゆる「教育愛」は、三重の重層構造をもつ愛として、言い換えると、「上」から「下」への「慈愛」、「下」から「上」への「敬愛」、「横」から「横」への「友愛」としての「教育愛」の成就が望まれるところであろう。

それでは、このような学校ではいかなる教育的価値をもって教育される者を育成・形成していくことが願われるのであろうか。すなわち、過去・現在・未来にわたって（歴史的社会の）文化・文明のよき伝達と創造を遂行していくためには、優れた「教育的価値」を媒介にして教育される者を形成していかなければならないであろう。そのためには善良な教育的価値の「系統化」、「選択」、「補充」が、教育される者に不可欠な共通項となり、また彼等の発達段階に応じて相応しいその価値内容が課題として教授・学習されなければならないであろう。そこでそのための段階的課題、すなわち、初等教育、中等教育、高等教育として教授・学習されるべき教育的価値を提示してみたい。

8 美にして善なる正義の世界

プラトンがすでにその『国家』編において、「美にして善」καλοκαγαθια の世界を究極的に「正義」の世界として実現すべく構想していたように、われわれもまた時間・空間を越えた普遍的人類的世界を成就すべく、教育的価値を教育される者の時順的・発達的に整序してみると、まず幼少期にいたるまでの「遊戯」（あるいはリトミック、心魂と身体）が基礎的、共通の教育内容としてあげられ、これを前提とした「美」の領域が「美的教育」と称されて、具体的には「音楽、美術、博物」などが初等教育の主要な教科目を構成する。ついで「真〈正〉」の領域が「理数的教育」と呼称され、文字通り「数学、物理学、化学」などが、この中等教育で重要となる「正義の理念」の涵養のために、厳密で正確な真理内容を旨とするそのような教科目が、青少年の主要な教育内容となる。そして「善」の領域が「思想的教育」と称されて、高等教育の前期教育として「文学、社会科学、哲学」などが、この青年前期、「男が男として、また女が女として生まれかわる時期」[18]にある者に相応しい教科目としてあげられ得る。

このようにして、人間（人格）形成は、通称「知育、徳育、体育」として、われわれの三領域の能力である、知的能力、情的能力、意的能力に対応して、よい頭、綺麗な心、強い体の養育、保育、教育（形成）と呼称されて、いわゆる「全人 the whole man, der Ganzmensch」としての教育が成立して来るのであるが、しかし、ここで決して見落としてはならない重要な観点は、これら三能力のたんに円満な調和的育成を言うものではなく、すでに E. シュプランガー（Spranger, Eduard 1882-1963）の強調したように、あくまでも「綺麗な心」を人間の根本的要素、人間性の底流として貫通する中核的成素として、これに他の二能力を結び付けての調和的育成を願うものである。

しかも自然的、社会的、文化的状態の中での人間（人格）形成が、「学校」という具体的な歴史的、社会的場所において、「教育愛」もしくは「教育的精神」で貫かれて展開されていく勝義の人間愛の表現活動でなければならな

第1章　教育の原理

いとするならば、それはたんなる独立自由な各個別者のものではなく、弁証法的な表現活動者としての教育愛でありまた教育的精神であることが肝要であろう。このようにして、教育者（教師）の指導者としての理念は、「曲なれば即ち全し」あるいは「螺旋型人間教育」(Nohl, Herman 1879-1960)を尊重して堅持する必要があるのではないかと思われる。

注
1) 孟子「孟子」『孔子・孟子』貝塚茂樹訳、中央公論社、1969年、533頁。
2) カント、I「教育学」『人間学・教育学』清水清訳、玉川大学出版部、1965年、331頁。
3) カント、前掲、335頁。
4) ルソー、J・J『エミール』上、今野一雄訳、岩波書店、1990年、1頁。
5) コメニュウス、J・A『大教授学』鈴木秀勇訳、明治図書、1968年、81頁（*Didactica Magna*, 第6巻3章 1637.1849発刊）。
6) プラトン『法律』(776A) 三井浩訳『教育学講義』I、フタバ図書、1971年、112頁。
7) カント、前掲、335頁。
8) タルド、J・G『模倣の法則』風早八十二訳、1924年、21頁（Taede, Jean Gabriel. *Les lois l'imitation*. 1921）。
9) フレーベル、F『人間の教育』上、荒井武訳、岩波書店、1992年、40頁（Fröbel, Freiedrich. *Menchenerziehung*, 1826）。
10) プラトン「ティマイオス」『プラトン全集』6、泉治典訳、角川書店、1974年、190-192頁。
11) 子思「中庸」『大学・中庸』金谷治訳注、岩波書店、1998年、206頁、237頁。
12) 孟子、前掲、456頁。
13) 『学制百年史』文部省、1973年、11頁。
14) デューイ、J『学校と社会』宮原誠一訳、岩波書店、1996年、29頁（Dewey, J. *School and Society*, 1872）。
15) 内村鑑三「所感」上『内村鑑三信仰著作全集』7、教文館、1977年、183-184頁。
16) 夏目漱石「中学改良策」『夏目漱石全集』12、岩波書店、1967年、139頁。
17) 夏目漱石、前掲、139頁。
18) ルソー、前掲、中、5頁。
19) 老子「老子」『老子・荘子』小川環樹訳、中央公論社、1986年、94頁。
20) Nohl, H. *Charakter und Schicksal*. 1970.

参考文献
イタール、J・M・G『アヴェロンの野性児』古武弥生訳、牧書店、1971年。

ペスタロッチ、J・H『隠者の夕暮・シュタンツだより』長田新訳、岩波書店、2001 年（*Die Abendstunde eines Einsiedlers,* 1780）。

――『白鳥の歌』四本忠俊訳、玉川大学出版部、1963 年（*Schwanengesang,* 1826）。

第2章　教育の目的

　　「自分がどこへ行くかを知るためには、
　　自分が今いるところを知らなければならない。
　　そのためには、自分がどこから来たかを知らなければならない」
　　　　　　　　　　　　――フィリピンに残るオセアニアのことわざ
　　（オッペンハイマー、S『人類の足跡10万年全史』草思社、2007年、巻頭言）

1 「人間になる」という意味

(1) 人間という生き物

　私たちが教育という言葉を使うとき、それが人間だけに当てはまることを自然に了解して使っている。「馬を調教する」といっても、「馬を教育する」とは決して言わないことからも明らかである。まさしくそのことをカント（Kant, Immanuel 1724-1804）も晩年、ケーニヒスベルク大学の『教育学講義』の中で、「人間とは教育されなければならない唯一の被造物である[1]」と、さらにその少し後で「人間は教育によってはじめて人間になることができる[2]」といっている。同じくルソー（Rousseau, Jean Jacques 1712-1778）も『エミール』の第1編の中で、「植物は栽培によってつくられ、人間は教育によって

つくられる[3]」と、さらに第4編のはじめでは「人間はこの世に2回生まれる。1回目は存在するために、2回目は生きるために[4]」といい、この2度目の誕生の時期にこそ、まさに「教育を始めなければならない[5]」といっているように、人間は、他の生き物とは違って特別な生き物であるらしい。

では、われわれは人間として生まれながら、「人間になる」とか「人間はつくられる」とか「人間として生きるため」という場合の「人間」とはどんな人間のことなのか、また「人間として生まれている」という場合の「人間」とはどんな人間なのかがおおいに気懸かりな所である。

生物学者ポルトマン (Portmann, Adolf 1897-1982) や哲学者ゲーレン (Gehlen, Arnold 1904-76) が人間を、「生理的早産[6]」の哺乳動物、「欠陥存在[7]」と呼んでいることにひとつの解決の糸口が見いだされる。人間は他の生き物のように、生まれながら本能によって庇護または確定されていない生き物でもあるらしい。そこに人間だけに教育が必要である理由があるといえるのではないか。

(2) 他の生き物

他の生き物は、別な表現を使えば、生まれながらに本能という鎧によって庇護・確定された存在である。そのことを、カッコウの「託卵」を喩えにして説明をすると、カッコウは、ヨシキリ（ウグイスの仲間）が巣に卵を産むと、すかさずに卵をひとつその巣の中に産み落とす。大きさは、少しカッコウの方が大きいが、卵の模様もヨシキリにそっくりにできており、親でさえも見分けが難しい。通常は、ヨシキリの卵より早くカッコウの卵が孵り、カッコウの雛はヨシキリの卵をすべて巣から蹴落とす。巣を独占したカッコウの雛はヨシキリの親に育てられ、やがて巣立っていく。親に成長するとカッコウはまた同じことを繰り返す。これが託卵と呼ばれている行動である。このように、人間以外の生き物は、生まれながらに本能によって庇護・確定されており、たとえ異種のものに育てられても本能は変わりようがないとされている。

これに対して人間は、千数百万年という長きにわたるサルからの人間化 (Humanization) のプロセスの中で、生存のためにみずから作りあげた文化

とそれへの依存により、もっていた本能を退化させ、新たな進化——「脳髄化」（大脳新皮質の発達）——を展開させてきた。その結果、人間は本能によって庇護されていない「ざる」のような「欠陥存在」「未熟存在」に、表現を変えればシェラー（Scheler, Max 1874-1928）の言う「世界に開かれた存在」[8]へと変わり、まわりの世界からの影響を受けやすい生き物となった。

（3）オオカミと人間

　その典型的な例として、まず古代ローマ帝国の創設者として有名なロムルス（Romulus）とレムス（Remus）がオオカミに育てられる神話をあげることができるだろう。さらにギリシアの歴史家ヘロドトス（Herodotos B.C.3世紀頃）も『歴史』の中で、ローマの博物学者プリニウス（Plinius, Gaius Secundus A.D.23-79）も『博物誌』の中で、オオカミに変身する人間のことを記述している。以上の話は、今からおおよそ 2500 年ほど以前の古代ギリシア・ローマ時代のものである。同じことを近代教育学の祖といわれているコメニウス（Comenius, Johannes Amos A.D.1592-1670）も『大教授学』の中で述べている。もっと衝撃的なのは、近世以降になって報告されたものである。それは、イタール（Itard, Jean Marc Gaspard A.D.1774-1838）が『アヴェロンの野生児』（1797 年発見）の中で、そしてシング牧師夫妻（Singh, Rev. J A L & Zingg, Robert M 生年月日不詳）も『狼に育てられた子——カマラとアマラの養育日記』（1921 年発見）の中で詳細に、具体的に述べているような、オオカミと人間の不思議な関係であり、人間の変容の報告である。他にも、伝聞であったりして典拠がはっきりしないが、他の生き物と関わった人間の子どもの話が数多く報告されている。これらの報告は、人間という生き物が生まれながら本能によって確定・庇護されていない特殊な生き物で、まわりからの影響を受けやすい生き物であるという事実を物語っている。

　したがって、人間が人間になるためには、また人間として生きるためには、この本能の欠如という特殊性のゆえに、またその欠損を補うために、あくまでも人間世界の中で、人間が継承発展させてきた人間文化を伝達・受容することが不可欠の前提条件となる。いいかえれば、人間は「非力で頼りない」

生き物であるゆえに、成人の知的援助を絶対に必要とする存在であるとともに、いや、それ以上に新生児の段階から、とくに両親からの精神的・情感的な支えを必要とする可変的存在・可能的存在、むしろ教育可能存在であるといえるのではないだろうか。

2 教育観（目的）の変遷

　それでは「人間になる」人間とは、どんな人間なのか。またどういう人間を目指しているのであろうかがおおいに気になるところである。それが本章で取り扱う問題である。

　人間はとくに自我に目覚めてくると、「自分はいったい何者なのか、どうして今の自分が存在しているのか」、さらに「自分はいったいどこから来て、どこへ行こうとしているのか」「今の自分で満足しているのか」「他の人はどうなのか」など、自分のことや他者のことがおおいに気になりだす。どうやら人間が人間自身を問い、求めることは避けられない存在であるようである。

　親にとっても、わが子を目の前にして、どのような人間に育てようとしているのかおおいに悩むところである。すなわち「教育の目的」のことである。子どもにとっても、親にとっても、簡単には答えを見出すことが難しいこの問いに、真剣に立ち向かうのが教育の役目であるといえる。そのためには、われわれは先人の知恵、足跡に学びつつ、またみずからを振り返りながら、その問いに対して、みずから探求していくことしかないのであろう。

　歴史を振り返ると、それぞれの時代・社会の中で人間がどのように考えられ、また扱われ、さらにどのような人間が求められ、そしてみずから自身そのことに悩んできたのかがわかる。事実、教育の目的は、実際に教育が行なわれる時代と社会という現実により、さらに、教育に関係する人びとや集団の価値観によって、その姿を変えてきた。教育という行為は、まさに特定の歴史的事実、社会的現実の中で行なわれるのであって、教育の目的がその時代・社会とともに変わってきた原因がここにある。しかし、どの時代、社会の中にあっても変わらない、また変わってはならない、時間と空間を超越し

た普遍妥当する絶対的な価値をもった教育目的があるべきと考え、それによって人間を教育することの必要性を必死に主張する人びとがいたことも事実である。

　以上のように、教育の目的には、大きく分けて二つのものがあげられるだろう。時代・社会によって変わるものと、変わらないものである。とりあえず、教育目標と教育目的と表現することも可能である。教育学を学ぶものにとって、この二つの関係を原理的に求め、その教育目的が、どのようにそれぞれの教育目標を規定し、具体的な教育作用をも規定していくかを明らかにすることが求められるのではないか。

(1) 教育のあけぼの

　人間の教育の営みは人類の歴史と同じように古いといわれる。人間がまだ大自然の懐の中で、狩猟・採集・漁猟の生活をしていたころは、子どもは大人とともに生活をし、その中でさまざまな学習をしていたであろう。弓矢・槍・釣り針・船の作り方、狩りの仕方、料理、機織り、子育て、可食の植物の見分け方、家などの修理・制作、獲物のいる場所などなどを、お手伝いをしたり、また見よう見まねで子どもなりに自分たちの生き方の見本として、学んでいたのであろう。「学ぶ」とは、大人の生活を見て「まねる」ことから来ているように、いつの時代においても、人が生きていくうえで最も根源的な営みであることがわかる。もちろん子どもが大人に教えを請うこともあったと考えられるが、まだ「教える－教えられる」といった自覚的な教育作用はなかったと思われる。

　農耕が始まり、一定の土地に定住をはじめると大きな変化が出現する。これまでの狩猟採集中心の生活では、つねに食べ物を求めて各地を移動することが求められていた。しかし、それについていけない老人、病人には一定の食料が与えられ、置き去りにされることがあったと想像される。ところが、農耕の開始とともに定住が始まると、これまで移動生活に耐えられなかった老人たちも、集団の仲間とともに生活することが可能となり、彼らにも、新たな役割が回ってきた。村の中での雑務をはじめ、子どもたちの世話などで

ある。すなわち教育のあけぼのである。老人は体力では若者に敵わないが、経験豊かな知恵者・技術者であり、村に残って、道具の制作や修繕をしながら、みずからの武勇伝や部族の歴史を子どもたちに話をして聞かせたりしたであろう。老人の身振り手振りを交えたそれらの話に子どもたちは目を瞠り、心を躍らせ、想像力を胸一杯に膨らませ、夢中になって聞き入っていたであろう。すなわち「教える－学ぶ」といった教育の雛形がその姿を現すのである。しかしこの段階でもまだわれわれの考えるような意識的・計画的な教育は登場していなかったであろう。

　このようなまだ文字のない、大自然の懐の中で生活をしていた時代では、必要な情報は、書かれたものによってではなく、直接に会話を通して、大人から子どもへ、しかも面と面を向き合わせて伝達されたであろう。現代のように能力別などによって選別されることなく、すべての子どもたちに平等に教育の機会が与えられていたと考えられる。すなわち、ルソーも『エミール』の中で、人間は自然の秩序のもとではすべて平等であるといっているように、だれもが人生に対して同じような準備がなされていたのであろう。現代社会のように完備した教育施設や設備はなく、また当然、すべてが画一化され、特殊化されてはおらず、それよりもいろいろな点で豊かで、自然があふれており、しかも、「だれもが平等な人生への準備・出発が可能」という教育の理想的な形態があったと考えられる。

(2) 学校の出現

　ヨーロッパ文明の淵源となった古代オリエント文明は、エジプトとメソポタミアにおいてその花を咲かせている。メソポタミアとは二つの川、チグリス川とユーフラテス川の間という意味で、文明と水とは深い関係がある。黄河文明も同様である。豊かな文明の始まる土地は、灌漑農耕に適した大河川の流域であり、また海に開かれたところであった。やがて農耕技術が発達するとともに、「教える」ということが、村社会の中でも自覚的になされるようになったと考えられる。そして文字の発明と文明の発達とに平行して、やがて国家が形成される。商業が興隆し、交易がさかんになると、さらに職

業の多様化に拍車が加わっていく。その過程の中で、ますます文字の必要性が自覚されると、組織的な教育が要望されはじめ、学校教育の出現へとつながっていく。

学校ではまず文字（シュメール文字、ヒエログリフ、フェニキア文字、漢字など）の学習が基本とされた。学校には上流・有産階級の子どもが通い、商人や統治者としての必要な読み・書き・算の教育が行なわれた。しかし人口の大半を占めていたその他の子どもは、学校とはまるで縁がなく、農業をはじめさまざまな家業に従事しながら、生活の術を学んでいたと考えられる。

文明が発達し、職業が多様化し、国家が形成され、社会が発達していくと、人間と人間とのあいだに貧しきもの・富めるものという階層化が始まることになる。学校が出現し、学校教育がその機能を発揮しはじめると、さらにその階層化に拍車がかかり、ついに支配と従属という縦の関係が、人間社会の中にその姿を現すのである。

(3) ソフィストの出現

古代ギリシアがオリエント文明の影響を受けながらも、ヨーロッパ世界のはじまりといわれているのは、教育の思想ともいうべきものをギリシアにおいて最初に出現させたからであろう。

まずギリシアの都、アテネに、ソフィスト（知者）が出現し、人びとを教育しはじめた。それは、ペルシャ戦争（B.C.492-478）のあとの混乱期と全盛期にまたがった頃で、一般市民も国外からの豊かな文化の流入によって刺激され、政治と教育に強い関心をもちはじめていた時期でもあった。ソフィストの教育が目指していたのは、国家社会の一員としてすぐれた人間をつくることであった。そのために、彼らは、まず論理的な能力と広い知識と弁論術を重視し、さらに個人の自由を強調して活躍していた。たとえば彼らの最年長でリーダー格とされるプロタゴラス（Protagoras B.C.450 頃）は、「自分がソフィストであって人間の教育を受けもつものであると、公然と認めている」[9]と、プラトン（Platon B.C.427-347）は対話篇の中で描いている。その他、代表的な人物に、ゴルギアス（Gorgias B.C.484?-?380）、イソクラテス（Isocrates

B.C.436-338）などをあげることができる。彼らソフィストの活躍ぶりには、ギリシア人の目を瞠らせるものがあった。彼らは、喜劇作家アリストパネス（Aristophanes B.C.448?-?380）の『鳥』や『雲』の中で詭弁を弄する不真面目な輩として軽蔑されるような、たんなる「知識の商人」などではなく、歴史上、おそらく最初の職業的教師であり、当時を代表する思想家でもあった。その教育目的は、善良な市民であり、私事を巧みに果たし、公事に対しては有能な人間を作り上げることであった。

「教育は天性と練習とを必要とする。若いころからはじめて学習をつまなければならない[10]」

「技術は練習をともなわなければ零であるし、また練習も技術をともなわなければ、零である[11]」

以上のように、彼らは今日でもなお正しい教育の原理を述べている。

しかし民主制の社会では、市民を前にして演説をし、市民に明確でインパクトのあるイメージをあたえることがとくに重要視されていた。人びとも強い議論に興味をもちはじめていたようである。

「万物の尺度は人間である。あるものについては、あることの、あらないものについては、あらないことの[12]」

とプロタゴラスは公言し、人びとを教育しはじめた。この発言の意味は、一人ひとりの人間がすべての尺度なのであり、人びとの間で意見が一致しないような場合でも、それぞれが正しいのであり、だれかが正しくまた別の人が間違っているというようなことはないということである。

さらにゴルギアスは、万人の注意を引くためにあえて以下のように強弁している。

「ギリシア人のうちで誰でも望む者に、何でも好きなことをたずねさせて、

しかもどんな人に対しても答えに窮しない」[13]

　ソフィストたちは次第にみずからの弁論術に溺れて、どんなことでもみずからを正当化し、相手を打ち負かし、議論に勝つことだけに向かっているようである。たとえば、浴場、劇場で、あるいは宴会の席で、哲学の学説について論争することは競技のひとつであった。数名のソフィストを闘鶏のように戦わせて論争させ、当意即妙の洒落と非常に上手い牽強付会が出ると、人びとは大笑いをして楽しんでいたらしい。知識のある者、とりわけ弁論術に長た者の意見が通る世の中となっていたことも、そうした現象に輪をかけたであろう。このような詭弁はどんな時代にも、とりわけ混乱期に、形をかえて出現するもので、とくに正不正といった主観的な思いこみや感情を判断の根拠とみなす考えは、今の私たちのまわりにもないわけではない。ディベイトと称して議論によって相手を打ち負かすことだけを目標に、弁論術、否、詭弁に夢中になることが現代の学校でさかんに推奨され、行なわれているのを目のあたりにして複雑な思いをもつ。

　本来、弁論家はたんに「立派に語ることの知」をもつだけではなく、「賢明に思索することの知」をも合わせもつことが求められていたが、いつの間にか変質していたのである。

(4) ソクラテスの提言

　こうしたソフィストの言動に耐えかねて、雄弁でなくとも賢明に思索し正しく語り、「真理」を求めるソクラテス（Socrates B.C.469?-399）が登場した。彼がソフィストに、「では何が知識なのか」と質問すると、ソフィストは、「それは感覚である」と答えている[14]。感覚が知識であれば、すべての判断基準は一人ひとりの中にあり、それぞれの人の見方によって見える・感じるものがそのものの真の姿であって、そこには一人ひとりの人間を相互に結びつける普遍的な絆（真理）が存在しないことになる。

　たとえば、ある人が、水に触って「冷たい」と感じても、他の人が触ると「温かい」と感じることもある。だから、水が「冷たい」とか、水が「温かい」

ということは、それぞれの人間が、個人の基準（感覚）で勝手に決めたものであるということになる。結局、「温かい」、「冷たい」というものは、それぞれの人間の感覚の基準によって異なるので、そこには絶対的な真実として、「冷たい」「温かい」とは、その「水」に対してはいうことはできないという結論になる。

　これは、まさしく主観主義、相対主義の出現である。いかなる事柄についても相対立して、しかも両方とも真である言葉を立てることが可能となる。したがって、彼らソフィストの思想の中には、最初から彼ら自身の教育作用を否定する精神が内在していたということができるだろう。

　以上の話は、今から約2500年前の古代ギリシア時代のものである。人びとはそれぞれの立場から、それぞれの正しいと思うものを求めてさかんに議論をしていた様子が思い浮かぶ。

　しかし、振り返ってよく考えてみると、ペルシャ戦争後の混乱と高揚した社会の中で、こうしたソフィストたちの活動と相通じるものが、今の世の中でも起こっているように感じられるのではないだろうか。グローバルな現代社会の中で、子どもたちを包む世界が絶えず外の影響を受けて落ち着かず、彼らに頼るべきものが示されず、あるべきものを探求することさえできずに、まわりをたえず気にしながら自己主張のみを繰り返す若者が増えている。

　このような状況下にソクラテスが現れて、ソフィストたちと対話をはじめたのである。ソフィストの各人の「感覚がすなわち知識である」とする相対主義、主観主義に対して、「普遍的なるもの」の必要性を訴え、それを求め、従うように主張した。ソクラテスにとっては、ソフィストを含め、人間に自己の無知を自覚させて、真理の共同探究に向かわせることが自分の仕事であると自覚していたからであった。それは「対話」によって行なわれた。彼はまずみずからの無知を告白し、対話が進むにつれて相手も自己の無知を認めざるをえなくなる。そこでは、互いが無知者として真に対等で友愛に満ちた対話の世界が開け、二人は普遍妥当するものの共同探究に向かうという教育の理想形態が展開されているのである。

　さらに注目すべきは、ソクラテスは人間という生き物を、親から受け継い

だ素質によって、内面から自然に発展・成長する存在ではなく、他者による覚醒と助産を必要とする共同存在とみなしていたことである。外から知識を伝えるソフィストと違って、ソクラテスのこうした教育に対する姿勢には、今日の教育現場においても真摯に傾聴すべき真実がある。

　また彼は自分の教えを受け継ぐ弟子をいっさい求めず、ともに普遍妥当するものを探求する真の友、愛友を求めた。彼は、教育のもつ真の意義をはじめて心底から自覚し、死を顧みずに青少年の教育に関わる一方で、「私は未だかって、何人の師にもなりはしなかった[15]」といってはいるが、プラトンをはじめとして現在にいたるまで無数の人びとの師となっている。ソクラテスがペスタロッチ（Pestalozi, Johann Heinrich 1746-1827）と並んで「教聖」と呼ばれているのはこれらのことからも頷ける。

　以上のことはさまざまな対話篇の中でみられるが、とくに『メノン』では「正方形の対角線」の探求において、『ラケス』の中では「勇気」の探求において、そして『テアエテートス』では「魂の助産術」として見事に描かれている。

　プラトンは師ソクラテスの教えをさらに深め、その「普遍的なるもの」をすべての領域に拡げ、それに「イデア」と名付け、『国家』篇の中で、イデアを直観する哲学者統治の理想国での人間教育を体系的に論じている。

　人間と教育の関係を、プラトンは『ノモイ』（*NOMOI* 法習）の中で、ソクラテスの姿を借りて、次のように述べている。すべての生き物は、最初の芽生えがうまくいけば、それぞれの素質に応じて、よい結果をもたらすが、しかし温順な生き物と呼ばれている人間ではあるけれども、「正しい教育を受け、幸運な資質にめぐまれればこのうえもなく神的な温順な動物となるが、十分な教育も受けず、美しく育てられなければ地上で最も凶暴な動物[16]」（三井浩訳）となり、教育を疎かにすることはできないと述べている。この「正しい ikanos」「美しい kalon」という表現は、プラトン一流の表現で、彼の「善のイデア」と「ハーモニー」を表しおり、人間の理想であるカロカガティア（美にして善）と呼ばれ、当時のギリシアのパイデイア思想において、人間の目指すべき理想的人間像、現代的に言うならば「全人」として最高の教育目的とされていた。

(5) 教育がめざすもの

　プラトン哲学者であり教育学者である三井浩は、教育を実践する場合、教育が目指すべき先を明らかにすることの必要性を、次のように論じている。
　「一体、教育はどのような人間の現成を目指しているのであろうか。言いかえれば、教育者は子どもをどのような人間にしようとするのであろうか。この教育目的が意識的に、明晰に考えぬかれ自覚されていない教育作用ないし教育学は、それがいかに精妙な技術やいかに詳細な科学的研究に基づいていても、結局はあて無き旅のために、ただいたずらに高速交通機関の研究と製作と利用に専心しているようなものである」[17]と述べて、続けて、教育が本当に子どもにとって有益な教育であるためには、教育目的がどのようにそれぞれの教育目標を規定し、さらには具体的に教育作用を規定していくかを明らかにすることができなければならないといっている。すなわち、教育の特殊目的としての教育目標と、それを根底において支える普遍的根本目的、厳密な意味での教育目的との関係、またその中間に位置するであろう教育目的とのトリプルな関係を原理的に求める必要があるといっている。
　さらに彼は表現を変えて、教育は「子どもがよくなるようにする働き、子どもがよい子になるようにする働きであるといえよう。つまり教育の目指すものは『よい子』、究極的には『よい人間』である」[18]といっている。しかし、「よい子」とは「よい人間」とはどのような子であり、どのような人間であるのか、この一見自明にみえることがじつは現実にはとても難しいのである。

　子どもという存在は、身近にあるより偉大なものを憧れ、尊敬し、模倣し、それと同化したいと心から願うものである。すなわち夢見る存在でもある。子どもの夢実現という目的のために、知識・技術などの習得という目標・手段が現れてくる。ここに「学習の動機」の自然で素朴な姿がみられる。教育とは本来、そうした夢実現と、知識・技術の習得との関係を子どもたちに実感・体感させ、認識させることであり、まさにそのために教師が、大人が演じ、提示し、助言し、サポートし、励ますことの大切さが認識されるべきで

ある。たとえば、子どもたちが憧れ、尊敬するような具体的なモデルが身近にあれば、それを提示してやることで、子どもにとってみずからの夢実現がたやすくなるであろう。また教師みずからが子どもからの憧れ・尊敬の対象に相応しいように、自己研鑽が必要であることは当然であろう。まさに、教育とは、子どもみずからが自己の目的実現に向かって、自覚的に、主体的に行動するような人間の形成を目指すことであり、われわれはそのことに協力することなのである。ここには、無理矢理、強制、管理、体罰といったものの入り込む余地などはまったくない。

3 教育の二つの目的——個人的なものと社会的なもの

　洋の東西を問わず、歴史を振り返ってみると、とくに封建社会においては、その時代の社会構造とそれにもとづく外的価値観によって、人びとは生まれながらにそれぞれの地位身分、家業に即した人間になることが求められ、むしろ決められていたことが分かる。たとえば、「王侯貴族、僧侶、軍人、商人、公証人、農民、牧人、漁民、鍛冶屋、パン職人、大工、粉挽き、肉屋、養蜂家」など身分・階級・職業は属性とされ、以外のものに変わることが困難であった。王侯貴族の場合、その子どもは王侯貴族としての権威を保つために高度の教育を受けることになるが、そのほかの一般庶民の場合は、家業または徒弟奉公などを通して働きながら、それぞれの職業にあった知識・技術を身につけていくことになる。王侯貴族のような上流階級に属する人びとを除くこのような大部分の人びとは、それぞれの職業に合った特定の知識・技術しかもつことができず、居住地さえもが決められており、そこで決められた仕事を遂行する、すなわち社会機構のひとつのコマとしてしかその存在を認められなかったのである。

　ルソーは『エミール』の中で、18世紀当時のフランスの人びとのおかれた状況を鋭く批判している。

　　「社会秩序のもとでは、すべての地位ははっきりと決められ、人はみなその地

位のために教育されなければならない。その地位にむくようにつくられた個人は、その地位を離れるともう何の役にも立たない人間になる。教育はその人の運命が両親の地位と一致しているかぎりにおいてのみ有効なものとなる。……自然の秩序のもとでは、人間はみな平等であって、その共通の天職は人間であることだ。だから、そのために十分に教育された人は、人間に関係のあることならできないはずはない。私の生徒を、将来、軍人にしようと、僧侶にしようと、それは私にとってどうでもいいことだ。両親の身分にふさわしいことをするまえに、人間としての生活をするように自然は命じている。生きること、それが私の生徒に教えたいと思っている職業だ。私の手を離れるとき、かれは、たしかに、役人でも軍人でも僧侶でもないだろう。かれは何よりもまず人間だろう。人間がそうでなければならぬあらゆるものに、かれは必要に応じて、ほかのすべての人と同じようになることができるだろう」[19]。

　以上の文章は、生まれながら本人の力ではどうすることもできない社会通念上の「属性」によって人間をすべて決定している封建社会の原理に対するルソーの痛烈な批判である。

　教育が本来目指さなければならない価値とは、「教育するもの」にとって望ましいものではなく、「教育されるもの」にとって望ましいものでなければならない。ルソーから「人間であること」を学んだカントは、「君自身の人格ならびに他のすべての人の人格に例外なく存するところの人間性を、いつでもまたいかなる場合にも同時に目的として使用し、決してたんなる手段として使用してはならない」[20]と述べている。これは、人間は本人自身が目的であって、決して手段として使われてはならないという「至上命令」と呼ばれているものなのである。

　ここに新しい教育観が加わり、教育目的をめぐる二つの教育観が出現する。すなわち「個人」に価値を置く見方と、従来の「国家・社会」に価値をおく見方という互いに相反する教育の形態の出現である。ルソーは、後者が目指すのを「社会人」と呼び、それは分数の分子のようなもので、分母の数によって数値は変化をするが、前者が目指すのを「自然人」と呼び、それは、数学

で使う「絶対整数」のようなもので、完全に自由で独立して不変で、まわりの影響をまったく受けないと述べている。

　しかし、『エミール』と同年（1762）に書かれた彼の『社会契約論』では、個人と社会が同時に生活することが可能かについて論じられている。彼は、それが可能である社会であるためには、その社会の基礎は「市民となる行為」、すなわち市民の約束によってなされる「社会契約」が結ばれねばならないと考え、まさにこれによって個人と社会の原理が統一されると述べている。その契約とは、「『各構成員の身体と財産を、共同の力すべてをあげて守り保護するような、結合の一形式を見出すこと。そうしてそれによって各人が、すべての人と結びつきながら、しかも自分自身にしか服従せず、以前と同じように自由であること』これこそ根本的な問題であり、社会契約がそれによって解決を与える」[21]ものであり、これこそがルソーの社会の原理であった。これには、当然、約束を遵守し、義務を履行するという市民としての行為が要求される。しかし、それによって人間は、自然から受けていた多くの利益を失うが、かわりにきわめて大きな利益を受けとり、彼の能力は鍛えられて逞しくなり、思想は広範なものとなり、感情は気高く、そして魂の全体が豊かになる。しかし、それにもかかわらず、ルソーはこの市民性を教育の目的とはせず、むしろ否定しているのである。彼にとっては、市民性というこの社会的自由とは、あくまでも個人的目的の達成を基礎として、いわば自然に成就されるものとして考えていたのである。

　ルソーの教育の基本理念は、以上からもわかるようにあくまでも自然主義であり、彼はそのことを明示する教育観を『エミール』の第１編の中で述べている。彼によれば、教育を行なうものには三つのタイプがあって、それらは、第一は「人による教育」、第二は「ものによる教育」、第三は「自然による教育」である。前者の二つは人間によって動かすことができるが、第三のものは人間の手によって動かすことができないので、まえの二つは最後のものに協力しなければならないと彼は考えていたのである[22]。教育を人為に任せるのではなく、「教育されるもの」が内に秘めている「自然」と、外にある「大自然の法則」とに任せることであったのではないか。この考え方は、ミクロ

コスモスとマクロコスモスの一致というギリシア以来の伝統的思想に拠ったものであるのは明らかである。では、その「自然」とはいったい何であるのか。

現実的には、ルソーの主張するような自然状態は存在しない。子どもをできるだけ現実社会から遠ざけ、自然の中で子どもの「自然本性」を教育しようとした彼の教育論は、当時の社会批判、教育批判としては意味をもつが、やがては人類の文化遺産の軽視とみなされ、ユートピア的（この世のどこにもない）なものと批判されることになる。

しかし、現代において、再び、子ども個人に主点を置いた「総合的学習」とか「ゆとり教育」と、国家に主点を置いた「愛国教育」と、グローバルな時代の中での国力高揚に力点を置いた「学力中心の教育」とが、今、天秤台の上で呻吟している。

注

1) Kant, I. "Über Pädagogik" Immanuel Kant Werkausgabe XII, Suhrkamp, 1982, S.697. 参考：カント、I『教育学講義』勝田守一・伊勢田耀子訳、明治図書出版、1971 年、12 頁。
2) Kant, I. "Über Pädagogik" Immanuel Kant Werkausgabe XII, Suhrkamp, 1982, S.699. 参考：カント、前掲、15 頁。
3) ルソー、J・J『エミール』今野一雄訳、岩波書店、1983 年、24 頁。
4) ルソー、前掲、第 4 編、5 頁。
5) ルソー、前掲、7 頁。
6) ポルトマン、A『人間はどこまで動物か』高木正孝訳、岩波書店、1975 年、76 頁。
7) ゲーレン、A『人間学の探究』亀井裕・滝浦静雄訳、紀伊國屋書店、1970 年、37 頁。
8) シェーラー、M『シェーラー著作集 13』飯島宗了他訳、白水社、1977 年、48 頁以下。
9) プラトン『プラトゴラス』藤沢令夫訳、岩波書店、1975 年、128-129 頁。
10) 山本光雄編『初期ギリシア哲学者断片集』岩波書店、1985 年、100 頁。
11) 山本光雄編、前掲、100 頁。
12) プラトン『テアエテートス』田中美知太郎訳、岩波書店、1974 年、38-39 頁。
13) プラトン『メノン』藤沢令夫訳、岩波書店、1994 年、10 頁。
14) プラトン『テアエテートス』前掲、40 頁。
15) プラトン『弁明』久保勉訳、岩波書店、2007 年、10 頁。
16) プラトン『ノモイ　法習』三井浩訳、三井浩『愛の場所』玉川大学出版部、1974 年、44-45 頁。

17）三井浩、前掲、110 頁。
18）三井浩、前掲、111 頁。
19）ルソー、前掲、第 1 編、31 頁。
20）Kant, I. "Übergang zur Metaphysik der Sitten" Immanuel Kant Werkausgabe VII, Suhrkamp, 1982, S.61. 参考：カント、I『道徳形而上学原論』篠田英雄訳、岩波書店、1976 年、76 頁。
21）ルソー、J・J『社会契約論』桑原武夫・前川貞治郎訳、岩波書店、1955 年、31 頁。
22）ルソー、『エミール』前掲、第 1 編、25-27 頁。

参考文献
アリストパネス『雲』高津春繁訳、岩波書店、1975 年。
　──『鳥』呉茂一訳、岩波書店、1976 年。
イタール、J・M・G『アヴェロンの野生児』中野善達・松田清訳（新訳）、福村出版、1981 年。
ヴィンデルバント『ソクラテスに就いて』河東涓訳、岩波書店、1996 年。
オッペンハイマー、S『人類の足跡──10 万年全史』仲村明子訳、草思社、2007 年。
コメニウス、J・A『大教授学』鈴木秀勇訳、明治図書出版、1967 年。
シング、J・A・L『狼に育てられた子──カマラとアマラの養育日記』中村善達・清水知子訳、福村出版、1978 年。
武安宥編『教育のロゴスとエロース』昭和堂、1995 年。
廣川洋一『イソクラテスの修辞学校』岩波書店、1984 年。
プラトン『法律』森進一・池田美恵・加来彰俊訳、岩波書店、1993 年。
　──『ラケス』三嶋輝夫訳、講談社学術文庫、1997 年。
プリニウス『博物誌』中野定雄・中野里美・中野美代訳、雄山閣、1986 年。
ヘロドトス『歴史』松平千秋訳、岩波書店、1978 年。
三井浩『プラトン哲学研究』玉川大学出版部、1980 年。
　──『愛の哲学』玉川大学出版部、1982 年。
J. Burnet Platonis Opera Vol.V Oxford Classical Texts.

第3章　教職の意義と教育実習

　教職とは、教師という職業人を指したり、職業集団を指す用語である。本章では、初等教育段階と中等教育段階の教員に焦点を合わせ、まず、教師が職業活動を行なう上で必要とされる資質能力を取り上げる。つぎに、教師はどのように養成されているのか。さらに、教師はどのような仕事を行なっているのか。最後に、教師の地位や身分、課せられる服務義務はどのようなものか、をみていくことにする。なお、わが国では世間的に教師と呼ばれる者は多いが、本章で用いる教師や教員という言葉（用語）は、学校教育法第1条に定めるわが国の学校に勤務する者に限定する。

　さて、わが国で、学校教員と呼ばれる者は何人いるのか。文部科学省は毎年5月1日現在での教員数を調査している。[1]大学と高等専門学校を除いた教員数をみると、2007（平成19）年5月時点での国公私立の本務教員の総数は、109万1038人。その内訳は、小学校41万8246人、中学校24万9645人、高等学校24万3953人、中等教育学校1148人、特別支援学校6万6807人、幼稚園11万1239人。公立学校に限れば、本務教員の総数は、92万1282人。その内訳は、小学校41万2509人、中学校23万3985人、高等学校18万4162人、中等教育学校549人、特別支援学校6万5061人、幼稚園2万3016人。なお、国立学校の本務教員の総数は、5946人。私立学校の本務教員の総数は、

16万3810人である。

1 教師に求められる資質能力・力量

(1) 教職の役割とその魅力

「教育は人にあり」とか「教育は教師次第」などの言説が正しいかどうかはともかく、教育のありようと教師の存在は切っても切れない関係にある。教育の重要性を指摘すればするほど、教師の果たす役割の大きさが注目され、教師への期待も高まる。いつの時代にも教師の役割の重要性を否定する者はいない。

さて、教職に就こうとする者はどのような動機で教職を選択するのか。言うまでもなく、教育が果たす社会的役割の大きさやその重要性を考慮しての職業選択であろう。教育は次の世代を育て次の時代をつくる。教育のありようによって次の時代も変わる。教育は子どもを育て未来を作る仕事である。当然、教職の魅力もこの点にあろう。

だが、教職に就こうとする者や現に教職に就いている者が教職の魅力をこの点だけに感じていると考えるのも少し狭いだろう。たとえば、日々の授業などの中で、子どもを教育する行為それ自体に喜びを見出すことも多い。師弟同行の言葉に象徴されるが、子どもの学習や活動の指導を通して、子ども理解が深まり、指導が計画通りに運ぶ。その過程で味わう教師としての悩みや失敗、創意や工夫、達成感や満足感など、子どもと同じ思いや感情を共有し、子どもとの間に親和的な関係を築いていくこと。同様に、普段の子どもとの何気ない会話や触れ合いに教師としての喜びを日々見出すことができること。経済的価値観に支配されがちな今日の社会にあって、金銭的な価値では計れない喜びを仕事のやりがいとして実感できる点に魅力を感じている教師も多い。また、子どもが学習や活動でよい成果を上げたり、教え子が卒業後社会で活躍するなど、教師としての教育力や影響力を実感できる点にも教職の魅力はある。つまり、個々の教師の感じている教職の魅力はじつに多様であるという点こそが教職のもつ魅力の特徴である。

逆に、熱意をもって仕事に取り組んだにもかかわらず成果が現れてこない、子どもが教師の働きかけに乗ってこない、むしろ期待とは逆の方向にいってしまうなどの場合には、教育への情熱も教職へのコミットも低下しがちとなる。たとえば、バーンアウト現象（燃えつき症候群）と呼ばれる事態に陥り、精神的な疲労・困惑、ときには精神性疾患にかかり休職にいたる教師の存在さえも報告されている。80年代以降、つぎつぎに問題化したいじめ、不登校、校内暴力、学級崩壊、保護者対応、学力低下などへの教師の取り組みや対処にみられる大変さや困難さが、教職という仕事の難しさを象徴しているだろう。

(2) 国の求める資質能力（答申）

教職にはどのような資質能力が求められているか。教師の資質能力に関するわが国の政策に沿ってみていく。なお、教師が仕事を行なう（教師としての職務遂行）際に求められる力量を、一般的には教師の資質（あるいは資質能力）と呼ぶ。力量と資質という用語をある程度区別して使用する場合もある。たとえば、資質は教師としての人柄も含め人格的な特質により重点を置いて使う場合が多く、力量は教師の仕事を遂行する力（仕事ができるかできないかのレベル）を強調して使う場合が多い。

まず、1997年7月に出された教育職員養成審議会（教養審）の『新たな時代に向けた教員養成の改善方策について』（第一次答申）である。資質能力を次の三つに区分している。[3]

ひとつは、いつの時代にも求められる資質能力。この答申では、1987（昭和62）年12月の教養審答申『教員の資質能力の向上方策等について』の中で出された「教育者としての使命感、人間の成長・発達についての深い理解、幼児・児童・生徒に対する教育的愛情、教科等に関する専門的知識、広く豊かな教養、そしてこれらを基盤とした実践的指導力」を、いつの時代にも一般的に求められるものとして、一般的資質能力と呼ぶ。

二つは、今後とくに求められる資質能力。これからの時代に求められる学校教育を実現するためには、教員の資質能力の向上が前提であるとして、参

第 3 章　教職の意義と教育実習

```
┌─ 地球的視野にたって行動するための資質能力
│  ┌─ 地球、国家、人間などに関する適切な理解
│  │   例：地球観、国家観、人間観、個人と地球や国家の関係についての適切な理解、社会・集団に
│  │     おける規範意識
│  ┌─ 豊かな人間性
│  │   例：人間尊重・人権尊重の精神、男女平等の精神、思いやりの心、ボランティア精神
│  └─ 国際社会で必要とされる基本的資質能力
│      例：考え方や立場の相違を受容し多様な価値観を尊重する態度、国際社会に貢献する態度、自
│        国や地域の歴史・文化を理解し尊重する態度
├─ 変化の時代を生きる社会人に求められる資質能力
│  ┌─ 課題解決能力などに関わるもの
│  │   例：個性、感性、創造力、応用力、論理的思考力、課題解決能力、継続的な自己教育力
│  ┌─ 人間関係に関わるもの
│  │   例：社会性、対人関係能力、コミュニケーション能力、ネットワーキング能力
│  └─ 社会の変化に適応するための知識および技能
│      例：自己表現能力（外国語のコミュニケーション能力を含む。）、メディア・リテラシー、基礎
│        的なコンピュータ活用能力
└─ 教員の職務から必然的に求められる資質能力
   ┌─ 幼児・児童・生徒や教育のあり方に関する適切な理解
   │   例：幼児・児童・生徒観、教育観（国家における教育の役割についての理解を含む。）
   ┌─ 教職に対する愛着、誇り、一体感
   │   例：教職に対する情熱・使命感、子どもに対する責任感や興味・関心
   └─ 教科指導、生徒指導などのための知識、技能および態度
       例：教職の意義や教員の役割に関する正確な知識、子どもの個性や課題解決能力を生かす能力、
         子どもを思いやり感情移入できること、カウンセリング・マインド、困難な事態をうまく
         処理できる能力、地域・家庭との円滑な関係を構築できる能力
```

図 3-1　今後とくに教員に求められる具体的資質能力の例
（出典）教育職員養成審議会『新たな時代に向けた教員養成の改善方策について』
　　　　（第 1 次答申）1997、4-6 頁。

考図をかかげ、この資質能力の具体例を示している（図3-1参照）。

　三つは、得意分野をもつ個性豊かな教員。図3-1に示す多様な資質能力を、すべての教師が一律に高度に身に付けることを期待しても現実的ではない、とした点である。画一的な教員像を求めるのではなく、生涯にわたり資質能力の向上を図るという前提に立って、教員集団のあり方に期待し、学校という組織全体として充実した教育活動を展開すべきと考え、教師一人ひとりが得意分野づくりや個性の伸長を図ることの大切さを求めている。

　つぎに、2005年5月の中央教育審議会（中教審）の答申『新しい時代の義務教育を創造する』では、国民が求める学校教育を実現するためには、子ども、保護者、広く社会から尊敬され、信頼される質の高い教師を養成・確保することが不可欠だとして、優れた教師の条件として、つぎの三つを提示している。ひとつは、教職に対する強い情熱。すなわち、仕事に対する使命感や誇り、子どもに対する愛情や責任感など。二つは、教育の専門家としての確かな力量。すなわち、子ども理解力、児童・生徒指導力、集団指導の力、学級作りの力、学習指導・授業作りの力、教材解釈の力など。三つは、総合的な人間力。すなわち、豊かな人間性や社会性、常識や教養、礼儀作法をはじめ対人関係能力、コミュニケーション能力などの人格的資質。教職員全体と同僚として協力していくこと。

　さらに、2006年7月の中央教育審議会の答申『今後の教員養成・免許制度の在り方について』では、上記の答申で示された資質能力を、どう確実に身に付けるかの諸方策についての制度改革を提言している。とくに、「つねに研究と修養に努め、専門性の向上を図ること」を求め、変化する社会の状況、及び学校教育が抱える複雑・多様化する課題に対して「不断に最新の専門的知識や指導技術等を身に付けていくことが重要となっており」、教師の資質向上を図るための「学びの精神」の重要性を強調している。

(3) 研修を通した資質能力の向上策

　教師には教職生活を通して資質能力の向上を図ることが求められている。教師の資質能力の向上策として、採用後の教職生活の中で制度的にどのよう

な機会が位置づけられているか。ここでは制度化されている三つの研修機会を取り上げる。なお、教師の研修機会としては、各県の教育研修センターなどでの研修や勤務校での研修、あるいは教員組合主催とか各種の自主的な教育研究の団体・協議会主催の研究会などがある。教師の資質向上策という点ではいずれも重要だが、法定研修の性格をもつという点で取り上げた。

　ひとつは、採用後の最初の研修機会が、初任者研修である。1986（昭和61）年4月の臨時教育審議会第二次答申によって提言され、その後、教養審により1987年12月の答申「教員の資質能力の向上方策等について」に盛り込まれ、1989（平成元）年度から実施されてきている。教育公務員特例法第23条で、採用の日から1年間、教諭の職務の遂行に必要な事項に関する実践的な研修を、任命権者が行なうことを定めている。

　二つは、10年経験者研修。2002年2月の中教審答申「教員免許制度の在り方について」を受け、2003年度から初任者研修に続く法定研修として実現された。教育公務員特例法第24条で在職期間が10年に達した後相当の期間内に、個々の能力・適性などに応じて、資質の向上を図るために必要な事項に関する研修を行なうことを定めた。任命権者が各教員の能力や適性などについて評価し、一人ひとりの研修計画を立てて実施する。研修は校外・校内両方で行なう。校長は年度末に教育委員会に研修の結果を報告するなどが特徴である。

　三つは、教員免許更新制である。2007年6月の教育職員免許法改正で、2009年度から本格実施される。この制度の目的は、「その時々で教員として必要な最新の知識技能を身につけること」である。10年ごとに、免許更新講習会（30時間）に参加し、修了認定の試験を受けることである。この講習会は勤務校の仕事とは無関係に実施される。つまり、上記二つの研修は任命権者が研修を行なうのであるが、免許更新講習は任命権者がほぼ無関係であること、該当する教員は勤務校での授業などの校務と重ならない時間帯を見出して参加すること、講習に係る費用も個人負担に近いことなどの特徴がある。

2 教員養成と教育実習

(1) 教員養成のしくみ

わが国の教員養成はどのようになされているのか。戦後、1949（昭和24）年に教育職員免許法が作られ、1953（昭和28）年に今日まで続く課程認定制度が発足している。この免許法の下での教員養成の特徴は、教職課程での単位修得であり、「大学における教員養成」と「開放制による教員養成」という考え方に支えられている。すなわち、戦後における学校教育制度の改革により、幼児教育、初等教育、中等教育の各段階の教員養成は、大学・短期大学（高等教育機関）で行なわれることになった。大学・短大卒の基礎資格と校種別の免許状に応じた所定の単位の修得を求めた。免許状は教員の資質能力を一定水準以上に維持し、専門職としての教員の職務遂行能力を保障するものと考えられている。

なお、戦前の教員養成では、初等教育段階の教員の主要な養成機関は師範学校などの教員養成学校であった。また、中等教育段階の教員養成は、大学・専門学校の卒業生に対する無試験検定制度、その他、文検に代表される試験検定制度があった。

ところで、教育職員免許状には、普通免許状、特別免許状、臨時免許状の種類がある。そして、学校の種類に対応した免許状を所有することを求める、相当免許状主義の考え方をとってきたが、近年、免許状の総合化・弾力化の動きもあり、2002（平成14）年より中学校の免許状所有者が小学校で相当教科や総合的な学習の時間などの指導ができるようになっている。

なお、2006（平成18）年度現在、課程認定を有するのは国公私立合計で、大学575校、短期大学280校。18年度に授与された免許状の総数は、24万8356件。種類別の内訳は、専修免許状1万5445件、一種免許状16万978件、二種免許状6万3068件、特別免許状37件、臨時免許状8828件。学校種別では、小学校教員免許状2万8858件、中学校教員免許状6万526件、高等学校教員免許状8万6053件、特殊教育諸学校の教員免許状1万7308件、幼稚園教

員免許状4万7464件、養護教員免許状4740件、栄養教諭免許状3407件[4]。

(2) 教育実習の意義と役割

　教育実習は教員養成の中で大きな位置を占めている。教育実習は、附属校や協力校（教育委員会が配属を決める場合も含む）、および実習生の出身校などで行なわれている。実習で大学で学んだ理論や技術を実践する試みを通して、教育活動をどう作り上げ、子どもたちをどう指導していくかを体験を通して学ぶことが重要で意義あることだと考えられている。理論や技術は抽象度が高くより普遍的な性格をもつが、実際の教育活動は具体的で個別的なものである。これを体験を通して結びつける結節点に位置するのが教育実習である[5]。

　教育実習の意義や目的を簡潔に整理すると、次の六つが考えられる。ひとつは、実習を通して学校教育の実態（学校経営を含め）を総合的に理解すること。二つは、大学での理論と実習校での実践をつなぎ、理論の実践化と実践の理論化を試み、実践的指導力の基礎・基本を学ぶこと。三つは、教科などの指導力を養い、学級を経営する力を身につけていくこと。四つは、児童・生徒に対する理解を深めること。五つは、教員の職務とその使命を理解することを通して教職への意識を高めたり、みずからの教職への適性や資質を判断すること。六つは、子どもとの関わりの中に、あるいは教える行為そのものの中に喜びを発見し、教職の魅力を十分に味わうことで、実習生自身の豊かな人間形成につながる体験となることである。

　教育実習に関するわが国の政策は、これまで教育職員養成審議会、臨時教育審議会、中央教育審議会などで論議されてきた。当初は、大学で学んだ知識（理論）を教育の現場に適応してみるといった理論の実証（実践）化の場として教育実習を位置づけていた。その後、教員としての能力や適性について自覚を得させる場という考え方が加わってきた。さらに、90年代後半以降、教育実習の内容をいっそう充実し、そのねらいをより達成するための教育実習の条件整備の必要性を要請している。各県で教育実習の実施の連絡協議会を組織することや大学と実習校と教育委員会の連携の強化を図ることが課題

となってきている。

　たとえば、2006年7月の中央教育審議会答申『今後の教員養成・免許制度の在り方について』では、教育実習のいっそうの改善・充実を求めている。たとえば、教育実習に関連し、大学と学校・教育委員会の連携強化、学生の能力・適性・意欲の事前の確認、母校実習をできるだけ避けることなどが、大学における教職課程の充実に資することが指摘されている。

(3) 介護等体験・スクールサポータ

　近年、より資質の高い教員養成を求める声が高まり、既存の教員養成カリキュラムを補完する各種の試みがなされてきている。以下、次の二つの試みをみていく。

　ひとつは、介護等体験である。1997年6月に「小学校及び中学校の教諭の普通免許状授与に係る教育職員免許法の特例等に関する法律」が制定され、1998年4月から施行されている。第1条の法律の趣旨をみると、「……義務教育に従事する教員が個人の尊厳及び社会連帯の理念に関する認識を深めることの重要性にかんがみ、教員としての資質の向上を図り、義務教育の一層の充実を期する観点から、小学校または中学校の教諭の普通免許状の授与を受けようとする者に、障害者、高齢者等に対する介護、介助、これらの者との交流等の体験を行なわせる措置を講ずるため、……教育職員免許法の特例等を定める」と記されている。

　大学は特別支援学校等や教育委員会、社会福祉施設や社会福祉協議会等と連絡調整を重ねながら実施している。通常、特別支援学校で2日、社会福祉施設で5日の計7日行なう。

　二つは、近年各地で行なわれているスクールサポータとかインターンシップと呼ばれる活動である。教員を目ざす大学生が小学校や中学校などの協力校で、現職教員の指導補助などの活動を行なうことである。この活動を通して、教育の実状に触れ、子どもの理解を図り、教えることの喜びや厳しさを観察・体験し、実践的な指導力の基礎を養い、教職を目ざす者としての自覚を高めていく。その活動内容は地域や学校段階によって異なるが、教科、道

徳、特別活動、総合的な学習の時間などの授業での指導補助だけでなく、始業前や放課後の学習補助、部活動の補助、子どもとの交流、各種の行事の指導補助や準備補助、また、教師の教材準備や教材づくりの補助など多岐にわたっている。なお、体力を必要とする活動が教育の分野には多いために、ベテラン教師の補助的役割を担う若い人材を求める傾向も強く、こうした活動の促進要因にもなっている。

なお上記以外にも、近年、教員採用を行なう教育委員会がみずからの教育政策や理念、求める教師像などをかかげ、教師としての資質や実践的指導力を身に付けさせようという「教師塾」という試みもみられる。

3 教師の仕事

教師の仕事の特徴は仕事の内容が多様であるということである。たとえば、ある学級担任の場合、朝、教室で子どもを迎え、職員室での打ち合わせや会議をこなし、朝の会、授業を行ない、休み時間には子どもと触れあい、昼休みに昼食（給食）の指導、その後、掃除の指導を行ない、つづいて、午後の授業を行ない、帰りの会で1日の反省や安全の指導を行なう。中学・高校の場合には、部活動の指導も加わる。その後、明日の授業等の準備や職員会等の会議もある。以上の例示につきない。放課後の子どもの問題や保護者への連絡や相談の仕事もある。教師の仕事の性格を無限定的であるととらえた指摘もあるが、たしかに教師が行なう仕事の内容をすべて言い表すことは難しい。本節では、教師の仕事を次の三つに絞ってみていく。

(1) 授業

授業は、教師の仕事を象徴的に表す言葉である。教師の仕事は授業であるとか、教師は「授業で勝負する」と考える教師は多いし、保護者も多い。授業をうまくできない教師はその資質能力を問われる。では、授業とは何か。一般的には、授業時間（小学校では45分、中・高等学校では50分が1単位時間）に、教師の教授活動のもとで児童生徒の学習活動が行なわれることをいう。教育

課程として編成された教育内容（教材）を、教師はさまざまな方法や技法を用いて子どもに修得させたり、身に付けさせる。子どもにとっては知識の学習であり、技能の修得であり、態度の形成であり、価値の内面化である。

　各学校は学習指導要領、県などの教育方針、地域の実態を踏まえて教育課程を編成する。法的には、学校教育法で小学校、中学校、高等学校などの目的、および目標を定め、学校教育法施行規則で教育課程を編成する各教科などや授業時数を定めている。そして、各学校での教育課程編成を行なう場合、国の基準が学習指導要領であると記している。

　各学校が編成した教育課程をもとに、授業時間の中で教育内容を子どもに習得させていくことが授業であり、用いるのが教科書などの教材である。教師は教材（教育内容）をよく研究すること（教材研究）は大切であるが、それだけでは十分でない。1単位時間の授業を行なうために作成する指導計画を、一般的に指導案と呼ぶ。指導案は授業の目標、内容、過程などで構成され、教師の発問や教材提示などの教授活動、教師の発問への応答などの子どもの学習活動、一斉指導か小集団活動かなどの授業形態なども記されている。教師は授業に際し指導案（シナリオ）を作成し、授業に臨む。もちろん、シナリオ通りに授業が進行することはベテラン教師でも珍しいことである。子どもの活動や反応、理解の程度、授業態度などを正確に予測することは難しい。時には、シナリオ通りにいかないことで授業が充実することもある。教師の考えたシナリオ以上の成果を子どもが出すのも授業の実状である。

(2) 学級経営

　わが国の学校では、学年・学級制が基本となっている。学年は4月1日に始まり、翌年3月31日に終わる（学校教育法施行規則）。また、学級を編制する場合、「公立義務教育諸学校の学級編制及び教職員定数の標準に関する法律」によって、学級は「同学年の児童又は生徒で編制するものとする。以下略」（同法第3条）。同学年で編制する場合は、1学級の児童又は生徒の数は現在40人と定められている。学級に配属された教師（学級担任）は学級の児童・生徒の学習指導と生活指導（生徒指導）などを担い責任をもつ。

学級担任になると、児童生徒と接する機会が多くなる。たとえば、朝の会、帰りの会、学級活動の時間（特別活動）、各種の学校行事、道徳の時間、授業時間外での給食指導や掃除の時間などの諸場面で担任する子どもへの指導が求められる。教師は担当の授業時間だけで、担任する子どもを理解したり、よい人間関係を作り出すことは難しい。1年間にわたり、個々の子どもをどう成長させていくか、学級の子どもたちの間にどのような人間関係を築いていくか、一人ひとりの子どもたちがどう学習や活動に意欲的に取り組んでいくかなど、つまり、学級という場を、よりよき学習活動が展開する場、より望ましい生活や活動が営まれる場にしていかなければならい。こうした教師の仕事を学級経営と呼ぶ。

　児童・生徒が積極的に授業や活動に取り組むこと。学習や生活の望ましい基準をつくり、よりよい活動を創り出すこと。児童・生徒が自分の所属する学級での学習や活動に充実感を味わい、この学級に所属してよかったと感じることができる学級を創り出すことが、学級担任としての重要な仕事となる。

　学級経営がうまくいかず、授業が成立しがたい学級の状態を学級崩壊と呼ぶ。近年、学力低下の問題への関心が高いが、学力低下はゆとり教育で教える内容が減ったことによって起きたという文脈で語られる場合が多いが、そればかりではない。学級崩壊や校内暴力などが起き、学級が学習や生活の場となり得ていない時にも学力低下の問題は起こるのである。近年、特別支援教育への要請が強まる状況があるが、教師の仕事の中でも学級経営の重要性や役割の大きさが今以上に注目される必要がある。

(3) 校務分掌

　学校教育法第37条第1項で「小学校には、校長、教頭、教諭、養護教諭および事務職員を置かなければならない」と規定されている。その第4項で「校長は、校務をつかさどり、所属職員を監督する」と定めている。校長がつかさどる校務は、学校の物的教育条件に関する事務にはじまり、教育内容的事項、教育活動そのもの、つまり学校で行なわれているすべてのことである。学校の仕事を校務と呼ぶが、校務すべての決定権は校長にあると解釈さ

れている。

　もちろん、実際には、校長が学校の仕事をすべて行なっているわけではないし、とうてい行なえない。このため、学校教育法施行規則第43条で、「小学校においては、調和のとれた学校運営が行なわれるためにふさわしい校務分掌の仕組みを整えるものとする」と定められている。どの学校も教育目標を実現するための学校組織、言いかえると校務分掌の仕組みを作っている。なお、小学校、中学校、高等学校では、校務分掌の仕組みも異なる。また、同じ高等学校でも普通科高校と専門学科高校では異なる。各学校の学校要覧には、校務分掌組織図が掲載されているが、その職務の役割分担の仕方（分掌の態様）をみると、学校毎にじつにさまざまである。

　校務分掌の状況をみると、教育活動などを運営していくためには多くの種類の校務があり、教師は分担しながら校務を遂行している。児童や生徒、保護者から直接みることのできる教師の仕事は教科などの授業、入学式などの学校行事、部活動など限られたものである。他方、授業や学校行事がどのように計画され、どう組織され、どう実行されたかの一連の過程を理解することは、教師以外では到底不可能である。校務分掌の仕事は保護者や一般の国民にはみえないが、これなくしては学校はとうてい組織として教育活動を展開できない。

4 教員（教師）の身分・地位

(1) 教員の身分

　学校教員の身分は、大別すると、公立学校では地方公務員、国立大学法人附属諸学校では国立大学法人職員、私立学校では学校法人職員である。私立学校教員の場合、地位や身分は就業規則で定められているので、以下、公立学校教員の場合をみていく。

　公務員である教師は全体の奉仕者という職業的性格をもつ。日本国憲法第15条2項で「すべて公務員は、全体の奉仕者であって、一部の奉仕者ではない」。さらに、地方公務員法（地公法）第30条で「すべて職員は、全体の

奉仕者として公共の利益のために勤務し、且つ、職務の遂行に当つては、全力を挙げてこれに専念しなければならない」と定められている。

　教育基本法第9条では「法律に定める学校の教員は、自己の崇高な使命を深く自覚し、絶えず研究と修養に励み、その職責の遂行に努めなければならない。2. 前項の教員については、その使命と職責の重要性にかんがみ、その身分は尊重され、待遇の適正が期せられるとともに、養成と研修の充実が図られなければならない」と定めている。

　さらに、教育公務員特例法で「教育公務員」という身分が付与される。この法律の趣旨を述べた第1条では「この法律は、教育を通じて国民全体に奉仕する教育公務員の職務とその責任の特殊性にもとづき、教育公務員の任免、給与、分限、懲戒、服務および研修等について規定する」と定めている。なお、任免とは、任用と免職のことであり、任用とは、採用、昇任、降任、転任であり、免職とは退職させることである。そして、この任免の権限をもっている者を任命権者という。そして「地方教育行政の組織及び運営に関する法律」（地方教育行政法）第34条で「教育委員会の所管に属する学校その他の教育機関の校長、園長、教員、事務職員、技術職員その他の職員は、この法律に特別の定がある場合を除き、教育長の推薦により、教育委員会が任命する」と任命権者が誰かが定められている。

　この定から、都道府県立の高等学校や中等教育学校の後期課程、同様に特別支援学校の高等部などは、設置者である都道府県教育委員会が任命権者である。なお、市町村が設置する小・中学校の教員の任命権者もまた、都道府県教育委員会である。これは地方教育行政法第37条第1項で「市町村立学校職員給与負担法第1条及び第2条に規定する職員（県費負担教職員）の任命権は、都道府県委員会に属する」と定めているからである。

　指定都市の場合は、地方教育行政法の第58条の指定都市に関する特例、「指定都市の県費負担教職員の任免、給与（カッコ内は略す）の決定、休職及び懲戒に関する事務は、第37条第1項の規定にかかわらず、当該指定都市の教育委員会が行なう」と定められ、任命権者は都道府県ではなくて、指定都市の教育委員会である。

(2) 教員の服務

　服務とは、職務に服する教員が守るべき義務である。公務員である教員には、その身分にもとづき、職務上、職務外においても、服すべき義務を課せられる。地公法30条に服務の根本基準が示されており遵守すべき義務は、次の8つの義務である。通常、「職務上の義務」と「身分上の義務」に区分されている。

　職務上の義務は、1. 服務の宣誓（地公法第31条）。2. 法令等及び上司の職務上の命令に従う義務（地公法第32条）。3. 職務に専念する義務（地公法第35条）。

　身分上の義務は、4. 信用失墜行為の禁止（地公法33条）。5. 秘密を守る義務（地公法34条）。6. 政治的行為の制限（地公法36条）。7. 争議行為等の禁止（地公法37条）。8. 営利企業等の従事制限（地公法38条）。

　なお、特例法には教育公務員の服務に関して二つの定めがある。ひとつは、第17条で「兼職及び他の事業等の従事」に関して「教育公務員は、教育に関する他の職を兼ね、又は教育に関する他の事業若しくは事務に従事することが本務の遂行に支障がないと任命権者において認める場合には、給与を受け、又は受けないで、その職を兼ね、又はその事業若しくは事務に従事することができる」と定める。もうひとつは、政治的行為の制限に関して第18条で「公立学校の教育公務員の政治的行為の制限については、当分の間、地方公務員法第36条の規定にかかわらず、国家公務員の例による」とされる。国家公務員法第102条では、「職員は、政党又は政治的目的のために、寄附金その他の利益を求め、若しくは受領し、又は何らの方法を以てするを問わず、これらの行為に関与し、あるいは選挙権の行使を除く外、人事院規則で定める政治的行為をしてはならない。②職員は、公選による公職の候補者となることができない。③職員は、政党その他の政治的団体の役員、政治的顧問、その他これらと同様な役割をもつ構成員となることができない」と定めている。

　つぎに、公立学校教員に関する服務の監督は誰が行なうのか。服務監督権

を有するのは当該学校を所管する教育委員会である。都道府県立学校の場合は、都道府県教育委員会が服務の監督を行なう。市立高校の場合は当該の市教育委員会が服務の監督を行なう。なお、義務教育段階の市町村立小・中学校教員の場合には、地方教育行政法第43条「市町村委員会は、県費負担教職員の服務を監督する」により、市町村の教育委員会が服務の監督行なう。なお、校長も、学校教育法第37条4項で「校長は、校務をつかさどり、所属職員を監督する」と規定されており、所属する学校の教員の服務の監督を行なう。

(3) 教員の懲戒・分限

地方教育行政法の第35条では「職員の任免、給与、懲戒、服務その他の身分取扱に関する事項」は、「地方公務員法の定めるところ」によると定めている。そこで、懲戒に関する身分の取扱からみていく。なお、地公法第27条3項で「職員は、この法律で定める事由による場合でなければ、懲戒処分を受けることがない」と定めている。

懲戒とは、職員に服務義務違反がある場合に、その職員個人の道義的責任を追及することで、公務員関係の規律と公務遂行の秩序維持の目的で、任命権者が科する制裁処分である。この懲戒の規定は地公法第29条にあり、次の三つの事由に該当する場合に、「懲戒処分として戒告、減給、停職または免職」の四つの種類の処分が行なわれる。そのひとつは、地公法等の法律、条例、規則、規程に違反した場合。二つは、職務上の義務違反、職務怠慢の場合。三つは、全体の奉仕者たるにふさわしくない非行のあった場合である。

2007（平成19）年度の懲戒処分の状況をみると、免職（168人）、停職（162人）、減給（242人）、戒告（1万2315人）、合計1万2887人。監督責任者として懲戒処分を受けた数は89人。処分の事由別では、交通事故、争議行為、体罰、わいせつ行為など、公金の不正執行または手当等の不正受給、国旗掲揚問題、その他の服務違反である。[6]

他方、2007（平成19）年度の分限処分の状況をみると、免職（14人）、降給（0人）、降任（0人）、休職（8310人）、合計8324人。休職の内訳は、起訴休職（17

人)、病気休職 (8069人、そのうち精神性疾患4995人)、その他 (224人)。なお、免職の内訳は適格性欠如が7人、心身の故障が5人、行方不明が2人である。

　分限とは、職責を果たせない場合に、本人の意に反して、あるいは本人の意思とは無関係に、任命権者が一方的に不利益な身分上の取扱いをする処分である。懲戒処分とは異なり、分限処分は公務の能率の維持とか公務の適正な運営の確保という目的からなされる。なお、分限処分は、地公法、条例で定める事由による場合でなければ、本人の意に反して処分されないと地公法第27条で、また、同28条では、降任、免職、休職、降給の種類が、定められている。降給と免職の事由は次の四つ。1. 勤務実績がよくない場合。2. 心身の故障のため職務の遂行に支障があり、又はこれに堪えない場合。3. その職に必要な適格性を欠く場合。4. 職制若しくは定数の改廃又は予算の減少により廃職又は過員を生じた場合。休職の事由は次の二つ。1. 心身の故障のため、長期の休養を要する場合。2. 刑事事件に関し起訴された場合。降給は条例で定めなければならない。なお、分限処分への関心が高まったのは指導力不足教員の問題からである。人事上の措置をとり、学級担任を外したり、教育センター等で研修を課すなどの対応の手続きを定める動きが各県でみられる。

　　注
　1) 文部科学省『文部科学統計要覧』(平成20年版)、2008年。
　2) 南本長穂「教師という仕事」南本長穂・太田佳光編『教育現象を読み解く』黎明書房、1998年、第1節「教職の特徴」参照。
　3) 教育職員養成審議会『新たな時代に向けた教員養成の改善方策について』(第一次答申) 1997年7月28日、4-6頁。
　4) 文部科学省『教育委員会月報』2008年5月号、32-43頁。
　5) 教育実習に関する研究は多いが、筆者が関係した報告書をあげると、愛媛大学教育学部カリキュラム改革研究プロジェクト編『大学生にとっての教育実習』1996年、『子どもたちにとっての教育実習』1997年、『教師にとっての教育実習』1998年、『大学にとっての教育実習』1999年。
　6) 文部科学省『教育委員会月報』2008年12月号、32-49頁。

第4章　心身の発達と学習過程

❶ 学習と発達はどのような関係にあるのか

　人間は生涯を通じて発達し続けるといわれる。発達（development）ということばは、われわれに「伸びてゆく」「大きくなる」「高くなる」というイメージを呼び起こす。しかしながら人間の発達は物理的な量における拡大や、身体・器官・組織などの生物学的な構成の次元における形態変化によってまとめ上げられるものでは十分に汲みつくせない特有な性格をもっている。
　たとえば心理学事典において「発達」は「個体と環境との継時的な相互交渉をとおして、さまざまな機能や構造が分化（differentiation）し、さらに統合（integration）されて個体が機能上より有能に、また、構造上より複雑な存在になっていく過程としてとらえるのが今日一般に受け入れられる考え方であろう」と説明されている。[1]
　ここでいう構造なり機能なりは、いったい何を指し示しているのであろうか。たとえばこれをゲゼルの階段登り実験に参加した乳児をイメージして考えれば、階段を登るという上方への空間移動の機能と、それを支える筋肉・骨格および神経組織の構造および個々の運動を協応させて登る行為を組織する行動の構造、などをあげることができるだろう。また、ピアジェ的に表現すれば、感覚運動的な対象変容の機能と、シエマの協応によって成立するその認知構造のことをさしているともいえる。人間の発達を考える場合、この

ようなさまざまな次元での機能と構造の関係が織り込まれた重層的なものとして、発達という現象が成立していると考えることが必要である。

これらの変化は、今日では極端な遺伝優位説や環境優位説の立場を除いて、人間主体が環境との相互作用を展開する中で起こるものだと考えられている。相互作用とは、人間が環境に働きかけ、それによって環境が変容する過程を通じて、人間自身が変わってゆくという過程を指す。それは物に接触したり、操作したり、創り出したり、生産したりする過程において生じることでもあれば、ものを壊したり、鑑賞したり、消費したりする過程においても生じることである。

ピアジェは環境との相互作用の中で、人間が世界を認識するための認知構造が構成されてゆく過程を、①環境の事物に対して、直接的に目で見、耳で聴いて感覚し、手を伸ばして触れ、足をもって空間を現実に移動することでかかわりを生み出し、思考活動が運動をつうじて具体的に展開している感覚運動的段階。②それらが心内化して、触れることのできる手がかりは象徴的なものとなり、見立てられた手がかりをもとに「いま・ここ」の世界を超えて思考が展開できるが、まだまだ「自己中心性」という限界をもった前操作的段階。③具体的な手がかりを次第に必要としなくなり、環境とのかかわりにおいて「脱中心化」して、「行った道を戻れる」ことに象徴されるように、さまざまな心内操作を多角的な視点から自在に操って、論理的な推論や判断が可能になり、具体的な現実から一般的な結論を得ると同時に、一般的命題から現実を逆に演繹しようとする操作的段階。という順序性をもった発達段階にわけて記述した。

このように、環境との関係が、行為を通じて「いま・ここ」の世界に展開される直接的なものから、環境との相互作用を同化と調節を通してさらに深めてゆく過程で、次第に心内空間の中での論理数学的な構造をもった媒介的なものへと変化してゆき、環境との均衡した関係を高めてゆく、というのがピアジェの認知発達理論である。

ピアジェは発達は環境を含みこんだダイナミックな相互作用の中においてのみ、その必然的な展開を示すと考えた。生物学的な個体として環境とかか

第4章　心身の発達と学習過程

わる中で、内面化された認知構造が構成され構築されてゆくという過程を考察するに際して、ピアジェは構成する主体というものをつねに念頭においていたといえる。それゆえ、外部からの恣意的な介入によって、行動の表層的な次元で一時的な行動（あるいは思考）の変容が可能であったとしても、それが認知構造の段階的な変化に影響を及ぼすほどのものにはなりえないと当初は考え、教育的に関与することの重要性をとりたてて論ずることをしなかった。

発達は個体と環境とのかかわりから得られる均衡に向けた運動の内的必然性にもとづいて立ちあらわれてくる、という位置づけを与える場合、そこでは心的構造の変容が、他者という「外部」から作用してくる影響力から相対的に独立したものとしてあると想定されている。それゆえ、複数の他者からなる社会というものによって影響され、認知構造が変容するという場合についても、それは、つまるところ個体がその社会とのあいだで相互作用する中で、その影響力が現実のものとなる、という考えが前提されることになる。

ピアジェの理論は、「変換」の操作を通じてダイナミックに展開しながら「全体性」がつねに維持されている「構造」が構成されてゆくという、構成主義的な構造主義である[2]。しかし、この個々の心的操作を要素とする全体構造をもったダイナミックな構築物は誰が見通しをもって組み立ててゆくのだろうか。

一方、「学習」という単語は、行動主義的な心理学の影響もあって、辞書的な定義において、「同一の行動が反復される結果として比較的永続的な行動変容が起こること」というような定義がなされることが多かった。

ナイサーに代表される認知心理学の台頭などによって、「刺激‐反応」過程にのみ着目し、行動の強化を反復することを通じて学習が成立するという行動主義的学習理論の見地に対しては、批判的検討も進み、その見方には一定の修正も加えられてきた[3]。一方で、これら行動に比較的永続的に起こる変容が、繰り返しの過程で起こるか瞬時に起こるかに限らず、その契機が内部ではなく外部からもたらされるということについては、多くの学習理論に共通している。その場合、行動主義的思考においては、行動を外部から強化し

て制御する主体は他者として想定されることが多いが、バンデューラの「社会的学習理論」の実験で示されるように、観察対象（他者）が受ける強化を観察することが、学習者自身の行動を形成する契機となるような「代理的な強化」という事態が想定される場合もあり[4]、すべての学習がこれにあてはまるわけではない。

いずれにせよ、なんらかの組織的なアプローチが外部からなされ、それを学習主体が受け入れるという構成をとっているという点については共通認識が成立しているといえる。

❷ 学習における言語と思考の関係と「発達の最近接領域」

ウェルナーが精神発達について述べる中で、発達過程における個々の学習が成立する機会を「微視発生（microgenesis）」ととらえたように、すべてを未分化な精神が分化と統合を繰り返して個体として発生（ontogenesis）してゆく一連の発達の流れにおける一契機とみなすこともできる[5]。しかしながら、学習という契機が、機会原因のような一契機としてとらえられるだけでは、人間発達のもつ固有な性格をとらえるには不十分な面があると考えられる。

ピアジェが教育という営みの意義について、自分の理論的な枠組の中に積極的に取り込まなかったのと同様に、学習という契機についてもあまり関心をむけることがなかったのは、その営みが、比較的永続的ではあるが、決定的な永続性を構造的に保証するような変化を個体にもたらす過程を主導するとはみなさなかったからであると考えられる。

一方、歴史を背負った文化による介入を受けるという人間の特殊性に注目したヴィゴツキーは、ピアジェとは異なる発達観を提示する。言語活動を思考活動の表現型のひとつととらえたピアジェと異なり、ヴィゴツキーは言語活動と思考活動をおのおの起源を異にする相互に独立した活動であるとみなす[6]。このように二つの独立した活動であるとみなすことによって、発達の問題にたいするどのような回答が与えられるのであろうか。

ことばが可能性として担っているのは、その個体にとってのエピソード的

な意味ではなく、個別事象を超越した事象一般である。それゆえ、言語活動として展開されることばを媒体として行なわれる記号操作は、環境との相互的関係を維持し続けている思考活動の中で展開される認知的操作とのあいだにつねに矛盾の関係を定立し、その活動間に相互作用を引き起こすことになる。

すなわち、ことばがその語義を組み合わせることにより創出しうる豊富な意味内容の世界と、個人が現実的にそれについて個別具体的に保持している意味内容の世界とのあいだに成立するずれがつねに生み出されることになる。このずれは具体的な事象を手がかりとした対人的コミュニケーションの過程で認識のずれとして健在化する。

その結果として、人類的活動の所産として抽象的かつ一般的な語義ないし文法形式において実現されていた言語活動が、個体内面の個別具体的な思考活動との統一において、その内実を獲得するという過程を実現してゆくのである。それは文化の伝承という側面をもつとともに、現実的な思考活動に根差した文化の創造としての側面も同時にもつものと考えることができる。

ヴィゴツキーが「自然的発達」と「文化的発達」との関係についてとる立場については、前者による後者の「取り替え」とみなし、それは二元論であるととらえるむきもあるが、神谷が指摘するように、ヴィゴツキーの立場はあくまでも両者の「融合」であり、以下に述べるように2つの活動の矛盾をはらんだ、あるいはその解決としての統一として把握しようとしていることに言及しておかねばならない。それゆえ言語的活動と思考活動の関係についても、知的活動の領域において、まさにその統一が矛盾を含みながら実現している場であるとしてとらえる必要がある。

しかし、このような一見して二元論的な状況設定から、その統一が実現されている過程が開始される背景には、人間の行動というものが動物一般にみられる本能的行動に示されるように、その行動発現が、環境との相互作用の中で、ほぼ筋書き通りに展開してゆくようなものではないという特質がありえる。精神間の関係として個体の外部との関係において展開されているその形式を、精神内のものとして習得してゆく学習の契機が必要とされるのであ

る。

　進化による淘汰のふるいにかけるほどには長い年月ではないゆえに、遺伝的に備わった本能的行動特性として個体の生物学的発生の過程で自動的に展開し顕在化してくるものではないが、類としてのヒトが遺伝的に備えている脳の可塑性と言語的コミュニケーションに適した神経学的・形態学的諸条件のもとで、さまざまな類的行動特質を背景として歴史的に構築されてきた文化が、個体発生と並行して外部からもたらされ、それが言語活動に媒介された学習という過程をつうじて内面化してゆくと考えられる。

3 発達において構造の構成を主導するもの

　ヴィゴツキーは子どもの生活の経験則からは導き出すことのできない「科学的概念」が学習される過程についてとりあげ、集団内でのコミュニケーション過程を介して言語活動と思考活動の融合が可能になってゆく場のメカニズムを説明するために「発達の最近接領域（Zone of Proximal Development）」という概念を導入する。[8]

　発達の最近接領域とは、子どもが単独で問題を解決していくことのできる現時点での発達水準と、大人の導きや、有能な同朋世代と協同することで問題を解決しいくことのできる潜在的かつ高次な発達水準とのあいだの領域のことを意味している。ヴィゴツキーは発達診断学について述べる中で「発達の最近接領域」を以下のように説明している。

> 「ある研究によれば、子どもがどのような模倣ができるかということとその子どもの知的発達のあいだには厳密な発生的法則がある。子どもが今日、協同や指導の下でできることは、明日には１人でできるようになるのである。すなわち、協同で作業する際の子どもの可能性を明らかにすることにより、最近接の発達段階で収穫をもたらし、現実の知的発達水準にとって代わるはずの成熟中の知的機能の領域を明らかにできる。このように、子どもが協同でできることを研究することで、明日の発達を知ることができる。成熟して

いないが、成熟しつつある過程の領域全体が発達の最近接領域を構成する」[9]。

「自我をもった主体としての人間」という観念にとらわれているわれわれからすれば、学習されたものを構成する主体は、身体の所有者である個体であり、心理的な主体としての自我である、という見方は自明のものとしてとらえられてしまいがちである。

心身の発達という現象にとっては隣接領域といえる発生生物学においては、ドーキンスも述べているように、遺伝子情報にもとづくたんぱく質の結合を通じた組織の構成に際しては、その構成を統率する主体にあたる司令室的な「主体」の概念を導入することなしに、発生の過程は説明されている[10]。

「近代」を歴史的に経験したわれわれ現代人にとっては、この主体を除外し、発達を構成するイニシアティブを他なるものに想定した発達過程からは、目的意識的な対象ないし自己の変革が可能であるはずの人間が、システムの要素、あるいは歯車として過小に評価されてしまう危機感を感じることになるかもしれない。しかし、状況に埋め込まれた認知の世界を生きている生物の一種であり、かつ上述したように文化を外部にもつ存在である人間にとって、年長や同世代の他者との共同の場である教育の場において、それとの関係を閉じた個体がすべての思考展開の構成過程をその個体のイニシアチブによって行なうという事態はかえって想定しがたいものがある。それゆえに、社会的分散認知システム（socially distributed cognition）として、知的行為が個体間および環境に存在する道具的な要素とのあいだに分散することでシステムが機能するような事態を想定することが、より自然な見方であるということもできる。学習主体に中心化しないこのような学習の文脈を記述する姿勢はレイブとヴェンガー（Lave, J & Wenger, E）によって「脱中心化方略（decentering strategy）」と呼ばれているが、この観点はヴィゴツキーが「発達の最近接領域」という用語において説明しようとした同じ状況を実践共同体という単位において把握しようとした例と考えることができよう[11]。

4 学習と身心発達の関係

　学習と発達の関係にかかわる議論について、言語活動と思考活動および「発達の最近接領域」という観点から述べてきた。学習という出来事が、集団内の複数個体による分散的な操作によって成り立つ発達の最近接領域において、社会的に支えられながら進行していることが一般的事実である、とそこから理解することはできるだろう。しかしながら、翻って発達する主体の側に目を向けるならば、それがおのおのの発達段階において、それぞれその時期固有の動機づけのもとに進行していることに注目する必要性を確認することができる。

　ピアジェのような主知主義的立場からすれば、発達の原動力は、「知的好奇心」をその源泉とする内発的に動機づけられた過程、言い換えれば「知りたい」という欲求に求められることになる。一方、若くしてこの世を去ったがゆえに、その完成をみることはできなかったものの、ヴィゴツキーによる幼児の遊びに関する考察や情動に関する考察、「心理システム」に関する考察などに目を向けると、彼の構想していた発達理論においては、スピノザの情動に関する思想を反映して、目的論的な思考を排したダイナミックな人格発達が構想されていたことをうかがい知ることができる。

　堀村は、ヴィゴツキーに対するスピノザの影響を考察する中で、スピノザが『エチカ』において、「情動はそれと反対のかつそれよりも強力な情動によってでなくては抑制されることも除去されることもできない」「喜びとは人間がより小さな完全性からより大きな完全性へと移行することである」と述べた主張を、ヴィゴツキーは、「言いかえれば、ある研究者がスピノザの言葉を想起して表明したように、『ある情動にうちかつものは、別のより強力な情動だけである』」と受け取ることで、子どもの遊びにみられる質的な転換の原動力となるものが認識ではなく欲望であることに着目していたことを指摘している[12]。そして、子どもの遊びについて考察する中で、主知主義を排し、発達に応じて変化する子どもの情動・感情のありかたに応じた学習のありよ

第4章　心身の発達と学習過程

うの変化を考慮にいれることの必要性を主張している。

　生物学的な発生において、発生中の器官や組織の領域がどこであるのか、その構築の度合いがどの時点まで進んでいるのかに応じて、組織する活動の中心的課題が異なってくるように、人間の発達においても、同様にその精神発達の諸段階に応じた組織活動の課題内容は異なった様相をみせることになる。ヴィゴツキーは「年齢期の問題」について述べる中で、精神発達における「年齢期」のもつ意義を説いている[13]。年齢に応じた身体の成長にともなう運動機能および対物的操作機能の変化は、世界とのかかわりの変化を引き起こす。それは同時に対人的関係を軸とする興味・関心の焦点の変化、ひいては欲求の変化へとつながってゆく。対物・対人的関係において直面する危機の様相も、それにともなって次々と変容してゆくことになる。心身発達に応じて対人的な関係の対象とその志向する関係の質が変化することに注目し、その契機を心理・社会的な「危機」と名付けて人格発達理論を構築したエリクソンと通底する問題意識がここにはあるといえる。

　発達の方向へと誘われる個体は認知能力の成長を目的として発達しているのではなく、身体をもち、情動・感情をもった欲望する人格として発達している。個体が世界を認識するために日ごと世界に対して操作的な関係を維持しているという主知主義的な図式ではとらえきれない、人と事物のからみあったダイナミックな関係の中で、発達は展開していると考える必要があることを意味している。

　人間は社会の中で成長を遂げる過程でそれぞれの年齢段階に則した動機、欲求、欲望をもって文化・歴史を背負った対物的・対人的関係とつぎつぎ向かい合っていく。われわれはそのようにさまざまな形で媒介された活動を営む中で「社会的諸関係の総体」としての人間として発達してゆくのだということについて、ヴィゴツキーは理論展開していくことを構想していた。「20年代のヴィゴツキーは構造と切り離した機能主義的な傾向を帯びていたが、（統一構造体としての；筆者注）『新形成物』を『年齢期』『人格』の問題の中でもち出すことで、その機能主義を脱して、質的な飛躍をとげることになった」と神谷も述べているように、人格発達の文脈の中に位置づけ直した統一

的な「心理システム」として発達の問題をとらえようとしていたことが指摘されている[14]。

5「認知構造変容理論」と媒介学習体験

　ピアジェ的な認知構造の発達理論に立脚しながらも、そのような構造が構成される過程においては、ヴィゴツキーが思考活動に対して言語活動を対置させたように、発達主体の外部から独立した活動としてもたらされる活動の重要性を実践的に展開する理論が存在する。
　フォイヤーシュタイン（Feuerstein, Reuven）らは、学習する向性（propensity）と、学習へ向かわせる現象をつうじて認知構造の変容を得ることを主要な目標とし、人間個体と対象世界の関係に介入する「媒介」行為を通して、刺激に対する感受性を開発し、認知的な準備性の形成を図り、それによって高次精神機能の発達、自己制御、表象的思考、方略的問題解決を可能にする媒介学習体験（Mediated Learning Experience；MLE）を考案した[15]。
　ここで求められる変容は個人の知識の幅を量的に拡大することではなく、情報獲得の方法、情報処理の仕方の工夫、技術習得の効率化、問題解決を促進することが可能になるような、より汎用性の高い認知構造の構築にある。このプログラムが特定の認知的技能や適応行動を身につけさせる他のプログラムと異なる特有な性格は、フォイヤーシュタインによる、「この違いは,ある人に毎日魚を食べさせる代わりに、その人に自分でいつも好きな時に魚釣りができるように、それに必要な道具を与え、必要な知識や技能を教えるのに似ている[16]」という簡潔な言葉によって説明することができる。それゆえ、「IE（筆者注：後述）プログラムを組織的に体験することで個人に誘発された変容は、情報の量と質の増加で示されるだけでなく、個人が将来の学習機会に於いて得る『能力』の増大においても示される[17]」ことになる。
　認知構造を変化させる道具立てとしてはIE（Instrumental Enrichment）という認知能力強化教材が使用される。この課題は「点群の組織化」「分析的認識」「指示」「空間的見当識Ⅰ」「空間的見当識Ⅱ」「分類化」「家族関係」「表

第4章　心身の発達と学習過程　　　　　　　　　63

象的ステンシルデザイン」「数列」「比較」「三段論法」「時間関係」「推移的関係」「イラスト」からなり、おのおのの課題は教科学習から幾分距離をおいた課題から構成されている。それらの題材自体は、ピアジェが臨床的実験で用いたような認知課題、知能検査に用いられるような個別教科内容に限定されない課題、その他、思考にかかわる評価に利用される検査課題が流用されたり、そこから経験的に洗練されてきたものが含まれている。

　認知能力強化教材を使用するに際しては、「ちょっと待って、考えさせて（Just a moment... Let me think!）」という各課題用紙の表紙冒頭につねに提示される言葉に示されるように、課題内容を敏速にこなす姿勢ではなく、課題に向かう学習者がとる一般的な構えに、学習者自身が徹底して注目することが要求される。それは、解答という所産を生み出すことが第一義なのではなくて、以下のような「媒介（mediation）」を実現することが目的とされているからである。

　媒介は「認知体系に影響を与え、より高い水準の変容をもたらす性質をもつもの」と定義されている。学習体験が適切に媒介されたものになるためには、①志向性と相互性（Intentionality and reciprocity）、②超越性（Transcendency）、③意味の媒介（Mediation of meaning）、④自己有効感の媒介（Mediation of feeling of competence）、⑤行動の制御と統制の媒介（Mediation of regulation and control of behavior）、⑥「分かち合う行動」の媒介（Mediation of sharing behavior）、⑦個性化と心理学的分化の媒介（Mediation of individuation and psychological differentiation）、⑧目標の追求、目標の設定、目標の計画、目標達成行動の媒介（Mediation of goal-seeking, goal-setting, goal-planning, and goal-achieving behavior）、⑨挑戦（新奇さ、複雑さの探求）の媒介（Mediation of challenge: the search for novelty and complexity）、⑩人間（＝変化する存在）としての意識の媒介（Mediation of an awareness of the human being as a changing entity）、⑪楽観的な選択肢の媒介（Mediation of an optimistic alternative）という11の条件が満たされることが必要であると考えられている[18]。

　これらの媒介のうち、フォイヤーシュタインの方法を展開するうえで、と

くに重要な媒介は、志向性と相互性、超越性、意味の媒介である。

まず、志向性と相互性とは、媒介者が設定する目標・目的が学習者の中に浸透してゆくのを見極めて、行動のありかたを臨機応変に変化させることをさしている。学習者の進展具合に合わせて提示する刺激の強度や順序などを効果的に変化させたり、学習者の特性に合わせて焦点のあて方を変更したりすることがそれに含まれる。

つぎに、超越性とは、いま・ここで取り組んでいる個別具体的な課題へのアプローチの仕方が、他のさまざまな事例に橋渡しを行なう中で、それら領域においても同様に適用できることに気づかせてゆくことを意味する。これは「知覚」の課題において、図形の大小、重なりなどの特徴を記述する機会があるとするならば、その話題となっている領域を超え出て、自己と他者の身体比較における大小の問題や、集合論におけるベン図の重なりの問題など、ものの見方一般の共通性を媒介として、他の領域の話題へと振り向けてゆくような場合をさしている。扱う具体的な題材を抽象化するとともに、そこから得られた一般的な命題を、他の領域の事例へと再び具体化する方向に目を向けさせる配慮をするということである。

さらに、意味の媒介とは、媒介者の欲求に根ざした「意味」を追求するということで、ここでいう「意味」は文化的な価値観を反映している。文化を子どもに伝えることは自身のアイデンティティーと価値観を伝えることでもある。そこには認知構造の発達に必要なエネルギー、愛情、情緒的な力があると考えられている。

これらの媒介的な教授・学習場面の構成をめぐるフォイヤーシュタインのアプローチにはヴィゴツキーが展開した「思考と言語」の関係に関する考察、「発達の最近接領域」の視点および、発達と学習の関係をとらえる際の文化の位置づけなどの点について、問題意識の類似性をみることができる。それらについては次節で述べることにする。

❻ フォイヤーシュタインの実践とヴィゴツキー理論

　歴史・文化理論の立場から「科学的概念」を教育的働きかけにより積極的に形成しようとするヴィゴツキー理論と、文化を剥奪された人びとに文化を回復することに傾注したフォイヤーシュタインの「認知構造変容理論」には、文化というものにかかわって共通の課題をもっているといえる。
　ヴィゴツキーはロシア革命後、近代化が未達成で識字率も低い中央アジアの地域に「科学的概念」の教育をもち込むことを課題としていた。それに対して、フォイヤーシュタインは、「ディアスポラ」によって世界各地に分散していたユダヤ人がイスラエルに移り住むことによる文化統合の課題を前にしていた。彼はヘブライ語を話せぬがゆえに文化を剥奪されていた児童・青年を新しい社会へと導き入れるための教育を実践する中で、その方法と理論を確立していった。
　ところで、ヴィゴツキーが扱うことになったのも、フォイヤーシュタインが取り組んだのも、それぞれ異なる文化が接触する場面であったがゆえに、そこで必要とされる教授法に対する認識が共通することになったものと思われる。
　コズリン（Kozulin, Alex）によれば、多文化が共存する教室の中では、各個人がひとつのリテラシー行為のそれぞれ異なった側面に対して貢献するという分配されたリテラシー（distributed literacy）や、日常のことばの意味を超えた理解に達する科学的なリテラシーなど、異なる心理学的道具が混在しているありさまがより明確になると述べている[19]。
　フォイヤーシュタインの方法が多様な形態で認知機能不全を抱える個人に対して利用されているということは、それが教科などの課題内容に特有な思考様式に限定されない一般的な思考様式を鍛錬することを主要な課題とするからであると考えることができる。それをもって教科学習に特有な思考様式へと橋渡しがなされることで、集団で営んでいるリテラシー行為の一端を学習者がみずから担っている、という感覚を獲得できるようになると考えられ

る。

　上述した認知能力強化教材は教科教育の課題とは異なるものであり、たとえば「点群の組織化」に代表されるように、図形、イラストなどを手がかりとした非言語的な課題も含まれている[20]。それらによって科学的概念習得のため課題に臨むに際してとるべき一般的な構えを形成することができる。それは生活言語とは異なる学習言語を形式・内容にわたって習得してゆくための足がかりとして位置づけることができる。いいかえれば、このような課題では古い言葉でいうところの「形式陶冶」が目指されているわけであるが、この形式陶冶は、実質的な思考や行動への橋渡しを不可欠のものとして行なわれており、そこにこの方法の特徴があると考えられる。

　フォイヤーシュタイン自身、みずからの実践においては、生活文化の異なる多様な児童を受け入れるに際しての、生活への適応ということが課題であったと思われる。各国で成果をみている事例においては、おのおのの領域において、生活を組織するという観点から、知識を知識としてとどめておくのではなく、生きた知識として生活や文化につなげてゆくという課題に応えようとした実践が示されている。

　浜田が指摘するように、「蓄える」ことを志向する現代の学校では、その知識を生活へと橋渡ししてゆく過程が十分に保証しきれていないのが現状である[21]。そのような「蓄える」ことを志向する「銀行型」の教育に甘んじている現状に対して、「認知能力強化」という位置づけで、還元され一般化された知識を現実へと橋渡しする自己生成的な課題をフォイヤーシュタインは追求したといえる。それゆえ、この実践には、「意識化」や「対話」などをキーワードとして、ヴィゴツキーの「随意性」の概念にも依拠しながら、ラテンアメリカで展開されたフレイレ（Freire, Paulo）の教育活動などとも通底するものがあるといえよう[22]。

7 学習と発達の関係と障害の理解

　人間的な行動様式の発達は生物学的な制約にもとづいて起こると想定する

ならば、学習という行為にも自ずと限界が設定されることになる。たとえば、認知機能の遅滞が、ある種の脳の構造的な不全にもとづくものであるとされた場合、その機能に学習過程の障害として顕在化する問題は、構造的問題に全面的に依拠して生み出されるのであるから、それを補償しようとする試みには構造的な限界が存在し、その達成目標においても健常者の場合とは異なり限界が存在することになるという考え方である。

人間の認知能力が機能する中にあらわれる構造というものは文化の産物であるかぎり、それは個体の生物学的な構造の成長原理にもとづいて発達するものではなく、文化の、それも主要には言語活動の内面化という形で外からもち込まれたものである、という認識については上述した。それゆえ、そこに限界なり制約なりを設定する場合には、生物学的な、神経学的な根拠のみをもとにそれを主張することはできない。そこにはつねに現実性と同時に、その延長上に可能性というものを想定した議論をたてることが必要になるといえる。

われわれが生物学的淘汰の末に獲得した、柔軟で可塑性があり、充実した学習が可能となった脳の構造は、「文化」という遺伝子外の知的活動の構造体を保存する機能を獲得したが[23]、その可能性は未知数なまま、ここ数千年のうちにその潜在力の一部を発揮しはじめたにすぎない。

そこには、現在よりもさらに認知能力を向上させることのできる社会的な構造体がありうるともいえるし、個体の能力に還元されない、個体の能力とそれを支えるより均衡化された社会的構造を、心理システムとかみ合いながら、安定した文化を維持しつつそれを支える社会システムとして構築することも想定可能なのである。

注
1) 平凡社編『新版心理学事典』平凡社、687頁、1981年。
2) ピアジェ、J『構造主義』滝沢武久・佐々木明訳、白水社、1970年。
3) Neisser, U. *Cognitive psychology*, Englewood Cliffs, NJ: Prentice-Hall, 1967.
4) バンデューラ『社会的学習理論——人間理解と教育の基礎』原野広太郎監訳、金子書房、1979年。

5) ウェルナー、H『発達心理学入門——精神発達の比較心理学』鯨岡峻・浜田寿美男訳、ミネルヴァ書房、1976年。
6) ヴィゴツキー、L・S『思考と言語』柴田義松ほか訳、新読書社、2001年。
7) 神谷栄司「ヴィゴツキーの情動理論・再論」『ヴィゴツキー学』第8巻、ヴィゴツキー学協会、2007年、1-11頁。
8) 中村和夫『ヴィゴツキー心理学完全読本』新読書社、2004年。
9) ヴィゴツキー、L・S「年齢の問題」伊藤美和子訳『ヴィゴツキー学』第7巻、ヴィゴツキー学協会、2006年、73頁。
10) ドーキンス、R『盲目の時計職人——自然淘汰は偶然か?』中嶋康裕ほか訳、早川書房、2004年。
11) レイヴ、J／ヴェンガー、E『状況に埋め込まれた学習——正統的周辺参加』佐伯胖訳、産業図書、1933年および、高木光太郎「実践の認知的所産」波多野誼余夫編『認知心理学5——学習と発達』東京大学出版会、1996年、37-58頁、を参考にした。
12) 堀村志をり「ヴィゴツキーの遊び論における最近接発達領域——スピノザ哲学からの一考察」『ヴィゴツキー学』第9巻、2008年、ヴィゴツキー学協会、59-71頁。
13) ヴィゴツキー、前掲「年齢の問題」。
14) 神谷栄司『保育のためのヴィゴツキー理論——新しいアプローチの試み』三学出版、2007年。
15) フォイヤーシュタイン、R／ランド、Y『「このままでいい」なんていわないで!——ダウン症をはじめとする発達遅滞者の認知能力強化に向けて』L・B・グレアム訳、関西学院大学出版局、2000年。
16) フォイヤーシュタイン／ランド、前掲、366頁。
17) フォイヤーシュタイン／ランド、前掲、401頁。
18) Feuerstein, R., Rand, Y., Hoffman, M. & Miller, R. *Instrumental Enrichment.* Baltimore: University Park Pressm, 1980（フォイヤーシュタイン／ランド、前掲に掲載）
19) Kozulin, A. Psychological tools and mediated learning. In Kozulin, A., Gindis, B., Ageyev,V. & Miller, S.M. (Eds.) *Vygotsky's educational theory in cultural context,* Cambridge University Press, 2003, pp.15-38.
20) Feuerstein, R. & Hoffman, M.B. *Teacher's guide to organization of dots,* ICELP Publications, 1995.
21) 浜田寿美男『子どものリアリティ　学校のバーチャリティ』岩波書店、2005年。
22) フレイレ、P『伝達か対話か——関係変革の教育学』里見実・楠原彰・桧垣良子訳、亜紀書房、1982年。
23) ドーキンス、R『利己的な遺伝子』日髙敏隆ほか訳、紀伊國屋書店、2006年。

第5章　学校の組織と運営

1 学校の組織

（1）組織とは何か

　「組織」とは共通の目的を達成するために複数の人間が集まり、秩序を保ちながら作業を分担し、協働するシステムである。チェスター・バーナード（米国の経営学者 1886-1961）は個人の努力を組織的に生かすためには「共通の目的」があり、「協働意志」が働き、組織の諸要素を結合する「コミュニケーション」が十分にとれることが必要条件であるといっている。[1] すなわち協働する場合に第一に重要なことは共有化された目的や目標があることである。学校には、建学の精神や理念として「校訓」がある。たとえば「至誠」「自律」「創造」などがそうである。また各学校には校訓をベースとした「学校教育目標」がかならず定められている。たとえば「豊かな心と健やかな体をそなえた人間の育成」「自己実現を目指す自立した人間の育成」「積極的に地域に貢献できる人間の育成」などである。「学校教育目標」は教育重点目標と考えることもでき、普遍的な教育理念などを時代や社会の変化と要求に合わせてより具体化したものである。その下に「学年教育目標」、さらに「学級教育目標」などが定められている。「学年教育目標」は年次進行を配慮した目標が多い。たとえば1学年では「学校生活にはやく慣れて友達をつくろう」、2学年では「学校の中堅として誇りをもって行動しよう」、3学年では「自

分の生き方を考えよりよい進路を実現しよう」などである。「学級教育目標」は「時間を守ろう」「挨拶をしよう」などと日常的で平易なものとなっている。

つぎに、組織として秩序を保ちながら作業を分担し、協働するために重要なことは目的や目標の外に共有化されたルールがあることが必要であり、そのルールのひとつが個人的に明確に仕事が分担されることである。バーナードのいう第二の条件「協働意志」、すなわち個人的に協力して働こうとする意志や意欲が形成されるためには、ひとつひとつの仕事の責任と権限の明確化が重要である。分業は学校では分掌といわれるもので次項から詳述する。さらに、目標達成のために組織として必要なことは分業だけではなく、それらを調整していく機能である。調整は各部長（主任）、学年主任、教科主任が直接行ない、それを統括するのが教頭であり、校長である。従来管理職は主として校長と教頭だけであったが、学校教育法の改正により、副校長、主幹教諭、指導教諭をおくことができるようになった。このことについては第2節の (4) 活力ある組織と運営で述べる。バーナードのいう第三の条件「コミュニケーション」は調整のおもな手段であるとともに、構成員の資質の向上との関連が強い。研修と資質については第2節 (7) で述べる。

(2) 実際の組織——校務分掌

実際の高等学校、中学校、小学校の平均的な例をかかげる（図5-1、2、3）。

(3) 組織と役割

ここでは分掌組織の各部の係とその役割について具体的に述べる。ここでは教職員60人規模の高等学校でのひとつの例をとりあげる。ここでは1人で複数の係を兼任している。

総務部

係としては総務係と行事係と文書係と渉外係があり、総務係は全学的な行事・会議などの調整、教職員の福利厚生などの仕事があり、行事係は年間行事計画、儀式行事や学校集会の企画進行などの仕事がある。文書係は広報・

第5章　学校の組織と運営

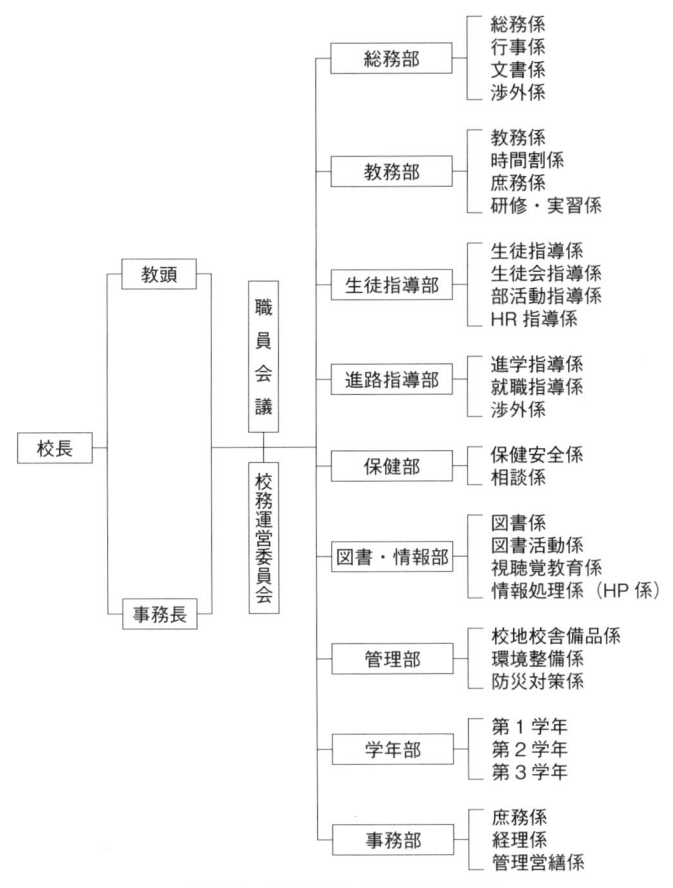

```
                      ┌ 総務部 ─ 総務係
                      │          行事係
                      │          文書係
                      │          渉外係
                      │
                      ├ 教務部 ─ 教務係
                      │          時間割係
                      │          庶務係
                      │          研修・実習係
                      │
         ┌ 教頭 ┐     ├ 生徒指導部 ─ 生徒指導係
         │     │職    │              生徒会指導係
         │     │員    │              部活動指導係
         │     │会    │              HR指導係
         │     │議    │
校長 ────┤     ├─────┼ 進路指導部 ─ 進学指導係
         │     │校    │              就職指導係
         │     │務    │              渉外係
         │     │運    │
         │     │営    ├ 保健部 ─ 保健安全係
         │     │委    │          相談係
         │     │員    │
         │     │会    ├ 図書・情報部 ─ 図書係
         └ 事務長 ┘   │                図書活動係
                      │                視聴覚教育係
                      │                情報処理係（HP係）
                      │
                      ├ 管理部 ─ 校地校舎備品係
                      │          環境整備係
                      │          防災対策係
                      │
                      ├ 学年部 ─ 第1学年
                      │          第2学年
                      │          第3学年
                      │
                      └ 事務部 ─ 庶務係
                                 経理係
                                 管理営繕係
```

図 5-1　高校における組織の例

規程集・諸資料・学校要覧・入学の手引などの作成保管、職員会議資料・会議録の保管などの仕事がある。渉外係は PTA、同窓会、中学校、関係諸機関との連絡などの仕事がある。

教務部
係としては教務係と時間割係と庶務係と研修・実習係があり、教務係は入

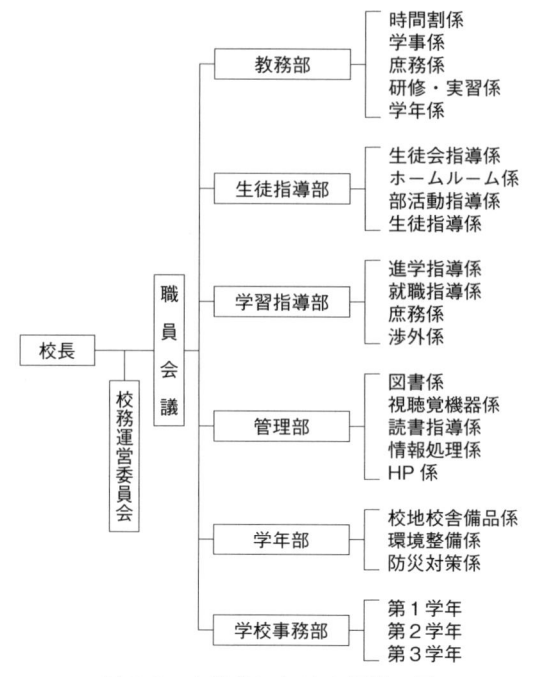

```
                                    ┌ 時間割係
                                    │ 学事係
                          ┌ 教務部 ─┤ 庶務係
                          │         │ 研修・実習係
                          │         └ 学年係
                          │
                          │         ┌ 生徒会指導係
                          │         │ ホームルーム係
                          ├ 生徒指導部┤ 部活動指導係
                          │         └ 生徒指導係
                          │
                  ┌職員 ─┤         ┌ 進学指導係
                  │会議  │         │ 就職指導係
校長 ─┤          │      ├ 学習指導部┤ 庶務係
      │          │      │         └ 渉外係
      │          │      │
      └校務運営  │      │         ┌ 図書係
        委員会   │      │         │ 視聴覚機器係
                          ├ 管理部 ─┤ 読書指導係
                          │         │ 情報処理係
                          │         └ HP係
                          │
                          │         ┌ 校地校舎備品係
                          ├ 学年部 ─┤ 環境整備係
                          │         └ 防災対策係
                          │
                          │         ┌ 第1学年
                          └ 学校事務部┤ 第2学年
                                    └ 第3学年
```

図5-2　中学校における組織の例

試・転編入事務、教務関係資料の作成と保管、教科書・副読本採択事務、考査（定期・追認・再考査）の計画と実施などの仕事がある。時間割係は時間割編成、時間割変更、授業時数管理、時報のチェック、考査時間割作成と監督割り当てなどの仕事がある。庶務係は学籍書類（要録、出席簿、成績一覧など）の保管、教具の整備、公欠認定、教務日誌の記録などの仕事がある。研修・実習係は校内研修の企画運営と教育実習生の受け入れ事務とその指導などの仕事がある。

　生徒指導部
　係としては生徒指導係と生徒会指導係と部活動指導係とホームルーム指導係（以下HR指導係とする）がある。生徒指導係は生徒指導（風紀、校則、その他）、

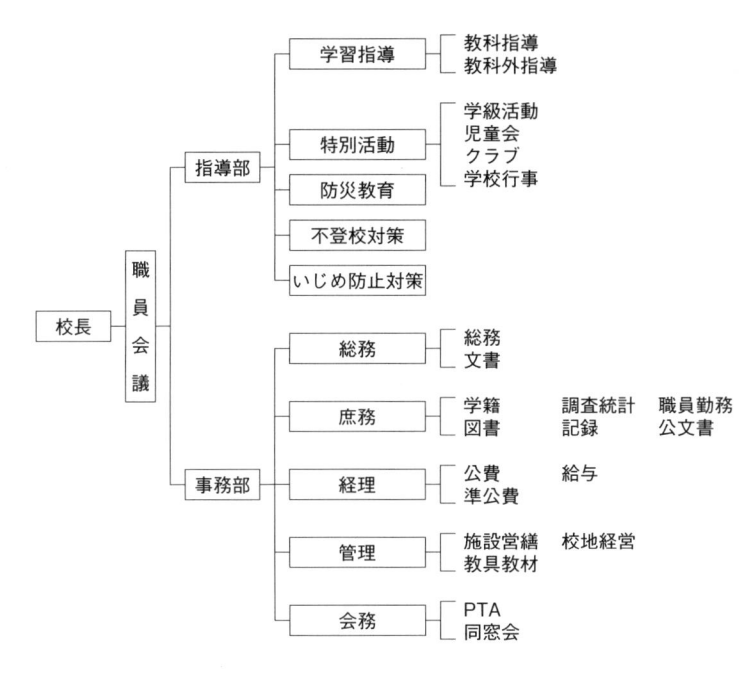

```
                          ┌─学習指導──┬─教科指導
                          │          └─教科外指導
                          │          ┌─学級活動
                          ├─特別活動──┤─児童会
                   ┌─指導部┤          ├─クラブ
                   │      │          └─学校行事
                   │      ├─防災教育
              職   │      ├─不登校対策
              員   │      └─いじめ防止対策
         校長─員會─┤
              議   │      ┌─総務──┬─総務
                   │      │      └─文書
                   │      ├─庶務──┬─学籍   調査統計  職員勤務
                   │      │      └─図書   記録     公文書
                   └─事務部┤─経理──┬─公費   給与
                          │      └─準公費
                          ├─管理──┬─施設営繕 校地経営
                          │      └─教具教材
                          └─会務──┬─PTA
                                 └─同窓会
```

図5-3　小学校における組織の例

自転車登下校指導、授業料諸会費減免、奨学生の選考、生徒相談、拾得物管理などの仕事がある。生徒会指導係は生徒会予算、物品購入管理、生徒会指導（行事指導、執行委員会・代議員会・生徒総会などの指導）、生徒手帳の改訂などの仕事がある。部活動指導係はクラブ代表の委員会の指導、運動部・文化部それぞれの指導や調整の仕事がある。HR指導係はHR計画とHR経営の研究、生徒写真の運用と管理などの仕事がある。学外では各校の教員で構成する組織に参加し、事例報告などを通して検討・研究する仕事がある。

進路指導部

係としては進学指導係と就職指導係と渉外係がある。進学指導係は進路実現からみた学習指導の研究と指導、実力考査や模擬試験の計画と実施、進学

資料の調査と研究、進学志望の調査と指導、調査書の保管、卒業生の進路指導、補習など課外授業立案などの仕事がある。就職指導係は就職先の調査と開拓、就職の斡旋、面接など就職試験の指導、就職の志望調査、資料の整備と保管などの仕事がある。渉外係は大学説明会への参加や大学や企業からの来訪の応対などの仕事がある。学外では各校の教員で構成する組織に参加し、大学の入学試験や就職試験などの点検や就職差別の是正などの仕事がある。

保健部

係としては保健安全係と相談係がある。保健安全係は養護教諭を中心として健康診断などの学校保健業務、保健安全教育の計画と実施、救急の病気・怪我の対応、保健委員会（生徒）の指導、特別支援教育などの仕事がある。相談係はカウンセラーの指導の下、生徒や保護者の心の悩みの相談を受ける仕事がある。

図書・情報部

係としては図書係と図書活動係と視聴覚教育係と情報処理係がある。図書係は図書購入希望の調査、図書や備品の購入計画の立案と購入、図書と備品の管理の仕事がある。図書活動係は読書指導、図書館の案内と利用指導、図書活用調査、貸し出しと返却業務、図書委員会（生徒）の指導などの仕事がある。視聴覚教育係は視聴覚機器の購入と整備および管理、ソフトの購入と管理などの仕事がある。情報処理係は備品としてのコンピュータの一括管理と運用、ホームページの管理運用などの仕事がある。

管理部

係として校地校舎備品係と環境整備係と防災対策係がある。校地校舎備品係は備え付け備品の管理、修繕、補充などの仕事がある。環境整備係は校内の環境整備計画に従って環境整備を進めることや植栽や清掃指導、美化委員会（生徒）の指導などの仕事がある。防災対策係は防災安全計画の立案、防災安全教育の推進などの仕事がある。

第5章　学校の組織と運営

事務部（事務室）

高校では事務部は独立しており、教員はスタッフにはならない。事務長以下主査、主任、事務職員、事務員（校務員）で構成され、分掌としては庶務係、経理係、管理営繕係などがある。具体的な仕事は、学校施設の設備、人事事務、出勤などの服務管理、給与と旅費の計算、経費の収支、財産、庶務・福利、備品・消耗品、契約、証明書の発行、営繕・用務、環境整備などである。

(4) 委員会組織

委員会組織とは各部に分けることのできない横断的な業務や限られた時期に集中して行なう業務に対応した組織である。具体的には以下のような委員会がある。

教育課程委員会

国および教育委員会の指導のもと、学校の実態に合わせたカリキュラムを検討し法や規則などに照らし合わせて案を作成する。

人権教育推進委員会

教員ならびに生徒の人権意識を高める教育を企画、推進する。

国際理解教育推進委員会

ALT（Assistant Language Teacher 外国語指導助手）と協力し、国外の姉妹校との連携、相互交流を図る。

地域貢献事業推進委員会

地域との交流・連携を深めるボランティア活動などを推進する。

特別活動（行事）検討委員会

学校行事をつねに見直し、さらなる改善を目指し検討する。

教育相談推進委員会

カウンセリング委員会とも呼び、生徒の心の問題が増加している状況で、効果的なカウンセリングのあり方を考える。

防災教育推進委員会

たんなる避難訓練だけでなく、災害に対する教育を検討推進する。

教科書選定委員会

評議委員など広く意見を聞きながら教科書選定を進め案をまとめる。
学校保健委員会
学校医とPTAと教員が生徒の健康状態を知り、連携と理解を深める。
安全衛生委員会
教職員の福利厚生に関する施設などを検討し整備する。
予算委員会
事務部が提示した総額に対し各部署の希望を整理し案をまとめる。
生徒指導委員会
問題生徒を規定のみで特別指導するのでなく、個別に効果的な指導を検討し実施する。
新規構想検討委員会
ビジョン委員会とも呼び、学校の特色化などの観点から時代の変化や社会のニーズを考えて、新しい体制や取り組みを検討し提案する。
情報教育委員会
ITが教育の手法として大きな位置をしめる今日、アプリケーションソフトや電子媒体による資料が増えている。情報化にどう対応していくかを検討する。
校務運営委員会
他の委員会とは異質な位置づけと役割を果たすものである。管理職と各部長（主任）と学年主任で構成されており、当面する諸問題の対応に関して校長の意向を幹部に伝え、幹部の意見を聞き、校長の提案の内容を改善する機関となる。職員会議の前に開催されることが多い。

(5) プロジェクトチーム——実践力としての組織

分掌は定形的な仕事を続けていくのにはむいているが、新しい仕事や複数の部が関係する仕事には適していない。そこで分掌にとらわれず自由度の高いチームをつくりさまざまなプロジェクトに対応することは組織にとって重要である。具体的には、校務運営委員会などで新しく直面した課題や少し専門的な知識が必要な課題について研究し資料や案を作ったり、論点が絡まっ

ている議論などの論点整理を行なうチームである。時代の変化に敏感な若い層の発想や転入者、新人のそれぞれの経験や才能を発揮する機会としてプロジェクトチームを結成し、リーダー（教頭など）をつけて指導することもひとつの有効な方法である。これからはまったく新しい感覚や考え方が学校経営にも必要になっている。その手法としてはブレーンストーミングやディベートやKJ法などでお互いに発言し、考え、反論しながら新しい考えを生かしてまとめていく方向を探ることが効果的である。このチームはプロジェクト完成後に解散する。

(6) 学校評議員制度

学校評議員制度は、中央教育審議会答申を踏まえ、2000（平成12）年の学校教育法施行規則の改正により制度化されたものである。これは学校が保護者や地域住民などの信頼に応え、家庭や地域と連携・協力して子どもたちの健やかな成長を図っていく観点から、よりいっそう地域に開かれた学校づくりを推進していくため、地域住民の学校運営への参画の仕組みを新たに制度的に位置づけたものである。学校評議員は設置者（教育委員会）の判断によりおくことができるものであり、その人数や任期などは設置者が定める。評議員には、当該学校の職員以外で教育について識見と理解のある者から校長が選び推薦により設置者が委嘱する。学校評議員制度の期待される効果としては、校長が学校の教育目標や教育計画ならびに地域との連携について保護者や地域住民などの意見を聞き、その意向を把握し、保護者や地域住民の理解と協力を得ながら、学校運営に反映させるとともに、学校運営の状況などを周知するなど学校が説明責任を果たすことなどがある。

2 学校の運営

(1) 企業人からみた学校運営の問題点

最近企業人が校長に登用される例がみられる。企業的経営を学校運営に取り入れようとするものである。ここで企業人からみた学校運営の問題点につ

いて述べる。第一に上司と部下の感覚が希薄であることである。たとえば学校行事などが毎年同じ時期に、同じ内容で繰り返されマンネリ化している現状があるなど、体質的に新しい案はよく討議されずに否決されることが多い。また、決定したことでも実行までに時間がかかる。これらの最大の原因のひとつは指揮命令系統が機能しがたい状況があるからである。決定の仕方は集団合議的な方針決定からトップダウンの方針決定に変えなければならない。つまり組織形態としては櫛型（鍋蓋型）からピラミッド型への移行が必要である。また、時代や社会の変化や国民のニーズに合わせてマトリックス組織など戦略的組織が必要である。第二に教員は個人の仕事の成果が評価と処遇に無関係である。つまり処遇は経験年数でほぼ平等であり、業績に対する評価が昇進・昇格や給与に反映されない実態がある。元来教員は評価されることを嫌う傾向が強く、自己評価には慣れていない。企業では当たり前に行なわれている自己評価と外部評価を学校に取り入れるべきである。第三に教員の価値の置き方は子どものためにという方向が強く、組織のためにという方向は弱い。教員一人ひとりの能力や責任感は高いので、少しでも組織のためにという方向に向かえばより強力な組織になりうる。そのためには管理職が教育目標や教育方針、理念を明確にし、教職員を参画させて中期計画を策定することが重要である。また、元来保護者のやらなければならないことが過剰に学校に求められている現状があり、地域には協働を求めることが是非必要である。計画の進捗状況の測定や生徒へのアンケート結果にヒントを求めることも重要であり、保守性の打開のため若手の起用とか地域や保護者の協力を活用することが重要である。以上が企業人からみた学校の問題点と改善へのアドバイスである。[2] 参考になる指摘が多い。

(2) 学校運営の実態

　まず学校長が教育目標にもとづいて教育方針を説明し、全教職員の共通理解を求める。つぎに校長の指示のもとで各分掌が教育計画を立てる。計画の進行中は教職員間の意志疎通を図り、当面する教育課題の対応について、教職員の意見交換が自主的に積極的に深められる場と機会を十分確保すること

が重要である。

図5-4は校長の意志が学校運営に具体的に反映される流れを示したものである。

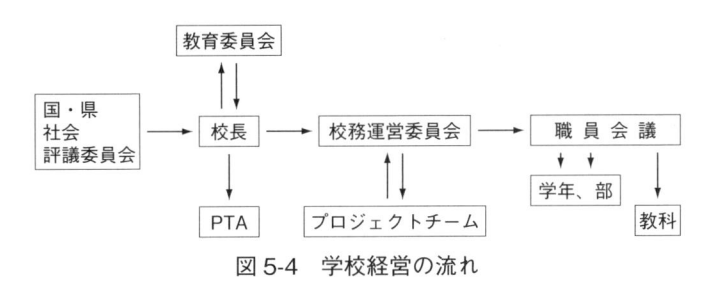

```
                    ┌─────────┐
                    │ 教育委員会 │
                    └────┬────┘
                         ↕
┌─────────┐      ┌────┐      ┌──────────┐      ┌──────────┐
│ 国・県   │      │    │      │          │      │          │
│ 社会    │ ───→ │校長│ ───→ │校務運営委員会│ ───→ │ 職 員 会 議 │
│ 評議委員会│      │    │      │          │      │          │
└─────────┘      └─┬──┘      └────┬─────┘      └────┬─────┘
                    ↓               ↕                ↓
                 ┌────┐      ┌──────────┐       ┌──────┐    ┌────┐
                 │PTA │      │プロジェクトチーム│      │学年、部│    │教科│
                 └────┘      └──────────┘       └──────┘    └────┘
```

図5-4　学校経営の流れ

校長は国や県の教育の方向を基盤において社会や時代のニーズや動きを踏まえ、具体的には学校評議員会の意見を尊重しながら、学校の運営を考える。教育委員会とはつねに連携を保ちさまざまな報告をするとともに指示を仰ぎ、全県統一的な運営を保つことが大切である。PTAには学校行事などに関して周知を図るとともに、PTA評議員会などからさまざまな意見を聴取する。また、PTAには経費の負担などについても依頼する場合が多い。校長は定期的に開催する校務運営委員会で教育方針や教育計画について具体的な案を示し、意見を聴取する。また、改善を必要とする場合は各部や学年に案を再提案させることや、新しい学校行事や学校制度の改革などについては教頭を中心とするプロジェクトチームに案を作成させる。校務運営委員会で論議が深まるほど職員会議で全職員の共通理解は図りやすい。たとえ教職員の労働過重になるような厳しい案件でも積極的に提案し、学校全体や生徒の側に立った教育効果の高い学校経営を心がけるべきである。校務運営委員会で共通理解が図られた案件を職員会議で提出し、全職員の共通理解はもとより、協働意欲が高まるような丁寧な論議をすることが重要である。

(3) 校長とリーダーシップ——校長の権限と法的解釈

学校運営と組織のあり方で職員会議の位置づけは最も重要なもののひとつである。そして、この職員会議の位置づけが職員団体（組合）と争われてき

た点でもある。職員会議の位置づけに三つの主張がある。そのひとつは議決機関としての位置づけである。これは何らかの意思決定を行なうものとしての位置づけであり、運営に民主主義を持ち込んだものである。もちろん理想的であり、これが間違っているとはいえないが、時として構成員の楽な方向に、あるいは保守的な方向に向かいがちであり、かならずしも一人ひとりの能力が十分に発揮されるものではない。二つ目は諮問機関としての位置づけである。校長は職員に諮問することは自由にできるが、諮問結果に対してまったく拘束されるものではないとされている。しかし、時として諮問結果は校長の権限に抵触する可能性が考えられる。三つ目は補助機関としての位置づけである。補助機関として職員会議をみると校長の職務を助けるもの、その役に立つものという位置づけになる。学校教育法施行規則23条の2の1によれば「小学校には設置者の定めるところ（学校管理規則）により、校長の職務の円滑な執行に資するため、職員会議をおくことができる」としている。一方、学校教育法28条の3には校長の職務を「校務をつかさどり、所属職員を監督する」としている。さらに、学校教育法施行規則23条の2の2によれば「職員会議は校長が主宰（運行についていっさいの処置をとる権限がある）する」と規定している。まさにそのことを助けるもの、その役に立つものとして補助機関としての位置づけが最も適切であると考えられる。職員会議を補助機関と位置づけるなら、採決に意味が無く法的にまったく拘束されるものではない。それだけ校長の権限は大きい。しかし、具体的に働くのは教職員であるから、ほとんどの教職員が反対を表明するような案件をごり押ししてもモチベーションが低く、当初の目的は果たされない。また、教職員の反対意見の中には提案についてさらに改良できるヒントがあることも多い。したがって全教職員が目標を共通理解し、一人ひとりがその目標に向かって真摯に取り組み、やり遂げようという意識が強く働くように校長は舵とりをする必要がある。舵とりひとつで学校の可能性はまだまだ大きく期待できる。

　また、校長は勇気をもって学校運営評価を行なうべきである。いわゆるPDS（Plan Do See）とかPDCA（Plan Do Check Action）と呼ばれる評価サイクルである。年に3回（各学期末）程度は校長の示した教育方針にもとづ

いての教育計画がどの程度実施され、成果を上げているかについての検討会を開くことが重要である。実態を踏まえた方向や計画の修正は最終的には成果をより大きなものにする。また開かれた学校経営はより多くの強い支援を得ることができる。

(4) 活力ある組織と運営
　　　——リーダーを育てる組織、機能する組織を目指して

　前述のごとく学校の組織は十分に考えられており、それなりに完成度が高い。それでも組織としての機能が十分に発揮されていないのなら、それは命令系統とか権限や責任の所在が不明確な点にあるからではないだろうか。従来から複数の課程をもつ高等学校では複数の教頭をおいていたが、このたびの学校教育法の改正により副校長や主幹教諭や指導教諭などをおくことができるようになり、権限や責任の所在などがますます重要な事項となってきた。つまり従来の管理職または中間管理職にあたる校長、教頭、主任の立場との関係をはっきりさせる必要が増大したといえる（多くの地方公共団体では教務部長（主任）、生徒指導部長（主任）、進路指導部長（主任）、学年主任に対して主任手当てを支払って中間管理職と位置づけしている）。そこで、この法改正にあたり 2007（平成19）年の国会答弁から文部科学省の考え方を述べる。校長と副校長の関係は、校長が校務のすべてについて判断、処理する職であるのに対して、副校長は校長を補佐する職であり、また、校長の命によって校務の一部をみずからの権限で処理することができる職である。また、副校長と教頭の関係は、教頭が校務を整理することにとどまるのに対して、副校長は、校務の一部をみずからの権限で処理することができる職である。副校長と教頭が併せて置かれる場合には、教頭は校長および副校長を補佐する立場にたつことになる。つぎに、教頭と主幹教諭の関係は、教頭は校務全体を整理する者であるのに対して、主幹教諭は校務の一部を整理する職であるとともに、教頭を補佐する立場である。つぎに、主幹教諭と主任の関係は、主任が担当する校務について教員間の連絡調整や指導、助言を行なう者であるのに対して、主幹教諭は担当校務について一定の責任をもってとりまとめ、整理し、

他の教諭などに対して指示する職である。指導教諭と主任の関係は、主任がたとえば年間の指導計画の作成などの校務について指導、助言や各教員間の連絡調整を行なう者であるのに対して、指導教諭はたとえば具体的な授業方法などを指導、助言する職である。このようにさまざまな管理職がおかれた場合、問題となるのは上位の職種からの命令の一元化である。かなり複雑になるけれどもこの関係が周知徹底され、共通理解のもと、学校の運営が推進されるならばこのシステムは大きな可能性をもっている。

(5) 評価制度——人事考課としての評価

　私学は経営の評価がそのまま存続に繋がっているので学校評価は十分に行なわれて機能してきた。しかし、昨今公立の学校に対しても納税者の視線は厳しくなり、また少子化という社会現象もあって学校評価の重要性が強く叫ばれるようになった。東京都は都立学校の全教職員に対して2005年度から校長らが5段階で評価し、勤務評価の結果を基本給に反映させている。全国的に人事異動に関しては自己推薦制を採用したり、FA（フリーエージェント）方式や公募制、スカウト制などさまざまな試みが各地方公共団体で行なわれている。また、管理職任用制度も大幅に改善され、門戸が開かれたり、緩和されたりしている。また、教科指導などで優れた教員が給与や人事面で優遇されるスーパーティーチャーなどの新たな職制も生まれている。一方管理職としての適性や能力に自信のもてない者に対しては希望降任制度も広まっている。こういう全国的な状況の中で評価制度の必要性が高まり、多くの地方公共団体で評価制度は見直され、効果的な新しい制度の導入や試行が始められている。またそれ以外の公共団体でも検討や計画が進められている。勤務評価の方法はさまざまであるが、その一例をあげれば、校長が教職員の自己申告票にもとづいて「計画的に授業をしているか」「問題行動の指導に積極的に取り組んでいるか」などの観点で5段階で評価し、次年度の人事異動の参考にするとともに、給与に反映させるものである。当然この評価内容も含めて管理職も教育長から評価されるので、管理職の業務的、心理的な負担は大幅に増加している。

(6) 危機管理と運営——対応次第で学校は変わる

　学校で想定される危機管理とはどのようなものが考えられるだろうか。共通していえることはマニュアルを揃えておき、誰でもどんな時でも最適な行動が同じようにとれるようにしておくことが重要である。

　災害（震災、火災、気象）
　自然災害は起こる時期と状況を予測できないことが最も対応を困難にさせている。しかし、阪神淡路大震災のように今まで起こった大災害については、その状況と人びとの対応の仕方が記録として残っており、おおいに参考になるものである。避難所の運営と学校教育の両立をさせる方法や生徒個人の状況の確認方法など参考にしてマニュアル化できるものは準備すべきである。また、各学校の総務部などが中心となって毎年行なっている避難訓練などは形式化しがちであるが、人間は動きとして体験したことについてはパニックに陥ることが少ないといわれているので重要なことである。震災の記念日に追悼行事の他に全校集会で講演や体験談を聞く機会をもつ学校も多い。また、各生徒に地図上に自分の通学路を書き込ませ、外にどんなルートがあるかを考えさせて、各ルートで帰宅させるなどさまざまな展開が考えられる。さらに、1年に1回は家族と相談して、自宅が倒壊したり焼失している時に家族が出会う場所（たとえば小学校や公民館など）と連絡方法（たとえば祖母の家とか）を確認するよう指導することなども重要なことである。

　犯罪（暴漢、盗難）
　内部での犯罪などは危機管理の範囲というより教育によるところが大きい。したがって、ここでは部外者による犯罪を考えたい。最近では凶器をもった男が学校に乱入し生徒に危害を加える事件が繰り返されており、学校に「さすまた」を常備するなど対応が進められている。道具が備えられていても訓練をしていなければ咄嗟には対応できないので、定期的に総務部などが中心となって、警察からの指導も受けながら訓練することが重要である。子ども

を守ることは何より優先させなければならない。心構えさえできておれば、特別な道具がなくても椅子か棒切れでも子どもを守ることはできる。ただし、無理をしないこと。大声で助けを求めることと警察への早い通報が第一である。盗難についてはよくあることであるが、内部や外部の犯行にかかわらず予防第一である。貴重品は学校にもって来させない、教室を空ける時は貴重品袋などに入れて担任が保管する。また、教室に鍵を掛けることなどが重要である。また、できる範囲でつねに誰かが校内を巡回している状況も予防上大切なことである。

事故（怪我、病気）

体育や部活動による怪我、登下校中の事故、持病の発病、食中毒、光化学スモッグの対応、日常的な発熱・腹痛などの対応である。生徒が頭を強打するなど救急のときに、どんなに慌てていても冷静に行動がとれるように、関連諸機関の電話番号の一覧表や対応の手順を見やすいところに貼っておくなどが大切なことである。さらに管理職は消防署や警察、保健所などに足を運び情報を得、係は日常的に連携をとっておくことが重要である。また、生徒指導部が中心となって運動部の練習や水泳がさかんに行なわれる季節の前に、心肺蘇生の技法とAED（自動体外式除細動器）の使用方法などを生徒に周知させておくことも大切である。

対保護者（モンスターペアレンツ、クレーマー）

以前は学校が地域の情報のセンターであり、学校の先生は地域の知識人であった。今、高学歴時代となり保護者には学校の教員以上の学歴をもつ人も少なくなくなってきた。また、少子化が進み、1人の子どもへの親の期待が大きい。それはそのまま学校への、教師への期待となる。なかには極端な言い方をすれば「自分の子どもだけを特別扱いしてほしい」といっているように聞こえる発言すらある。給食費の不払いなど面白おかしく報道されているが本当に信じられないような要求を突きつけてくる親も少なくなく、モンスターペアレンツといわれるゆえんである。一方何事につけても難癖をつける

保護者もいる。なかにはそれが生きがいのように繰り返すクレーマーや法外に権利を主張する団体もある。教師はおもねいたり媚びることなく、管理職とよく連絡をとりながら是々非々で毅然とした対応をしたいものである。いずれにしろ、彼らに対応することは相当な時間が必要となり、本来すべての子どもを対象としてよりよい教育に専念すべき教員の仕事とは思えない。PTAの力も借りて連携した取り組みが必要である。

(7) 研修と資質——研修の日常化

教育は人なりといわれるごとく組織としての力を高める最大のものは構成員一人ひとりの能力と意識であることに違いはない。それを高める手段は研修である。

「研修」は研究と修養という意味であるが、地方公務員法と教育公務員特例法ではその取り扱いに大きな違いがある。大雑把にいえば地方公務員にとって「研修」は権利であり、教育公務員にとっては義務である。もともと教育は感化させることであり、教える側が勉強し向上し続けなければ真の教育はできない。そして先生の努力は生徒からはよくみえるもののひとつである。自分自身で行なう研修を除いて各学校では月1回程度の研修会が開かれているが、これでは機会が少なすぎる。そこで提案したいのが日常的な研修である。

適時研修

行政機関からの資料を職員会議のあとなどに説明する。また、新聞などの記事を職員朝礼の時間に紹介し、その事例が自分の学校でまたは自分の分掌に関連して起こった場合どう対応するかを考える機会とする。さらに、著作権に配慮しながら本や冊子にもとづくプリントを作成して配布する。事務室が中心となっての接遇研修などもよい。

共有研修

仲間の得た情報を共有するための研修である。各種部長（主任）会や各種研修会に参加した職員が簡単なレジメをつくり、現状や課題について報告する。

教科研修

　各教員が年間計画にもとづいて年に3回程度の公開授業を行なうことで、教師として最も重要で最も欠けている授業についての情報交換ができる。授業は教科の枠を超えて参観できるようにして、学校評議員や他校種の教員、地域住民にも公開すべきである。

課題研修

　生徒指導の方法とその効果を検討したり、成績会議を通して教務内規の見直しや学習指導要領の再確認などを行なう。また、管理職が長期休業中に各教職員に学校の当面する課題についてレポートの提出を求めることも大切なことである。

外部講師による研修

　外部講師による講演や講義であり、講演会はもちろんのことスクールカウンセラーによる講演、先生のためのリラクゼーションの実習、水泳シーズン、マラソン大会の前などに消防署員による救急救命法、防災訓練の実習などが行なわれている。

楽しい研修

　教養として海外旅行の報告や趣味のツボのような研修もときおり挟み込むのも効果的と考えられる。

(8) 課題と展望——メンタルヘルスの問題、年齢の偏り

　現在、教員のメンタルヘルスの問題が大きい。超多忙といわれる教育現場で先輩が後輩を丁寧に教えるゆとりもなく、自分自身をリフレッシュさせる時間ももてず孤立していく環境があり、保護者からの強引で継続的な要求に精神的に耐えられず心の病をもつ者も出ている。大切なことは学校にゆとりを取り戻し、お互いが支えあっている実感のもてる雰囲気を創り出すことが一番である。また、団塊の世代が退職を迎え、採用が増え年齢の構成が大幅に偏ることにより生徒に与える影響はどう変化するだろうか。教職の魅力のひとつに生涯を通してその年齢に応じた子どもとの対応があり、教育できるということがある。新卒のときはお兄さん、お姉さんとして感性の近い話が

でき、結婚して子どもをもてば保護者の気持ちがよくわかり、高齢になれば人生全体をみつめながら教育ができ、また保護者への影響力も変わってくる。現在、ベテランのもつ経験という財産が引き継がれているとはいえない。そういう点から年齢の偏りによる組織の弱体化が懸念される。

　今ほど学校が多くのかつ深刻な問題を抱えている時代はない。一昔前の学校とは大きな様変わりである。社会全体が市場原理主義に飲み込まれ、学校教育も成果主義が求められている。塾や予備校の経営戦略と並べられ、公立の学校も企業的経営を求められている。制度上でも中間管理職が配置され、評価制度も徹底されつつある。一方、離婚などにより不安定な家庭環境に育つ子どもも増え、本来家庭で教えるべき内容も学校に求められている。これはやむをえない状況といえるかもしれない。しかし現実に学校はゆとりをなくし疲弊している。また、地球規模で環境問題をはじめとする課題が山積し、子どもたちに夢をもたせることが難しい時代である。この状態で次の時代をになう人間は育てられるのだろうか。百年後の国家は心豊かでいられるだろうか。もっと国家が、そして全国民がなるようになるというのではなく、子どもたちを育てることに力点をおいて、多少生活の利便性や快適性を犠牲にしてでも教育に経費と時間をかけることが望まれる。

注
1) バーナード、C『経営名著シリーズ　経営者の役割』山本安次郎・田杉競・飯野春樹訳、ダイヤモンド社、1968年、39-63頁。
2) 木岡一明編『「学校組織マネジメント」研修』教育開発研究所、2004年、20-25頁。

第6章　教育課程の意義と編成の方法

1 教育課程の意義

(1) 教育課程の定義と法制

　教育課程（カリキュラム）という用語は、今日、教育界ではごく一般的に用いられているが、英語のcurriculumの訳語として、戦後の教育内容の改革を契機に、わが国に導入され、定着したものであると考えられる。しかしながら、教育課程という用語がはじめて現れたのは、法令上は、1950（昭和25）年の学校教育法施行規則の一部改正からである。1947（昭和22）年の学校教育法施行規則には、「教科課程」の用語が用いられており、同年7月には学校教育局長は「新制高等学校の教科課程に関する件」を通達している。その後、1951（昭和26）年7月の「学習指導要領一般編（試案）」の中で、はじめて教育課程という用語が使われるようになった。1872（明治5）年の小学教則では「課業授ケ方」として、教科内容や授業時数を規定しているし、1890（明治23）年の小学校令では「教科目」、1941（昭和16）年の国民学校令では「教科」という用語が用いられている。このように、明治以来用いられていた「課業授ケ方」「教科目」「教科」などの用語が、「教育課程」と変わったのは教育観の変化があったことが見受けられる。すなわち、1872（明治5）年にわが国に学制が発布されて以来、1947（昭和22）年までの教育課程は、教科中心主義の教育観にもとづくものであったのに対して、それ以降

の教育課程は、児童や生徒が望ましい成長発達を遂げるためには、教育目標のすべてを教科の学習だけで達成することは困難であることから、学校教育の中で個人的・社会的なさまざまな経験を豊かにする機会を提供することによって、必要な諸経験を提供するための全体的計画として、教科外の諸領域をも包含するものとなったのである。

　現行法令上は、教育課程の意義そのものについて明確に規定されたものはないので、教育課程の意義についてはそれぞれの立場によって、さまざまなとらえ方がなされている。しかしながら、中学校の場合を例にとると、2008(平成20)年3月28日に一部改定された学校教育法施行規則第5章第72条において、「中学校の教育課程は、国語、社会、数学、理科、音楽、美術、保健体育、技術・家庭および外国語の各教科、道徳、総合的な学習の時間ならびに特別活動によって編成するものとする」と規定している。また、同73条では中学校の各学年における各教科、道徳、総合的な学習の時間および特別活動のそれぞれの授業時数、標準授業時数が示されており、同74条において、「中学校の教育課程については、この章に定めるもののほか、教育課程の基準として文部科学大臣が別に公示する中学校学習指導要領によるものとする」と規定している。さらに、学習指導要領においては、教育課程は各学校が編成するものであることや、各教科などの目標や内容などが示されている。

　「中学校学習指導要領(1998〔平成10〕年12月) 解説(総則編) 2004(平成16)年3月一部補定」は、教育課程の意義について、「教育の目的や目標を達成するために、学校において編成する教育課程とは、教育の内容を生徒の心身の発達に応じ、授業時数との関連において総合的に組織した学校の教育計画である」と述べている。学校教育の根本的な目的や目標は教育基本法に、各学校段階別の教育の目的や目標については学校教育法に定められている。また、学校教育法の委任により、同法施行規則では、教科などの種類や標準授業時数などについての定めがあるほか、小・中・高等学校の教育課程については、教育課程の基準として文部科学大臣が公示する学習指導要領によることを定めている。各学校においては、学校の教育目標を設定するにあたり、これらを基盤としながら、地域や学校の実態などに即した教育目標を設定す

る必要がある。このことから、各学校において編成する教育課程は、学校教育の目的や目標を規定している教育基本法や学校教育法、教育課程の編成における基本的要素となる各教科などの種類やそれぞれの目標、指導内容の組織および授業時数の配当についての基準が示されている学校教育法施行規則および中学校学習指導要領などの法令に従い、それぞれの学校が地域や学校の実態ならびに生徒の特性その他の事情を考慮した教育目標を達成するための各学校の教育計画であるということができる。

2008（平成20）年3月28日に同法の一部を改正する省令の制定ならびに中学校などの学習指導要領の全部を改正する告示などの公示が行なわれた。今回の教育課程の基準の改善は、教育基本法および学校教育法の改正を受け、次の方針にもとづき行なわれたものである。

① 教育基本法改正などで明確となった教育の理念を踏まえ、「生きる力」を育成すること。
② 知識・技能の習得と思考力・判断力・表現力などの育成のバランスを重視すること。
③ 道徳教育や体育などの充実により、豊かな心や健やかな体を育成すること。

改正された学校教育法施行規則第72条によると、中学校の教育課程は、「国語、社会、数学、理科、音楽、美術、保健体育、技術・家庭および外国語の各教科、道徳、総合的な学習の時間ならびに特別活動によって編成するものとする」に改め、「各学年における選択教科などに充てる時間数」を削除している。これによって、今後、中学校の教育課程の枠組みは、9教科、道徳、総合的な学習の時間および特別活動で構成されるが、教育課程の共通性を重視し、これまでの選択教科は、標準時間の枠外で開設できることとされた。また、全体の授業時数は、別表において示されているが、各学年で35単位時間（週1コマ相当）を増加し、学校教育の一環として生徒が自発的に取り組む部活動の意義や留意点を規定している。新学習指導要領は、今後、1年間の教育現場への周知、教員研修、補助教材の作成などを実施した後、2009（平成21）年度以降、できるものから先行実施されることになるが、新学習

指導要領に即した教科書の使用については、編集・検定に3年ほどかかるために、中学校は2012（平成24）年4月からとなる。

(2) 学習指導要領の基準性

2006（平成18）年10月に、「富山県立高岡高等学校で、地理歴史を選択制としたため、3年生197人全員が卒業に必要な科目を履修していなかったことが判明、県教委は全員が卒業資格を得られるよう、冬期講習などで集中的に補習を行なうことなどを検討」という報道がなされた。これに端を発したかのように、必修科目を履修させていないという同様のケースがつぎつぎと報道され、結局のところ文部科学大臣の参議院教育基本法特別委員会における答弁では、国・公・私立合わせて、全国で5408校のうち、未履修があった高等学校はじつに663校もあったことが判明した。文部科学省初等中等教育局長は卒業年次生徒を救済するために、11月2日に、「2006（平成18）年度に高等学校の最終学年次に在籍する必修科目未履修の生徒の卒業認定などについて」と題する依命通知および「2007（平成19）年度大学入学者選抜における調査書の取り扱いなどについて」と題する通知を関係各所に出した。その要旨は、「高等学校学習指導要領の規定により、すべての生徒に履修させる必履修科目を生徒に履修させないなど、学習指導要領に反する事例が判明したことは、きわめて遺憾である。しかしながら、このことにより、最終学年に在学し、必履修科目を履修していない生徒の卒業認定が困難な事態となっているが、未履修が本人の責めに帰すべきものではないことから、特別の取り扱いをすることにした」というものであった。

　履修漏れが相次いだ背景には、学校完全週5日制の導入により、学習指導要領に大学受験に必要のない「情報」や「総合的な学習の時間」などが増えたことで、受験に必要な科目を学ぶ時間が削減されたことが一因として考えられる。文部省は、1947（昭和22）年に学習指導要領を「試案」の形で、文部省の著作物として刊行したが、学習指導要領は当初は戦後の日本における学校教育のたんなる手引きとして示されたものであった。その後、その法的拘束力や効力をめぐって、指導助言説、大綱的基準説、基準説など、さまざ

まな論議があった。かつて、職員団体は、学習指導要領は教師にとって教育実践のうえで、あくまでも参考程度のものでしかなく、教育課程の編成権は教師または教師集団にあるとして「自主編成権」を主張した。しかし、この問題は1976（昭和51）年5月21日の永山中学校事件最高裁判決において決着がついた。すなわち、学習指導要領の法的拘束性については、現行議会制民主主義下において国家が公教育に関与することの妥当性については、「一般に社会公共的な問題について国民全体の意思を組織的に決定、実現すべき立場にある国は、国政の一部として広く適切な教育政策を樹立、実施すべく、また、しうる者として、憲法上は、あるいは子ども自身の利益の擁護のため、あるいは子どもの成長に対する社会公共の利益と関心にこたえるため、必要かつ相当と認められる範囲において、教育内容についてもこれを決定する権能を有するものと解さざるをえず、これを否定するべき理由ないし根拠は、どこにも見出せないのである」、「国の教育統制権能を前提としつつ、教育行政の目標を教育の目的の遂行に必要な諸条件の整備確立に置き、その整備確立のための措置を講ずるにあたっては、教育の自主性尊重の見地から、これに対する『不当な支配』となることのないようにすべき旨の限定を付したところにその意味があり、したがって、教育に対する行政権力の不当、不要の介入は排除されるべきものであるとしても、許容される目的のために必要かつ合理的と認められるそれは、たとえ教育内容および方法に関するものであっても、かならずしも同条の禁止するところではないとするのが、相当である」、「全国的に共通なものとして教授されることが必要な最小限の基準として考えてもかならずしも不合理とはいえない事項が、その根幹をなしていると認められるのであり、（中略）右学習指導要領の下における教師による独創的かつ弾力的な教育の余地や、地方ごとの特殊性を反映した個別化の余地が十分に残されており、全体としてなお全国的な大綱的基準としての性格をもつものと認められるし、また、その内容においても、教師に対し、一方的な一定の理論ないし観念を生徒に教え込むことを強制するような点はまったく含まれていないのである。それゆえ、指導要領は、全体としてみた場合（中略）少なくとも法的見地からは、上記目的のために必要かつ合理的な基準の

設定として是認することができるものと解するのが、相当である」と判示したのである。また、1990 (平成2) 年1月18日の伝習館高校事件最高裁判決においては、「高等学校学習指導要領は法規としての性格を有するとした原審の判断は、正当として是認することができ、右学習指導要領の性質をそのように解することが憲法第23条、26条に違反するものでないことは、1976 (昭和51) 年5月21日大法廷判決の趣旨とするところである」と判示している。

　今日の学校教育は、「公教育」として行なわれるものであり、家庭や私塾における教育のような私的な教育ではなく、学校は国、地方公共団体および学校法人により法規にもとづいて設置された、設置者により管理運営されている。学校教育法においては、小・中・高等学校の目的や目標が定められるとともに、教育課程に関する事項は、これらの定めに従い、文部科学大臣が定めると規定されている（学校教育法第20条、38条、43条、51条の7）。さらに、学校教育法施行規則は、この法律の委任を受けて、教科の種類や授業時数などの教育課程に関する基本的事項を定めるとともに、教育課程の編成にあたっては、その基準として文部科学大臣が公示する学習指導要領によるものとすると定めている（学校教育法施行規則第25条、54条の2、57条の2、73条の10）。その結果、学習指導要領は法令の委任（複委任）にもとづく法的な拘束力を有することになる。このことについては、学力調査最高裁判決（最判1976〔昭和51〕年5月21日）が認めている。このように、教育課程の編成に関し、学習指導要領という国家基準を設定するのは、学校教育が「公の性質」をもつものであることや、教育の機会均等を確保する必要があることなどによるものである。

　学習指導要領の定め方は、大綱的であり、また弾力的な規定の仕方をしている。たとえば、各教科の内容に示す事項の指導にあたっては、その順序は指導の順序を示すものではなく、学校においては各事項のまとめ方、順序および重点の置き方に工夫を加えて効果的な指導を行なうものとしたり、各教科などの目標や内容の趣旨を逸脱したり、児童生徒の負担過重とならない範囲で、内容を付加して指導することもできるとされている。学習指導要領が、このような定め方をしているのは、教育課程の編成が地域や学校の実態、さ

らには、児童生徒の心身の発達段階や特性を十分考慮して行なわなければならないものであるからである。

学習指導要領の基本的な性格としては、そこに示された各教科などの内容については、すべての学校においてかならず児童生徒に指導する必要があるという意味において最低基準ということができる。したがって、個に応じた指導の充実が求められ、学習指導要領が大綱的、弾力的な規定となっている以上、一定の配慮の下に行なわれる内容の追加、発展的な学習は学習指導要領上認められるものである。

(3) 学習指導要領の変遷

現在、国は高等学校以下の学校の教育内容の基準として学習指導要領（幼稚園は教育要領）を制定しているが、1947（昭和22）年に「学習指導要領一般編（試案）」を文部省が作成、その後、社会の変化や実施上の経験などを考慮して改訂、実施が行なわれてきた。以下、今日にいたるまでの学習指導要領の変遷を概観する。

1947（昭和22）年：小学校・中学校・高等学校の学習指導要領を「試案」として作成

文部省は戦後はじめて学校教育法施行規則の規定にもとづき、戦前の小学校「授業要目」や中学校「授業細目」に代わるものとして学習指導要領を「試案」の形で刊行した。序論には、「この書は、学習の指導について述べるのが目的であるが、これまでの教師用書のように、ひとつの動かすことのできない道をきめて、それを示そうとするような目的でつくられたものではない。新しく児童の要求と社会の要求とに応じて生まれた教科課程をどんなふうにして生かしていくかを教師自身が自分で研究していく手びきとして書かれたものである」とし、「小学校の教科は、国語、社会、算数、理科、音楽、図画工作、家庭、体育および自由研究とする」（学校教育施行規則第24条）、「中学校の教科は、これを必修教科と選択教科に分ける」（同第53条）、「必修教科は、国語、社会、数学、理科、音楽、図画工作、体育および職業を基準とし、

選択教科は、外国語、習字、職業および自由研究を基準とする」(同第54条)と定めた。

戦前の教育と異なるところは、修身・公民・地理・歴史がなくなり、社会科が新しく設けられたこと、小学校で男女共修の家庭科が新しい名前とともに内容を新たにして加わったこと、自由研究の時間が設けられたことなどをあげることができる。

敗戦後、進駐軍の司令官マッカーサーは、日本の教育を民主的なものにしようとして、アメリカから教育使節団を招いた。彼らの多くは、進歩主義教育を主唱する者であり、当時の教育界は当然のことながらその影響を受けた。その結果、戦前の「教育勅語」時代の教育から民主主義へ、伝統的な教科中心主義の教育から、デューイの理論を背景とした児童中心主義・経験主義の教育へと移行した。教科内容は理論的に教えるよりも新しい憲法や教育基本法に込められている社会文化の要求と、児童・青年の生活の二つを軸として構成され、「経験させること」が大切であるとして、社会科などにおける「お店屋さんごっこ」などの形式となって現れた。

1951（昭和26）年：中学校・高等学校第1次改訂

この学習指導要領は、1947（昭和22）年度に発行された学習指導要領一般編を改訂したもので、内容はかなり変わっているが、根本的な考え方については変わっていない。終戦直後の混乱の中で制定された学習指導要領には種々の欠陥があることが指摘され、その不備を補い整備するために、1951（昭和26）年に最初の改訂が行なわれた。経験主義教育に系統性を重視した教育を導入し、従来の「教科課程」は「教育課程」に、「自由研究の時間」は「教科以外の活動」（中学校では「特別教育活動」）に改められた。また、高等学校の社会科に日本史が新設され、小・中・高等学校ともに学習指導要領一般編と各教科編が整備された。学習指導要領一般編の中では、「教育課程とは、学校の指導のもとに、実際に児童・生徒がもつところの教育的な諸経験、または、諸活動の全体を意味している。これらの諸経験は、児童・生徒と教師との間の相互作用、さらにくわしくいえば、教科書とか教具や設備というよ

うな物的なものを媒介として、児童・生徒と教師との間の相互作用から生じる。これらの相互のはたらきかけあいによって、児童・生徒は、有益な経験を積み教育的に成長発達するのである。……いわゆる学習指導要領は、この意味における教育課程を構成する場合の最も重要な資料であり、基本的な示唆を与える指導書であるといえる」と述べている。

1956（昭和31）年：高等学校第2次改訂

　この高等学校学習指導要領一般編は、1951（昭和26）年改訂版の学習指導要領一般編のうち、高等学校に関する部分を改訂したものである。その内容は、1952（昭和27）年以来の教育課程の特色である選択教科制や単位制の修正を目的とするものであり、1956（昭和31）年度の第1学年から学年進行をもって実施された。高等学校の教育はこの段階における完成教育であるという立場を基本とし、教育課程は各課程の特色を生かした教育を実現することを眼目として編成すること、教育にいっそうの計画性をもたせるため、とくに普通課程においては、教育課程の類型を設け、必修教科・科目の増加とコース制が採用された。

1958（昭和33）年：小・中学校第2次、高等学校第3次改訂

　1947（昭和22）年および1951（昭和26）年の改訂は、いずれも占領下という特殊な状況にあった。1952（昭和27）年の独立を契機に、わが国の教育のあり方は全面的に再検討がなされ、1947（昭和22）年版に対する反動として、地理や歴史などを系統的に教えること、社会科の中で道徳教育の充実を図ることなどが大きな課題となった。また、1957（昭和32）年には道徳教育の時間の特設が決まり、翌1958（昭和33）年からの新学習指導要領の実施に先立って、全国的に実施されることになった。さらに1958（昭和33）年に学校教育法施行規則第25条は改正され、学習指導要領の「試案」の語句は削除された。それ以後、学習指導要領は文部大臣告示として公示され、教育課程の基準としての性格がより明確となった。この時期の改訂の特色は、小・中学校に道徳の時間を特設し、道徳教育を徹底したこと、高等学校に倫理社

会を新設したことなどがあるが、経験主義教育の反省から、基礎学力の充実、科学技術教育の充実、地理・歴史教育の改善、高学歴社会に呼応した知識志向教育への発展、小・中学校の教育内容について義務教育としての一貫性をもたせるようにすることなど、それまでの占領下における教育政策の是正にあったといえる。「改訂学習指導要領」において、文部省は、「教育課程とは、国の定める基準にもとづき、学校において、各教科、道徳、特別教育活動および学校行事などについて、学年に応じて、その目標、内容、指導に充てる時間などを組織的に配列したものをいう」と解説し、国は学習指導要領において教育課程の最低の基準を示し、現場において地域や学校の実情に即して具体的な指導計画を研究、実施することを容易にしようとした。

1968～1970（昭和43～45）年：小・中学校第3次、高等学校第4次改訂

わが国の経済の高度成長、科学技術の急速な進歩、国際的地位の向上などを背景とした社会の変化に対応するために、1968（昭和43）年に学習指導要領の全面的改訂が行なわれ、教育内容のいっそうの向上、現代化が図られた。学校教育法施行規則も一部改正され、年間授業時数は「最低時数」から「標準時数」に改められ、地域や学校の実態に即した弾力的な運用が図られることになった。また、望ましい人間形成のうえから、調和と統一のとれた教育課程の実現が図られ、指導内容は基本的事項に精選・集約され、児童生徒の能力・適性などの伸長を目指す教育の徹底などが図られた。全体として教育内容のレベルアップ、情操の陶冶と体力の向上がとりわけ重視されるとともに、教育課程の領域は各教科、道徳、特別活動の3領域となった。

1977～1978（昭和52年～53）年：小・中学校第4次、高等学校第5次改訂

1968（昭和43）年の学習指導要領の改訂は、欧米のカリキュラム開発において評価されていた数学や理科の新しい動向を積極的に取り入れた。高度の知的教育が行なわれ、その結果、学習内容についていけない「おちこぼれ」を生み出すことになった。高等学校への進学率も上昇し、1973（昭和48）年には90％を超え、多様な能力、適性、進路に対応した教育と、小・中・高

等学校教育の一貫性を図り、ゆとりある充実した学校生活の実現を図るために学習指導要領の改訂が行なわれた。改訂の中心は、以下のとおりである。
① 道徳教育や体育をいっそう重視し、知・徳・体の調和のとれた、人間性豊な児童生徒を育てること。
② 小・中・高等学校の教育を一貫的にとらえ、その内容を精選・選択し、ゆとりあるしかも充実した学校生活が送れるようにすること。
③ 国民として必要とされる、基礎的・基本的な内容を重視するとともに、児童生徒の個性や能力に応じた教育が行なわれるようにすること。

これらのテーマを実現するために、各学校段階の指導内容の再配分や精選が行なわれ、各教科の内容の領域区分は整理統合され、簡素化を図り、各教科の目標、内容は中核的な事項にとどめられた。さらに、「内容の取り扱い」の項から、指導上の留意事項や指導方法に関する事項などが大幅に削除され、必要最小限の事項がかかげられ、教育課程を編成する学校や教師の創意工夫の余地の拡大が図られた。教育課程は、各教科（中学校は必修・選択教科）、道徳、特別活動の3領域で編成されることになった。また、中学校の英語・数学などの学力差に対応して、能力・適性に応じた指導にも配慮することになった。

1989（平成元）年改訂：小・中学校5次、高等学校第6次改訂
情報化、国際化、価値観の多様化、核家族化、高齢化の進展にともなう国民の生活や意識の変容に鑑み、21世紀を目指した社会の変化に主体的に対応できる心豊かな人間の育成が重要視された。改訂の中心は以下のとおりである。
① 豊かな心をもち、たくましく生きる人間の育成を図るため、道徳の内容の重点化、自然とのふれあい、奉仕活動などの体験重視。
② 基礎・基本的な内容の指導の徹底。
③ 小学校低学年は社会科と理科を「生活科」に統合。
④ 中学校の技術家庭科に情報基礎が加わる。
⑤ 高等学校で家庭科を男女必修化。
⑥ 高等学校の社会科を地理歴史科と公民科に改編、世界史を必修とする。

⑦　中学校に習熟度別指導の導入。
⑧　入学式・卒業式などにおける国旗・国歌についての指導の徹底。

1998 〜 1999（平成 10 〜 11）年改訂
　改訂のねらいは、2002（平成14）年度から実施される完全学校週5日制の下、ゆとりの中で一人ひとりの子どもたちに「生きる力」を育成することを基本的なねらいとする、以下の4点である。
①　豊かな人間性や社会性、国際社会に生きる日本人としての自覚の育成。
②　みずから学び、みずから考える力の育成。
③　ゆとりある教育活動を展開する中で、基礎・基本の確実な定着を図り、個性を生かす教育の充実。
④　各学校が創意工夫を生かして特色ある教育、特色ある学校づくりの推進。
　これまでの多くの知識を教え込みがちであった教育から、子どもたちにみずから学びみずから考える力を育成する教育へと転換が図られた。教育内容は厳選され、新しく「総合的な学習の時間」の新設、国際化へ対応した教育を充実するため中・高等学校では英語が必修になった。
　また、情報化社会に対応するために、小・中・高等学校において情報教育の充実が図られた。高等学校の要卒業単位は80単位から74単位に、また、いわゆる「必修クラブ活動」が廃止された。

2003（平成15）年一部改訂
　新学習指導要領は2002（平成14）年4月から順次実施されているところであったが、中教審教育課程部会の答申「初等中等教育における当面の教育課程および指導の充実・改善方策について」を踏まえ、新学習指導要領のさらなる定着を進め、そのねらいのいっそうの実現を図るため、2003（平成15）年12月26日付けで、総則を中心にその一部が改訂された。
　学習指導要領の一部改正の趣旨は、基礎・基本的な内容の確実な定着を図るとともに、各学校の裁量により創意工夫を生かした特色ある取り組みを行ない、児童生徒に、知識や技能に加え、学ぶ意欲や、自分で課題をみつけ、

みずから学び、主体的に判断し、行動し、問題を解決する資質や能力などの確かな学力を育成し、生きる力を育むという新学習指導要領のねらいのいっそうの実現を図ることにあった。

2008（平成20）年

　幼稚園教育要領、小学校学習指導要領および中学校学習指導要領の全部を改正する告示などの公示が、2008（平成20）年3月28日に行なわれた。教育課程の基準の改善の基本的な考え方は、教育基本法、学校教育法および学校教育法施行規則の改正を受け、これらにおいて明確となった教育の目的および目標にもとづき、次の方針にもとづき行なわれた。
① 　教育基本法改正などで明確となった教育の理念を踏まえ、「生きる力」を育成すること
　　・「知識基盤社会」の時代においてますます重要となる「生きる力」という理念を継承し、また、「生きる力」を支える「確かな学力」、「豊な心」、「健やかな体」の調和を重視。
　　・学校教育において、伝統を重視し、それらをはぐくんできたわが国と郷土を愛し、公共性の精神を尊び、他国を尊重し、国際社会の平和と発展や環境の保全に貢献する主体性のある日本人を育成することを明確にした。これを踏まえ、伝統や文化に関する教育や道徳教育、体験活動、環境教育などを充実。
② 　知識・技能の習得と思考力・判断力・表現力などのバランスを重視すること
　　・各教科、道徳、外国語活動、総合的な活動の時間および特別活動（中学校にあっては外国語活動を除く）において、基礎的・基本的な知識・技能の習得を重視したうえで、観察・実験やレポートの作成、論述など知識・技能の活用を図る学習活動を充実し、思考力・判断力・表現力などの育成を重視。
　　・あらゆる学習の基盤となる言語に関する能力について、国語科のみならず、各教科などにおいてその育成を重視。

- これからの学習を重視するため、国語・社会・算数・数学、および外国語などの授業時数を増加。
- これからの学習や勤労観・職業観を育てるためのキャリア教育などを通じ、学習意欲を向上するとともに、学習習慣の確立を図るものとしたこと。

③　道徳教育や体育などの充実により、豊かな心や健やかな体を育成すること
- 体験活動を活用しながら、道徳教育や体力の向上についての指導、安全教育や食育などを発達の段階に応じ充実し、豊かな心や健やかな体の育成を図るものとしたこと。

各学校段階の改訂要点と移行措置

①　幼稚園
- 幼稚園および小学校の円滑な接続を図るため、規範意識や思考力の芽生えなどに関する指導を充実するとともに、幼稚園と小学校との連携に関する取り組みを充実したこと。
- 幼稚園と家庭の連続性を確保するため、幼児の家庭での生活経験に配慮した指導や保護者の幼児期の教育の理解を深めるための活動を充実したこと。
- 教育課程にかかる教育などに時間の終了後に行なう教育活動の具体的な留意事項を示すとともに、子育て支援の具体的な活動を例示したこと。

②　小学校の教育課程の枠組み
- 現行の9教科、道徳、特別活動、総合的な学習の時間に、外国語活動を追加。
「小学校の教育課程は、国語、社会、算数、理科、生活、音楽、図画工作、家庭および体育の各教科、道徳、外国語活動、総合的な学習の時間ならびに特別活動によって編成するものとする」（学校教育法施行規則第50条）。

・全体の授業時数としては、1学年で68単位時間（週2コマ相当）、2学年で70単位時間（週2コマ相当）、3～6学年で各35単位時間（週1コマ相当）増加。
・知識・技能を活用して問題を解決するための思考力、判断力、表現力などの育成、言語活動の充実、学習習慣の確立を重視。
・体力の向上に加え、安全に関する指導や食育を重視。

③　中学校の教育課程の枠組み

・現行の9教科および道徳、総合的な学習の時間、特別活動で構成。「中学校の教育課程は、国語、社会、数学、理科、音楽、美術、保健体育、技術・家庭および外国語の各教科、道徳、総合的な学習の時間ならびに特別活動によって編成するものとする」（学校教育法施行規則第72条）。
・教育課程の共通性を重視し、選択教科は、標準授業時数の枠外で開設可とする。全体の授業時数としては、各学年35単位時間（週1コマ相当）増加。
・知識・技能を活用して課題を解決するための思考力、判断力、表現力などの育成、言語活動の充実、学習習慣の確立を重視。
・体力の向上に加え、安全に関する指導や食育を重視。
・学校教育の一環として生徒が自発的に取り組む部活動の意義や留意点を規定。

④　改訂にともなう移行措置の概要

　現行の小学校学習指導要領および中学校学習指導要領から2008（平成20）年3月28日に公示された新しい学習指導要領に移行するために必要な措置（移行措置）については、2008（平成20）年6月13日に文部科学事務次官により各都道府県教育委員会等に通知された。新学習指導要領の実施については、幼稚園は2009（平成21）年4月1日から実施される。
　小・中学校は、学校現場への周知、教員研修、補助教材の作成などを行なったうえで、小学校は2010（平成22）年3月31日まで移行措置（先行実施開始）、2011（平成23）年4月1日に全面実施、中学校は2011（平

成23) 年3月31日まで移行措置 (先行実施開始)、2012 (平成24) 年4月1日に学習指導要領施行 (全面実施) となる予定である。なお、高等学校については2009 (平成21) 年に文部科学大臣告示があることになっている。

- 2008 (平成20) 年度中に周知徹底を図り、2009 (平成21) 年度から可能なものは先行実施。
- 移行措置期間中に、教科書の編纂検定を行ない、小学校は2011 (平成23年) 度から、中学校は2012 (平成24) 年度から全面実施。
- 実施可能な、学習指導要領の総則や、道徳、総合的な学習の時間、特別活動については、2009 (平成21) 年度から学習指導要領の規定を先行実施。
- 算数・数学および理科は移行措置期間中から前倒しして実施。ほかの教科などについては学校の判断で先行実施。
- 小学校の第5・6年における外国語活動は、各学校の裁量により授業時数を定めて実施することが可能。

2 教育課程の編成と実施

(1) 教育課程の編成権者

学校において編成する教育課程とは、前述したとおり、教育課程に関する法令に従い、学校の教育目的や目標を達成するために、教育内容を生徒の心身の発達に応じ、授業時数との関連において総合的に組織した学校の教育計画である。このような教育計画を編成する権限はどこにあるのか。学習指導要領は、教育課程編成の一般方針として、「各学校においては、法令およびこの章以下に示すところに従い、生徒の人間としての調和のとれた育成を目指し、地域や学校の実態および生徒の心身の発達段階や特性を十分考慮して適切な教育課程を編成するものとする」と規定し、「各学校」が教育課程編成の主体であることを示している。「各学校において編成する」とは、法令上、「校長は、校務をつかさどり、所属職員を監督する」(学校教育法第37④、

49、62、70条）とされているので、それぞれの学校の責任者である校長が責任者となって編成することをいうのであり、その権限および責任の所在を述べたものである。

　教育課程を編成する権限は誰にあるかという問題については、従来、一部の教員により、教員は「真理の代理者」であり、旧教育基本法第20条に示されているとおり、教員の教育内容については、教育行政当局の統制を受けるべきでなく、「教師集団によって自立的に教育内容が決定されるべきである」という主張、すなわち教員による「自主編成権」の主張がなされた。しかし、この問題について、永山中学校事件最高裁判決（1976〔昭和51〕年5月21日）は議会制民主主義下において、国家が公教育に関与することの妥当性について判示した。また、「学問の自由を保障した憲法23条により、学校において現実に子どもの教育の任にあたる教師は、学問の自由を有し、公権力による支配、介入を受けないで自由に子どもの教育内容を決定することができるとする見解も、採用することはできない」、さらに、教員の教育の自由については、「大学教育の場合には、学生が一応教授内容を批判する能力を備えていると考えられるのに対し、普通養育においては、児童生徒にこのような能力がなく、教師が児童生徒に対して強い影響力、支配力を有することを考え、また、普通教育においては、子どもの側に学校や教師を選択する余地が乏しく、教育の機会均等をはかるうえからも全国的に一定の水準を確保すべき強い要請があることなどに思いをいたすときは、普通教育における教師に完全な教授の自由を認めることは、とうてい許されないところといわなければならない」と断じ、教員による自主編成論は完全に否定されたのである。

(2) 教育課程編成における留意点

　校長に教育課程の編成権があるからといって、校長1人で教育課程を編成できるものではない。先に述べたように、教育課程は、教務関係の教員が他の教員と一致協力し、研究、協議を重ね、最終的に校長が責任者となって編成するものである。その際、公教育としての学校教育は、教育基本法第6条

の定めのとおり、「公の性質」をもつものであり、とくに義務教育は全国的に一定の教育水準の確保および教育の機会均等の保障が要請されているので、教育課程を編成するにあたっては、さまざまな法令の定めるところに従い編成しなければならない。教育課程に関する法制上の仕組みは、以下のとおりである。

日本国憲法

教育を受ける権利、義務教育について規定。

教育基本法

教育の目的、教育の方針、教育の機会均等、義務教育、学校教育、政治教育、宗教教育などを規定。

学校教育法

学校種別ごとに教育の目的、目標などを規定。また、教科に関する事項は文部科学大臣が定めることを規定。教育課程の基本要素である教育目標を設定する場合は、学校教育法で定める目的、目標を基盤としながら、地域や学校の実態および児童・生徒の発達段階と特性を考慮して設定する必要がある。

学校教育法施行規則

教育課程を編成する各教科などの領域、授業の標準などを規定。また、教育課程については、文部科学大臣が別に公示する学習指導要領によることを規定。

学習指導要領

中学校の新しい学習指導要領は、第1章の総則において、教育課程編成の一般方針、内容の取扱いに関する共通事項、授業時数などの取扱い、指導計画の作成などにあたって配慮すべき事項、第2章において各教科、第3章において道徳、これまで総則の中で取扱いを規定していた総合的な学習の時間は新たに第4章において、そして、第5章において特別活動（小学校の学習指導要領は、第4章において外国語活動、第5章において総合的な学習の時間、第6章において特別活動）について、それぞれの目標や内容を述べている。

地方教育行政の組織および運営に関する法律

教育委員会が学校の教育課程に関する事務を管理、執行し、法令または、

条例に違反しない限度において教育課程について必要な教育委員会規則を定めることを規定。

　教育課程の編成において、法令を遵守しなくてはならないことは当然のことではあるが、それとともに、学習指導要領第1章総則第1に示されているとおり、生徒の人間としての調和のとれた育成を目指し、地域や学校の実態および生徒の心身の発達の段階や特性などを十分考慮して、適切な教育課程を編成することが肝要である。教育課程を編成する権限が校長にあるといっても、校長が恣意的に教育課程の編成を行なっていいというものではなく、それはひとつの組織体の長として最終的な責任が校長にあるということである。当該学校の全教員が一致協力して、各学年、各教科の担任教師の自主性、創造性を十分に反映するような教育課程が編成されるべきであり、各教員が教師としての仕事に対する誇りをもち、使命感に燃え、情熱をもって、生き生きとした教育活動が行なわれるように、校長は努力すべきであることはいうまでもない。

参考文献

武安宥編『教育のロゴスとエロース』昭和堂、1995年、82-94頁。

角本尚紀「教育課程の基準と学習指導要領」『神戸海星女子学院大学研究紀要』No.45、2007年。

有斐閣「学習指導要領の法的拘束の有無」『別冊ジュリスト』No.118、有斐閣、1992年、70頁。

『中学校学習指導要領解説――総則編』文部科学省、2004年。

『中学校学習指導要領』文部科学省、2008年。

『判例タイムズ』No.336、1976年、138-161頁。

『判例タイムズ』No.719、1990年、72-88頁。

第7章　教育方法と技術

1 教育方法の発展と現実

　教育目的達成のすべての道を意味する教育方法論は、1964（昭和39）年日本方法学会の発足により科学的な研究が本格的に実施され、その後一般に「教育方法学」が使われるようになった。「教育方法学の関わる領域」は、第一に、教育内容の問題、第二に、授業過程の問題、第三に、教授原理の問題、教授原理の本質、授業の成立と展開に関する教授の諸原理・諸規則、教授技術など、第四に、教授形態の問題、教授組織の原理など、第五に、教育における訓育論、集団論の問題などである。これらの領域は、実証的な調査や測定、さらには実験による仮説の検証などより科学的な方法を用いる。また、視聴覚教育的手法の導入、さらに教育工学を導入した授業分析・システム化、教育課程の最適化などが研究されている。

　教育方法の対象は、教育目的・目標達成のための学校教育的営みの学級経営・学習指導・生活指導である。また、学級経営の機能を学習指導と生活指導に分類し、学級経営を除き二つをまとめて教育方法とすることもある。この研究方法は、従来理論体系の思弁的探究が主流であった。これは、ヘルバルト（Herbart, Johann Friedrich 1776-1841）が教育作用を管理・教授・訓練に3区分して、それらを関連づけたことに由来する。狭義の意味で、それは、授業における教育の方法を対象とする、またティーチング（teaching）やウ

ンターリヒツ（Unterricht）を意味する。教授法は、ラトケ（Ratke, Wolfgang von 1571-1635）やコメニウス（Komenský, Jan Amos 1592-1670）などが構想した方法論である。教育方法は、歴史的には教授法から学習指導さらに教育方法と変化した。

エレン・ケイ（Key, Ellen 1849-1926）の『児童の世紀』を契機に20世紀初め世界に広がった「子ども中心主義」教育運動の影響を受け、教授法に代わり「学習指導」がわが国に浸透して一般化したのは、大正デモクラシーの大正中期以降のことである。

第二次世界大戦後、アメリカ教育の影響を受け、学習とは子どもたち自身の経験の再構成であり、教師の役割は子どもたちの興味・衝動中心の自発的・創造的学習の支援であると考えられるようになった。また、教師の指導性と子どもの興味の両方を重視した「教授・学習法」が実施された。その後、教師の指導性重視の「教育方法」が浸透している。また、各教科独自の教育内容・方法を優先、より実践的な教科教育方法学が発現した。

2 教育内容の問題に関して

学校の教育内容に関する基本的な考え方は、学校教育法施行規則や学習指導要領に規定されている。

（1）教育内容の構造化——何を教えるか

学校教育において「何を教えなければならないか」は、教材選択の価値基準に関わる。教育内容を精選・集約化する作業には、①教育内容の現代化、②教育内容の科学化、③教育内容の構造化、がある。これらの方向が、重層的・総合的に積み重ねられ、磨かれるとき、知性それ自体の質的開発・慎重を求めて、発展的な学習能力を育てることにより、記憶・暗唱的人間から実行・推論的人間へという創造的進化を実現する。

(2) 教材の構造化

　ブルーナー（Bruner, Jerome Seymour 1915-）は『教育の過程[1]』の中で、デューイの経験主義教育を批判して、教材の構造の「基本的なものを理解するならば、教科を理解しやすくなる[2]」と主張した。教材構造の現代化の一環である教育内容の構造化は、①教材に取り組む学習者一人ひとりが主体的な問題として受け止め、解決のための基礎となるもの、②学習者の属する学習集団（学級集団）に共通する問題として設定することができるもの、を構造的にとらえ、教材の内部的および外部的な関連を問題として設定することである。そこで、どのような教材を、どこに重点をおいて、学習者に提示し対決させるのが、学習者の認識を正しく方向づけ発展させ、学習者の思考を伸ばすことになるか探究することが重要である。同時に、教員は学習者一人ひとりの知的能力を信頼し、概念化の能力を発展させることを目指して、「学習の仕方を学習する（learn how to learn）[3]」訓練をさせる。

　ひとつの一般的観念（general ideas）を精確に学習することによって、将来役立つ応用転移の可能性が出てくる。この観念は、基本的・一般的な観念を媒介に、たえず知識を拡大深化させる「転移 transfer」の機能をもち、この働きが教育過程の中心となる。教科の構造的理解と、教材内容の精選と集約化のために、①教科における単位教材の中身を十分に精選し、その根幹に相応しい本質の仕組みとしての「中心観念」を抽出する、②この中心観念のもとで成り立つ教材内容の基本的要素を、教材の仕組みとして、系列化して抽出することに留意する必要がある。学習者は、みずからの論理の中から、みずからの手で教材の構造作りに参加、既知を基礎として現知との関連や結合を図り、未知を開拓できるような、未来志向型の発展的な学力を追究することが求められる。

　高度情報化社会においては、調整（adjustment）できる、すなわち正しく生きる力をもつ人間を育成すること、また、既得の知識を新しい形において結合させる柔軟な独創性（originality）と自由に観念を連合できる流暢性（fluency）、さらにこれらの知識や経験を新しい状況に応用・転移すること

のできる融通性(flexibility)を所有し、それらをバランスよく活用できる創造的思考(creative thinking)のプロセスを通して、価値を新しく生成できる知性の質的発展を図ることが求められる。そこで、真の学習評価は、学習者自身がどれほど、どのような形で、自己発展の可能性を示しているかを評定することを意味する。

3 教育の目標－内容という関係における陶冶財(教材の本質)

教育の目標－内容という関係における陶冶財を考えるには、改正教育基本法(2006〔平成18〕年12月22日法律第120号)や学校教育法・学校教育法施行規則、さらに学習指導要領が必要不可欠である。学習指導要領も2009(平成21)年に移行措置(算数・数学・理科など)がとられ、小学校2011(平成23)年、中学校2012(平成24)年に完全実施される。その改訂の基本的考え方は、「生きる力という理念の共有」、基礎・基本的な知識・技能の習得、思考力・判断力・表現力などの育成、学習意欲の向上や学習習慣の確立、豊かなこころや健やかな体の育成のための指導である。教育内容の主要な改善事項は、①言語活動の充実、②理数教育の充実、③伝統や文化に関する教育の充実、④道徳教育の充実、⑤体験活動の充実、⑥外国語教育の充実である。改訂学習指導要領の中で、ゆとり教育で削減された主要教科の授業内容の増加と授業時間数が1割増加される。道徳は教材を充実し、「道徳教育推進教師」を新たに任命する。また、ドリル学習(朝10分間)も授業時間数に算入できる。

文化教育学者シュプランガー(Spranger, Eduard 1882-1963)によると、陶冶財に関して、人間の精神陶冶は心的素質から出て、その働きに精神的栄養(科学、芸術、宗教、技術、道徳、習慣、法律などの体系をともなう社会の文化によって与えられるもの)を与えることによって、合法則的な働きへと機能させなければならない。すべての文化財は、純粋に事物そのものをその意味とする人間精神が客観化されたものである。

教授論において形式陶冶(formale Bildung)は、学習主体の知的諸能力の

形成や発達をより重視する。一方、実質陶冶（materiale Bildung）は教授目標として修得される文化内容それ自体の実質的価値を重視する。自然科学の知識や技能を重視する実質陶冶と古典的教養による人間形成を重視する形式陶冶との確執が問題になった。

　スペンサー（Spencer, Herbert 1820-1903）は、「どのような知識が最も価値があるのか」[7]（1859年）を問い、伝統的な教育内容選択の妥当性を疑い、社会準備を教育の目的とした。

　すべての情報・知識を教科内容に盛り込むことは不可能である。そこで、デューイは、「なすことによって学ぶ」という基本姿勢で、「学習の方法」を習得するために、質的経験に注目してよりよい理想をかかげ、子どもたちにより多くの知識を望む状況の提供を強調した。心理学者ソーンダイク（Thorndike, Edward L. 1874-1949）は、学習効果の「転移 transfer」に関する実験的研究を通して、両者間の転移は共通の要素があるときだけ、ある領域における練習が他方に転移するが、形式陶冶説のいう幅広い転移はないとする。しかし、ヴィゴツキー（Лев Семенович Выготский 1896-1934）は、科学的概念習得の際、要求される高次の精神機能（随意的注意、論理的思考、論理的記憶など）は全教科に共通すると彼を批判した。[8]

　ブルーナーは、教科の基本的概念や原理によって構成される「教科の構造」の習得によって、大量の一般的転移が可能とした。彼は形式陶冶の理論を新段階に引き上げている[9]。

4 教授原理の本質と問題について

　感覚的実学主義者コメニウスの教授論は、「あらゆる人にあらゆる事柄を教授する普遍的な技術を提示する大教授学」（1657年）である。その過程は、①知覚による事物の直観、②悟性による事物の本質把握、③認識したものの反復・練習による記憶と応用、である。

　自然主義消極的教育者ルソー（Rousseau, Jean Jacques 1712-1778）は、『エミール』（1762年）で、「自力でたくましく生きる自由な人間」（自然人）を教育目

的に、教育方法の発達的基礎を5段階に分け、各段階の主要な課題を身体養護（乳児期1歳）、感覚教育（幼児児童期2～12歳）、知性教育（少年期12～15歳）、道徳教育（青年期15～20歳）、政治教育（青年期20歳）と考えた。12歳以下の子どもたちには、消極的教育が実施され、「それは美徳や心理を教えることではなく、心を不徳から、精神を誤謬から守ってやることにある」。その後は知育が積極的に展開され、生活に必要なことや有用なものによって自己活動をして経験を通して学習する方法が採用される。

合自然主義のペスタロッチ（Pestalozzi, Johann Heinrich 1746-1827）の教授論は、「直観 Anschauung」の原理である[10]。彼の関心は知的陶冶における直観にあり、彼は「直観はあらゆる認識の絶対的基礎である」と評価し、それを「外界の対象がたんに感官の前にあってそれの印象の意識をたんに喚起すること」とみなした。これは自然の教育に見出せる「たんなる直観」であるが、教授の出発点でもあり、彼は「直観術」にまで高めようとした。また、彼は教授技術の心理的基礎を探求し、「直観認識を明晰化するすべての手段は数、形、語から出発する」、これらは教授の基礎点（Elementarpunkte）である。

ヘルバルトは、思想圏（精神的興味の座）の形成が教授の直接的課題であると考え、教授の進め方を『一般教育学』[11]において三つの形態で示した。すなわち、①生徒が経験と交際によって、獲得しているものに類似または関連するもの：「生徒があたかも実際に見ていると思うように表現する」「たんなる表現的教授（bloß darstellender Unterricht）」、②生徒が経験と交際とによってすでに獲得している、または、たんなる表現的教授によって直観した「特殊なものを分解し」、「一般的なものの領域へ達する」「分析的教授（analytischer Unterricht）」、③概念や法則などの「諸要素を与えて、それらの結合を企て」「それらを使用する方法や技能を与える」「総合的教授」の一部として含まれ、「分析的教授」は「総合的教授」の補助的位置にある。教授は4段階で、「明瞭」「連合」「系統」と「方法」である。ヘルバルト学派のラインやツィラーは、それを5段階教授法とした。

教材と方法の分離を批判するデューイ（Dewey, John 1859-1952）は、「教材は目的をもつ状況の展開の進路において観察され、想起され、読まれ、話さ

れる諸事実と、暗示された諸観念からなる[12]」という教材は経験の素材であり、学習者の側での発展として、直接経験としての作業による行動知、間接経験として伝え行動される情報知、および経験の組織化としての科学知であり、教育者は反応を刺激して学習者の進路を方向付ける環境を提供する。それゆえ、フィードバックできる問題解決学習は、①問題の把握、②問題解決の計画、③暗示を「仮説」として用い、観察やその他の事実収集の諸操作を導入する（試行と訂正）、④問題の解決と理解、⑤練習と習熟などの過程を経て（検証）達成される。学習目的を明確にし自主的な学習を目指し実践的な教授法を構想したキルパトリック（Kilpatrick, William Heard 1871-1965）のプロジェクト・メソッド（project method）[13]は、「目的設定 purposing」「計画設計 planning」「実行 executing」「評価 evaluation」の4段階である。

次に、現代のいくつかの教授論について考えてみることにする。

(1) 範例学習（Exemplarisches Learnen）

この教授論の意義は、過剰な教材による学力の低下問題に対処する教材精選の問題を提起したことにある。1951年西ドイツのチュービンゲン会議においてデルボラフ（Derblav, Josef 1912-1987）らが提唱したこの学習は、範例となりうる選択教材を中心として、生徒が本当に問題とした対象を「例」にして、教科の基礎的な内容を理解するとともにその本質を理解するように、学習を深める。範例学習の教授目的は「教科の基本的経験 fundamentale Erfahrung」、すなわち、①教科における認識方法の本質的意味についての経験（教科に固有な考え方の把握）、②教科の枠を超えて人間の自己のあり方の自覚的体験（「人間の自己理解の拡大と変容」）[14]を修得することである。教授過程は、教師の自由な実践的試みを通して確立する。そのため、過程の展開要件は、生徒の主体的学習意欲と方向とを軸として、発見的（heurishtisch）に進行すること、科学者の問題設定や探求的発見の衝動などを単純化して発生的（genetisch）基礎づけをすることである。

(2) 完全習得学習（マスタリー・ラーニング mastery learning）

すべての子どもたちに学識を保障するという課題達成のための教授方式は、教授意図をもつ内容をすべての子どもに完全に習得させることを目標にする。この学習は、キャロル（Carroll, John Bissell 1916-）の「学校学習のモデル」（1963年）[15]の理論にもとづいて、ブルーム（Bloom, Benjamin Samuel 1913-1999）たちによって評価理論のうえに構築された。この教授論は、教授目標を明確にして構造化し、完全習得基準を定め、習得に必要な時間の確保、さらに学習困難な子どもには適切な援助をする。この理論の基底には、「生徒の学習への適正（aptitude）を学習するために必要な時間の量で把握する」という考えがある。この学習は、目標分析から始まる。この分析作業は教科の教育内容の系列に位置づけられる単元を単位として単元の学習目標を行動目標の形で明確にし、その構造化を図ることである[16]。この学習では、事前の診断的評価、学習過程の形成的評価、学習終了時総括的評価が実施される。それらの評価の結果が即活用されるのが、この学習の特色である。

5 教師力・授業力・実践力と教授技術について

教師が教室の雰囲気を読みとる働きかけが授業の評価を決定する。そのためには、「教師力」「授業力」「実践力」が組織的に相互作用する必要がある。「教師力」は子どもたちの意欲を引き出し、子どもへの理解を軸にした教室・授業作りを指導する力である。「授業力」は教育内容の本質を見極め授業を構想し確かな力を育てる筋道を見通した力である。「実践力」は、教室の事実に学び指導力を高め指導技術・方法を開拓する力である。

(1) 教材の自作について

教材の自作目的は、①基礎的なもの（市販既成品）に対する応用的なものの自主制作、②利用目的・生徒の実態・地域の要求・学習内容（経験・理解）に適用させることにある。

制作にあたって、①表現特性における芸術性（審美感）：表現技法において学習の興味や意欲を動機づけ、内容理解の容易化に効果あるもの、②内容構成における科学性（精確度）、さらに、③利用価値における経済性（効用度）、を必要とする。その内容は、キャリア教育、技能、実験などの体験学習に関するバーチャルなものである。方式は、コンピュータによるインターネット、CG、バーチャル・リアリティ教材など多岐多種なものである。

(2) 板書の方法

板書は1単位時間の授業で黒板「1枚」にまとめる。板書法には2欄法[17]・木の花法[18]・フィッシュボーン法[19]・KJ法・展開図法などがある。特性として、板書はノート指導に関連して行なうのが有効である。板書の役割は、①観念の視覚化（イメージ）、②学習の動機付け（スタート）、③思考の構造化（プロセス）、④集団学習の可能性（同時学習、集団思考）、⑤反復練習の可能性（頻時性、確認学習）、⑥生徒参加の可能性（自発学習、自主学習）、⑦学級の統一（まとめ）、⑧芸術的表現（レイアウト・動き・色）、などがある。また、内容から整理すると、①説明のための無秩序な事項の羅列でなく（Key-word）、②学習内容の構造化を図る（Key-concept）、③学習内容の主要事項を精選し、視覚的に表現することによって、思考過程を成立させる、という機能をもつ。分かり易い授業を支える電子黒板は教科学習の理解度アップ、調べ学習での成績発表など指導のあり方を変える。その他、映像黒板としてのOHPやパワーポイントにおいては、明質、対面、拡大、記入、消去、多角的表現、交換迅速、操作簡便、学習参加（提示・自作）などができる。

(3) 授業（過程の）教師の指導性

教授と学習との媒介としての指導性

教師の指導（デザイン力）は、教科内容の世界へ子どもたちを導く、または教科内容を子どもの活動の世界へと橋渡しする。そこでは、教科内容と子どもの学習活動とに「媒介する」という始動が必要である。教師による媒介的な始動活動の基本は、「語りかけ」（説明、支持、助言）ならびに「問いかけ」

（発問）である。

授業展開を演出する教師の教授行為
①「語りかけ」（話から語りへ）
「話」は、たんなる一方通行的な情報の伝達を目的とする。一方教師による語りかけは、より直線的に子どもたちに働きかける教授行為で、説得的・応答的性格を有する。

授業における語りかけの特質として、まず、「語りかけ」には、あるものを伝えたいという強い願いや意図がこめられる。次に教師による「語りかけ」は、子どもの、教科内容への追求を呼び起こし、発展させていくことを目指す指導活動である。「語りかけ」は、教科内容の世界と子どもの活動とを結ぶ「媒介的指導」として位置づけができる。子どもたちの思考・認識・表現活動の誘発、組織のために最も中心的役割を果たす媒介的指導は、教師による「問いかけ」（「発問」）である。

②「問いかけ」（質問から発問へ）
質問は、知らない者が知者に尋ねる問い（知識を引き出す）である。他方、発問は、子どもたちの思考過程を方向づけ、調整することによって子どもたちの自主的かつ能動的な思考・表現活動を誘発し、発展させていくための最も重要な教授手段である（思考・表現活動を方向づけ、調整するための手段）。発問の基本的性質には、1. 対象への一点への限定性、2. 妥当な距離をもった過程性、がある。

  1.　対象への一点への限定性：発問は何を考えるのか、その一点へ向って子どもを追い込んでいくような一点への限定がなされる必要がある。いかにして子どもたちの内部に疑問や問題意識を呼び起こしていけばよいのか。「既知・既習」に関連させながら「未知・未習」を問えばよい。教師の問いかけは、限定的で子どもたちに思考の「手がかり」を与えるものとして発動されなければならない。

  2.　第二の過程性：発問は、発問を投げかけ、多様に対立・分化した応答を引き出すことによって、教師と子どもの、あるいは子ども

相互の問答の過程を発生・展開させることである。

　　もうひとつの留意すべき点：発想構想は、つねに指導案づくりと結びつけられていなければならない。教材研究や教材解釈の実施過程で、教材のどの部分に限定して問いかければ、子どもたちの思考活動を活性化し、教科内容の本質の習得を可能にするかという形式で教材を解釈し発問構想を練ることが重要である。主発問は授業開始5分位が効果的である。

③話す際の視線の使い方と机間巡視指導の方法

　話す際、教室のいちばん遠いところを見ながら、教室全体を視野に入れる。たとえば「捨て目を使う」、黒板の前を移動しながら話す場合は、対角線にある教室の隅から歩く方向とは逆に視線を動かすことである。個別指導で一人の子どもに関わるときでも、教室の隅々までを目の端にとらえておく。板書中でも教師は、「7・3の構え」で子どもに視線を向けておく。7は子どもに3は黒板に向かう姿勢の割合である。

　子どもたちの机の間を歩き、教育活動や作業の進行状況を確認したり個別指導をすることは、学級という集団学習を通して個別指導との調和のとれた学習指導を可能にする。

６ 教授形態の問題、教授組織の原理などについて

(1) 教授・学習活動

　教授と学習との結合の第一の特徴は、「学級を成立させる」ことを目指して、学級教授組織という形態で、教師と子どもたちとが、ある一定の時間と空間とを共有しながら、共通の教科課程にもとづく共通の学習課題に際して、相互関係的に結びつく教授・学習活動を展開していることにある。学級教授組織が重要な役割を果たすのは、①子どもたち一人ひとりに「学習と発達の権利」を保障し、民主的な教育を実現するための基本的組織として、②主体的・意欲的な学習活動をする自己改革のステージとして、③子どもたち個々の感じ方、考え方、理解の仕方の違いや「つまずき」を示し、試行や認識の

深化・発展と集団的な探究（表現）意欲の高揚とを表現する場所として（学級＝時間と場所の共有）、である。第二の特徴は、教科課程＝教授・学習活動の焦点化と展開への方向づけ、第三の特徴は、人間的自立＝「人間」への人格と学力の生まれ変わり、である。

典型的モデルには「授業の三角形」モデルがあり、「授業の構造－課程」がある。前者の構成要素は「教師」と「子ども」と「教材」である。これらは相互作用関係にて把握され、3要素間の相互作用（情報伝達・制御作用）のみによって授業が成立するかのような一面的な構造把握の危険性がある。後者のモデルは、授業の基本的要素を動的にとらえ、それらの相互関連的、質的発展の過程を力動的に把握する。このモデルは、優れた三つの点がある。①授業の「目標」「内容」「方法・組織」「指導過程」「習得過程」のあり方は、一方では社会的、歴史的、文化的な諸要求を受容した「教科課程」による規定、他方で子どもたちの発達や実態、生活・学習の実績を反映して、「習得過程」「指導過程」のあり方から授業の「方法・組織」「内容」「目標」のあり方への変更や改善・工夫を求める機能が生まれる。②授業の作用関係としての本質は、「指導」と「習得・自己形成」との相互媒介的な発展過程である。授業展開の方向性は、「一人ひとりの発達および子どもたちの集団の発展」の過程を基底として、「知識習得（実質陶冶）」と「能力・技能形成（形式陶冶）」という学力形成と「態度・確信・性格特性の形成」とを統一的に達成することである。③学級教授組織のあり方が、授業の「方法・組織」の問題とされ、授業と「目標」「内容」「方法」との関連、さらに「指導過程」「習得過程」のあり方と一環した関連の中で、より力動的なものとして、すなわち学習における集団的関係（学習集団）の問題として位置づけられる[20]。

(2) ティーム・ティーチング

ティーム・ティーチング（team teaching）と学校設営

ティーム・ティーチング・システムによる学校管理や学級経営は、物理的にも心理的にも「人の和」を保障するために、校舎の配置や教室構造構想の転換を必要とする。……すなわち、学校管理と全校掌握のための画期的

な学校設営とともに、教師間の緊密な協力的指導体制を確保するために、必要に応じて教室空間を自由自在に展開できる教室間の壁を排除して相互に開放できる力動性と融通性をそなえた教室構造である[21]。プログラムにおいては、拡大学級における大集団による一斉方式（mass instruction）と、各個の単独学級（single classroom）における小集団方式（small group learning）と、個人学習や自由研究のための個別化方式（individualized learning）を随時・随所に展開する。リーダー中心にメンバー相互間の協力的指導体制を常時充実強化する必要がある。ティーム・ワークの拠点となる特別空間（team headquaters space）を確保、各教師が協力してプランニングや作業する部屋（teacher's workroom）の設置が、全体の建築設計に含められなければならない。

ティーム・ティーチング・システムにおける教師像

教師集団における協力的な人間関係の確立が、より高度の教材内容の充実強化や指導技術の推進向上を実現するティーム・ティーチングの効果的な運営の基本的な前提となる。

ティーム・ティーチングの今後の課題

効果的運用のために、すべてのメンバー間に、完全な相互コミュニケーション（intercommunication）の時間的余裕が必要である。学習者の発達や実態に即した共通の経験としてのプログラミングとともに、個々の学習者の学習効果を的確に把握して、個々の個性的な要求に応じた評価と指導の機会が与えられなければならない。

(3) オープン・エデュケーション（開放教育制度）

最も基本的な原則は、「学ぼうとして学習努力をつくしている」という前提で、「学習者に対する人間的な信頼と尊敬にもとづいた人間関係が存在している」。教師の役割は、学習者の学習活動に対する刺激的な「促進者（facilitator）」として、学習環境を設定し、豊富な学習資料や効果的な動機

づけや適切な指導助言を与えることである。

　オープン・エデュケーション（open education）の設営
　このシステムの最大の前提条件は、学校建築（school building）で、なかでも教室構造の改造・再編成による機能的配置である。それは開放的教室（open classroom）で、①壁のない教室 no wall classroom：学校設営（school planting）には、物理的・空間的にも心理的・社会的にも教室相互の壁を撤廃し、必要に応じて教室空間を自由に拡張・縮小できる力動性と柔軟性を備えた「動く壁 operable wall, holding wall」「伸び縮みするドア accordion door, sliding door」「壁のない教室 no wall classroom」の構造設営が構想される。そこでは、学年単位または無学年編成学級（non-graded classroom）が営まれる。②ベルのならない教室 no bell ring classroom：学習者を主体として学習活動全過程にわたりすべての教科を対象として、「まとめられた１日」の中で自由に力動的な学習が営まれる。③セクトのない教室 no section classroom：教科別・単元別の専門領域に精通し、教科の学問的性格を学習者の認識過程に据えることが最大の責務（総合的指導効果の実現）となる。そのために、教師の心意（teacher's mind）における開放感（open mindness）が最も基本要件である。
　開放された指導目標（open end）のもとに、教師の指導上の権威の確立と学習者の学習活動の主体としての信頼と尊敬の維持が、より自由でより非形式的な独立学習を可能にする。

（4）習熟度別学習[22]

　子どもの発達上の特性と習熟度別学習
　子どもの学習上の特性や実態には、学力の習熟の仕方やその習熟度に格差すなわち「学力差」という「差」と学習事項に興味・関心や問題意識などの多様化から生まれる「違い」がある。「習熟度」とは、前者の差（習熟の程度）を指している。また、「習熟度別」とは、一人ひとりの「習熟の程度に応じて」ということである。実際に、三十数人の子どもに一人の教員が対応すること

は難しいので、一定の基準で複数の小集団を編成する。

指導計画作成留意基本事項は、①実施の対象の明確化、②実施の形態の決定、③指導体制の構想、④活用する教材の用意、である。

習熟度別学習における学習集団の編成

習熟度別学習実施の際、第一に子ども一人ひとりの学習状況を目標に照らして把握することが必要になる（子どもの学習状況の理解と評価）。習熟度の見極めは、単元（題材）レベルで、①単元学習のスタートラインにおいて、既学関連事項についての就学状況を把握する、②単元の終末、子どもたちの習熟状況を評価する、の2ヵ所ある。本単元の目標達成者には、発展的な学習を、他方目標未達成者には、補充的な学習を実施する。

習熟別学習における学習集団編成の重要点

編成には第一に所属する学習集団の弾力的な決定――その決定基準は、個別に設定される。少人数指導では、所属学習集団の決定が弾力的、流動的である――が必要である。次に、子どもに親しみを感じさせる工夫を考え、習熟別学習用の教材や教具の開発また補充・発展的な学習と新たな教材（新鮮な教材開発の必要性）が必要になる。さらに、自作教材による活用指導が必要である。その上で、忘れてならない重要なことは、補充学習用教材の開発とその活用方法の工夫である。

教材開発の手順

① 単元の指導内容を分析し、子どもがそれらを理解し習熟するステップを明確にする。
② それぞれに応じた教材を個別に作成する。
③ 教材の内容や構成は、できるかぎりスモール・ステップで構成する。プリント教材には、学習の目当（めあて）や学習の進め方、解答例と解説を示し、子どもが自己評価できる機能を備えておく。多様な教材・教具（それらの作成と提供のための支援体制の整備）の必要性。

習熟度別学習の成果の把握

子ども自身の習熟度別学習理解と保護者の理解のために、この学習の意図を事前に説明しその成果についてできるだけ具体的に説明する（実施に対する外部からの評価）。この学習の課題は、子どもの学習成果の定性的把握であるとともに、ペーパーテスト調査などによる定量的評価を併せて実施する（確実な手段で成果の確認）ことである。

7 教育における訓育論、集団論の問題などについて

(1) 生活指導（と訓育）

1920年代生活綴方教育運動の中で、生活指導は綴方を通して子どもたちに実生活に目を向けさせ、人間的要求を集団的に組織し実現できる人間を育てる自治訓練の実践にも関わっていた。戦後学校や学級の中での文化活動指導、生活綴方を通して生活に関わる子どもたちの認識の指導実践や、統治能力をもつ主権者の育成を目的に自治的集団形式で子どもの集団的行動構成などが実施された。これらの実践過程の中で、生活指導の概念規定論争が生じた。教科指導に対して、教科外の指導は子どもに自己自身の生活の充実、発展、変革に取り組ませる生活指導であり、両者とも陶冶と訓育とが作用する。生活指導において陶冶よりも訓育の方が強く作用する。その意味で、生活指導は教科外領域における子どもたちの行動の指導を通して、民主的人格形成に直接寄与する教員の働きかけの総体である。訓育と陶冶は、相互関連する有機的組織として機能するとき、よりよい人間形成を可能にする。

訓育の独自性
① 訓育は、活動に関する知識や技能の形成と価値観の間接的形成に機能する。
② 教師は子どもの行動の内面的真実の表現理解と指導の必要がある。
③ 価値観、意志、感情の変革は長い指導の中でのみ可能である、そこでは、子どもの生育暦に注意する必要がある。

④ 訓育の総影響力として子どもの価値観は形成される。
⑤ 訓育において教師の人格は子どもに強く影響する。

(2) 子どもの自立と生活指導

自立は、環境との相互作用を基本にした主体形成と能力発達の統一、人格と集団の統一論理の明確化に必要な概念である。環境に対する主体の関係から、自立の三つの側面すなわち、「自立の対象的性格」[23]「共同的性格」[24]それに「形成的性格」が見出される[25]。

(3) 生活指導の組織と計画

指導体制の第一水準は、各教科の授業・道徳・総合的学習の時間の各担当教師により、随時行なわれる指導、第二水準は、学級担任・ホームルーム担任による指導、第三水準は、生活指導部による指導、第四水準は、生活指導主任による指導、である。その他、スクール・カウンセラーや教育相談係、また、道徳教育推進教師（新学習指導要領）を含めることもある。生活指導計画には、全体計画と生活指導部内の各担当の部門別計画がある。生活指導全体計画作成上の原則は、①学校の教育目標にもとづき、子どもたちの実態を踏まえ、全教員の共通理解をして基本方針を立て、学年ごとの基本方針を設定する。②生活指導の組織と運営に関する基本を明確にする。③各教科、道徳、特別活動などの連携を図る。④家庭との連携を明確にする。⑤学校外の関係諸機関・諸団体との連携を図る、ことである。

注
1) Bruner, Jerome S. *The Process of Education*, Harvard University Press, Cambridge, Mass, 1960.（ブルーナー、J・S『教育の過程』佐藤三郎訳、明治書店、1986 年）
2) Ibid., p.23.
3) Ibid., p.6.
4) 学校教育法施行規則：(1) おもな改正内容　①教育課程の改善関係：小学校および中学校などの各教科などの授業時間数を以下のとおり変更し、総時間数を増加

するとともに、小学校の教育課程に外国語を加える。
5) 学習指導要領（冊子）の冒頭に「教育基本法」（全文）、「学校教育法」（抜粋）を収録。学習指導要領の「総則」の冒頭に、「各学校においては、教育基本法および学校教育法などに示すところに従い、適切な教育課程を編成するものとする」と規定。
6) 教育学の4部門：陶冶理想、陶冶財と陶冶価値、陶冶者（教師）と陶冶性（生徒）、陶冶共同体。
7) スペンサー、H著『第一原理』（澤田譲訳）、春秋社、1927年（Spencer, H. *The First Principles*, 1862.）。
8) ヴィゴツキー、レフ・セメノヴィチ著『思考と言語』（柴田義松訳）、明治図書、1934年。
9) 柴田義松『教育課程』学文社、2006年、22-23頁。
10) 参照：ヨハン・フリードリッヒ・ヘルベルト著『ペスタロッチの直観のABCの理念』（是常正美監訳）、玉川大学出版部、1982年。
11) Herbart, Johann Friedrich. *Allgemeine Pädagogik aus dem Zweck der Erziehung abgeleitet*, Göttingen, 1806.（ヘルバルト、J・F著『一般教育学』是常正美訳、玉川大学出版部、1968年）
12) デューイ、J著『民主主義と教育』（帆足理一郎訳）、春秋社、1970年。
13) プロジェクト・メソッド project method：「目的設定 purposing」これは何をなすべきか、目的を設定してその目的実現のために全身全霊を傾けるという情熱を湧き上げらせるべき段階である。「計画設計 planning」これは目的実現のためにいかなる手段方法によるべきか、その手段方法を十分に検討し、選定して決定する段階である。「実行 executing」第2段階で計画されたプランに従って実行する段階である。「評価 evaluation」実行した仮定と達成した成果についての自己評価の段階である。
14) デルボラフによると範例学習の究極的な課題は、「科学的認識の本質への洞察とそれの人間学的意義とを開く」ことである（デルボラフ、J著『教育学思考のパラダイム転換』（今井重孝・小笠原道雄訳）、玉川大学出版部、1987年）。
15) 学習の成果すなわち到達度は、ある学習者があることを学ぶ際に、「必要な学習時間」に対して［実際にかけた学習時間］が多ければ、高い、一方少なければ少ないほど低くなる（Carroll, J. B. (1963) A model of school learning. *Teacher College Record*, 64, 723-733. 参照：ブルーム著『個人特性と学校教育』（梶田叡一・松田彌生共訳）、第一法規、1980年）。

$$学習到達度 = \frac{実際にかけた学習時間（学習機会 \times 学習持続力）}{必要な学習時間（課題への適正 \times 授業の質 \times 授業理解力）}$$

必要な学習時間を決める要因：①学習課題への適正、②授業の質、③授業理解力。

第 7 章　教育方法と技術

実際の学習時間を決める要因：①与えられる学習機会、②学習持続力。
16) ブルームたちの主張する「教育目標分類学」の一般的枠組みを活用して、精選した学習目標を内容と能力との二次元的マトリックスの上に位置づけそれらの目標の相互の階層関係を明確にする。
17) ディベート授業や子どもたちの発言を重視する授業で用いる方法で、九九版を横半分に仕切り、上下 2 欄にして賛否を対照化する方法。
18) 子どもの答えを枯れ木に咲く花として表現する方法。幹にはテーマを書く、大枝には主要なものを、小枝には子どもたちの意見を書いていく。
19) 一本の背骨からいくつもの小骨を出す。木の花法よりたくさんのカテゴリーや答えに対応できる。木の花法とフィッシュボーン法では、自分の意見がどの位置に書き加えられるか、子どもたちが興味深くみつめながら授業に参加できる。子ども自身が先を予測できる安心できる授業になる。
20) 恒吉宏典編著『教育方法学』（教職科学講座 第 5 巻）福村出版、1994 年、78-82 頁。
21) アメリカでは、1960 年代、「開放教育制度 open education system」として一般化している。
22) 文部省　公立小・中学校調査（2002 年 5 月現在の教育課程の編成状況）によると、全国の公立小・中学校の 6 割以上が授業に習熟度別指導を取り入れている。子どもたちの理解の差がつきやすい算数・数学での導入が多い。習熟度別学習を実施しているのは小学校 63.1％、中学校 64.7％。小・中学校とも前年度実績より 10 ポイント以上のびた。行なった教科は全学年で算数・数学がトップで、とくに小学校では 4 年（42.1％）、中学校では（34.2％）で実施率が高い。
23) 発達主体、活動主体としての自立である。
24) 他人や集団との関係での交わり主体、集団形成主体としての自立である。
25) 自己自身との関係での自己教育主体としての自立である。折出健二『人格の自立と集団教育』明治図書出版、1986 年、参照。

参考文献
上野辰美著『教育方法学序説』コレール社、1991 年。
エレン・ケイ著『児童の世紀』（小野寺信訳）、冨山房、1979 年。
折出健二著『人格の自立と集団教育』明治図書出版、1986 年。
東京教育大学附属小学校『範例的方法による社会科教育』東洋館出版、1970 年。
ルソー、J・J 著『エミール』（今野一雄訳）、岩波文庫、1962 年。

第8章　道徳教育の理論と現代的課題

1 道徳教育の目的と意義

(1) 道徳教育の目的——人間の望ましいあり方

　人間がたんなる自然的存在でなく、歴史的・社会的存在であるという場合、それは自己を超えてゆく「主体的・実存的存在」であることを意味する。ここにはじめて、人間としての「望ましいあり方」という視点も生じてくる。人間としての「望ましいあり方」を問うことを停止すれば、もはや「真の人間性」を考察する必然性も消失してしまう。ここで「望ましいあり方」とは、「善さ」とも言い換えることができよう。「善さ」は人間の望み求める価値観を表現している。一定の目的に役立つ「手段的な善さ」から、最高の「目的そのものの善さ」まで、さまざまな「善さ」の段階が存在する。たとえばアリストテレス（Aristoteles）が「最高善」と呼んだものは、人間の「目的そのものの善」を意味した。

　道徳的な意味での「最高善」と関連して、私たちが考える価値に「真」と「美」がある。「真」とは、正しさ・善さの意味で合理的・論理的に正しいことを指し示す。「美」とはもっと感情的・創造的体験的価値に近い。「善」とは人間の存在のあり方、すなわち行為や実践がともなってくる点で「真」や「美」とは異なるのである。

(2) 道徳教育の意義

道徳の定義

　道徳の意味は『日本国語大辞典』によれば、「人間がそれに従って行為すべき正当な原理（道）とその原理に従って行為できるように育成された人間の習慣（徳）」とある。中国の思想では、「道」の意味は、①人の踏み行なうべき規範　②万物をそのようにあらしめている存在の根拠とされる。また「徳」の意味は、正しい行為を重ねることによって自己自身で獲得したものや本来的な能力とされている。西洋においても、「道理」や「理法」に相当する「logos」、「徳」にあたる「arete」や「virtus」という概念が存在する。これらには人間のみならず万物の存在の根拠、物固有の能力という意味が込められている。

　しかし「道徳」という場合には、そこで歩み行なわれるべき道が、自然や宇宙の法則あるいは天や神に根拠を求める場合であろうとも、それを人間の道として自覚的に受けとり実践するところに「道徳」が存在する。それゆえに、「道徳」は洋の東西を問わず、みずから主体的に生きる人間固有の課題として理解されているといえよう。

道徳の根拠と主徳

　和田修二によれば、人間が実際に踏み行なうべき正しい道、規範の総体としての「道徳 morals」は、「習慣」「習俗」「作法」などとして、古代ギリシアで「ノモス nomos」と呼ばれていた。しかしこの規範が「道徳 morality」として自覚されるためには、人びとがさらにその内面生活への関心を深めてゆくことが必要となる。たとえば、ソクラテス（Sokurates）は、たんに習慣（ノモス）に従うことなく、「魂 psyche」に配慮して「善く生きる」ことが人間本来の課題であると説いた。とくに古代ギリシアでは、人間に善悪を知らしめる内なる良心の根拠として、「節制・勇気・知恵・正義」が人間の主徳となった。

　これに対して人間が悪と知りつつしてしまうといういわゆる人間の原罪性

と有限性を凝視したキリスト教では、超越的・人格的な神への「信仰・希望・愛」を主徳に謳いあげた。また中国での原始儒教では、人間存在の基底を親子関係に看てとり、孝を最高の徳とした。つまり父子の親、君臣の義、夫婦の別、長幼の序、朋友の信の「五倫」が尊重された。

時代が下がって近代社会に入ると、自由や平等・博愛・勤勉などの近代的価値観や徳目が重視されてくる。この背景には、理性をもつ自律的人間の個人の形成、あるいは近代西欧的合理主義の自覚ということが考えられる。さらに現代では、上述の近代的人間の自覚から生じてきた実用主義、実存主義、共産主義などの思想にもとづいた各々の道徳的解釈の抗争を経て、新たに「環境問題」などをめぐる地球規模での全人類・全生物の「共生」をめざす、新たな倫理・道徳の確立が重要な課題となっている。

(3) 道徳教育と哲学

実存と道徳

「道徳の主体性」を考察する際に参考になるのが、19世紀前半を生きた実存思想の創始者といわれているキルケゴール（Kierkegaard Sören）である。彼は、抽象論的な議論で人間存在の問題を扱う哲学を厳しく批判した。抽象的な人間的考察の過程に真理は存在しないとする。むしろ、みずからが全人格を傾ける生き方の中だけに本当の真理があると主張した。キルケゴールは、客観的・普遍妥当的な知識の中に真理は存在しないと考えた。そうではなく、みずからの主体的な決断の中にのみ真理は生まれうるとしたうえで、こうした人間のあり方を「実存」と呼んだ。この「実存」は学問が扱う人間の抽象的な領域を超え出るものであるとする。こうした「実存的生」はキルケゴールによれば、人間がみずからの内面の情熱によって動かされつつ、みずからが選んだ理想に向かって自己を「よりよい方向」に作りかえることを意味する。つまり、「実存的生」はどこまでも自分の主体的な判断で自由と責任をともなって行使されるべきものとなる。ここに命がけの真実の自己実現——つまり主体的・全人格的な変革——が存在することとなる。

私たちは時に自己自身を見失い、しだいに無気力的状態に陥り、そこから

絶望や孤独感が発生する。人間として生きることに自信をなくし、まさに人生の危機に直面することも時として生じてくる。さらにすべての人間は避けえない「死」の恐怖に晒され、そこから不安や絶望にさいなまれることもまれなことではない。こうした人間のとり去りがたい「苦悩」は、結局のところ自己自身が受け止めて生きてゆくほかは、だれも代わって担ってくれないものなのである。みずからがこうした「運命」を受け止めるその覚悟ができたとき、人間は主体的に生きることを通して得られる真理をはじめて本当に把捉できるのである。人間は死を前に絶望し、死と直面しなければならない。そのとき「実存」としての人間のあり方は、超越者を見出し、絶対者との正しい関係に導かれて死を克服し、本来の自己を実現するとキルケゴールは考えたのである。

限界状況の道徳的意味

「限界状況」ではじめて真の人間の本質が鮮明にされると説いたのがキリスト教的実存主義哲学者のヤスパース（Jaspers, Karl）である。ヤスパースが主張することは、人間は限界状況に関わることによってはじめてその状況をいかに克服するかをいやがおうにもみずからが認識しはじめる、ということである[1]。日常生活の中では私たちは普段なにげなく無自覚に生きている場合が多い。そこでは私自身が何者かに生かされるとか、何者かに拘束されていることをほとんど自覚していない。身近な者の死を経験したとき、はじめてわれわれはみずからの「死」についていやがおうにも問われる存在と化し沈思熟考しはじめる。また、自分がこの世の中のさまざまな条件に縛り付けられて、悩み苦しまざるをえないことを知らしめられるのである。

いくら真剣に誠実に人生を歩んでいようとも、人は死に、苦しみ、争いを避けることができない。いかに事前に綿密な計画を立てていようとも、「偶然」という出来事によって一瞬のうちに人間の「計画」は打ち砕かれてしまうこともある。こうした人間に襲いかかる特殊な状況をヤスパースは「限界状況」と名付けた[2]。人間は一人ひとりが特定の状況の中で、苦しみ、戦い、負い目を避けられず、だれ一人寄り頼む存在がないことを知り、不安の中に

投げ込まれる。こうした「限界状況」に直面してはじめて、自己の現実を深く認識せざるをえなくなる。自己自身のつまづきと破れを通して、逆にわれわれはみずからを支え、庇護してくれる「包括的存在」を見出す。

実存論的教育観

　横山利弘によれば、「目覚める－目覚めさせる」という関係で教育的関係をとらえる教育観を、「実存論的教育観」という。実存哲学は、非本来的な生き方と、本来的な生き方を明確に区別する哲学であり、それを基盤とした実存論的教育観は、日常の非本来的な生き方を断ち切って、本来的な生き方へと転回するような非連続性を重視する。私たちは通常、時間に流されて生きがちであるが、そのような生活は本来的な生き方からすべり落ちていると実存哲学ではとらえるのである。そのようなときに、本来的な生き方へと転回するように訴えかけることが教育の重要なひとつの形式であると考えるのが実存論的教育観なのである。しかし人間は一度目覚めるとその後はずっと本来的な生が維持できるものではなく、目覚めても、またもとの非本来性に堕落しがちになる。この「覚醒」概念を、教育の非連続的形式のひとつとして実存哲学的に取り上げたのが、『実存哲学と教育学』の著者、ドイツにおける代表的教育哲学者ボルノー博士（Bollnow, O.F.）である。

　横山利弘は、非本来的な生き方から本来的な生き方へ転回させようとする教育は、道徳教育や生徒指導の中核となるべきものと考えている。この教育関係は、大人の意のままに子どもをつくることでもなければ、子どもに内在する素質を連続的に育てることでもなく、むしろ本来的な自己にたち返るように呼びかけることができるだけである。ヤスパースはこれを訴えの教育学と呼んだ。非本来的な生き方をしている日常的な惰性の生活に対して、「それでよいのか？」と本来の自己に立ち返るように私たちの「良心」に呼びかける。

2 道徳教育の目標と内容・方法

(1) 中学校道徳の目標・方法

　道徳教育が人格の形成の基本に位置づけられる根拠としては、教育基本法第1条（教育の目的）の「人格の完成をめざす」があげられよう。道徳的行為が各人の意志によって決定された「責任ある行為」であるかぎり、道徳は「自律」や「自由」が重要な概念となる。人間はともすれば、本能や衝動が邪魔をして本来的な生き方から逸れてしまいがちである。だからこそ、自己を律し節度を保ち、より高い目標に向かって進む人間の生き方に深い意味がでてくるのである。道徳は、また人間関係における望ましい生き方を求める。たとえば礼儀、感謝、思いやりなどは、相互に尊重しようとする望ましい人間の生き方の具体例にほかならない。われわれはこうしたあり方を通して人格を形成してゆくことができる。さらに道徳は「人間社会の中で人間らしく生きようとする生き方」（中学校指導書・道徳編）を目指す。たとえば、私たちは家族・学校・地域社会・国家などの社会集団の中で、特定の役割を果しながら生きている。そこから社会連帯の意識も芽生え、さらに公共の福祉に努めることも可能となるだろう。

　また人間は、「自然との関わり」を無視しては、とうてい生きていくことはできない。なぜなら、人間もまた地球全体の中の一生物にすぎないからである。このように、人間は大自然の一部であることを認識すればするほど、人間の力を超えた存在への思いを深く抱くであろう。そこから道徳は、人間と自然や崇高なものとの関わりを含めもつようになるのである。それゆえ、とくに中学生にとっての道徳教育とは、初めから完成された人間像に向かって関わってゆくよりは、「これからの人生をいかによりよく生きてゆくか」という視点から、彼らの道徳性を育成することの方が重要になってこよう。なぜなら、中学生の時期はとくにみずからの人生についての関心が高まり、「人生をよりよく生きたい」という願望が強まるからである。そうした思春期の子どもたちの切実な願いを教師が真剣に受け止めてやるところから

真の道徳教育は始まるべきであろう。

(2) 中学校道徳教育の意義

人格のうちとくに道徳性の形成を目指す教育をここで「道徳教育」と定義するならば、広義には「道徳教育」とは幼少期の家庭での生活習慣の躾から国家社会の成員としてのふさわしい公民性などの涵養が含まれることになる。また学校における道徳教育は、児童生徒の人格に直接働きかけて、彼らの道徳性を形成する学校教育の機能のひとつである。この道徳教育は、人格の他の側面である認識を形成する学習指導と相まって、学校教育の目的としての人格の形成を目指すものである。

それとの関連で中学校の道徳教育の目標は、人間尊重の精神と生命に対する畏敬の念を家庭・学校・その他社会における具体的な生活の中に生かし、個性豊かな文化の創造と民主的な社会および国家の発展に努め、進んで平和的な国際社会に貢献できる主体性のある日本人を育成するため、その基盤としての道徳性を養うことを目標とするものである。

3 家庭教育と道徳性

(1) 家庭の教育機能

家族の意味

「家族」とは、夫婦・親子・兄弟などの関係をもつ人びとの集まりであり、人間はその家族の一員として「家庭」の中に誕生する。「家族社会学」では、人的な家庭環境である家族を、「定位家族 family of orientation」と「生殖家族 family of procreation」の二つに区別している。一般的にわれわれは一生のうちにこの二つの家族に所属する。「定位家族」とは「養育家族」ともいわれ、子として生まれ育てられる家族であり、この関係の中で子どもは、社会的な存在としての基本的な方向づけがなされる。この家族は、父親・母親・兄弟・姉妹という構成からなる家族のことである。

他方、「生殖家族」とは「定位家族」で育てられた子どもが成人して、結

婚によって子を産み養育する側にまわる家族のことであり、夫・妻・子どもという構成からなる家族のことである。生まれて育つ家族としての「出生家族」から、生んで育てる家族としての「形成家族」への変化はあるものの、人間は原則的に生涯を通じて家庭を離れることはない。子どもには親や家庭、そしてそれを取り巻く環境すら選ぶ権利は与えられていないので、なおさら親の子どもへの関わり方が、その子どもの人間形成に重要な要素となってくる。

家庭の変遷

わが国では戦後、家庭・家族のあり方が大きく変化した。産業社会の進展と産業構造の変化によって、家庭・家族の機能が著しく縮小した。元来、「家族」は生産・宗教・政治・教育など多面的な機能を有していたが、近代産業社会への移行によって、家庭生活はその多面的な厚みを喪失し、生活のリアリティーも希薄なものになってしまった。とくに昭和60年代の高度経済成長期に、第一次（農・林・水産業など直接自然に働きかけるもの）産業が衰退する中で、第二次（鉱業・製造業・建設業など）・第三次（商業・運輸通信業・サービス業など）産業が急速に高まることによって、家庭から生産労働が消え、職場と住居の分離が進み、家庭は消費と休息の場になってしまった。さらに家族の規模も縮小し、核家族と少子化が進行する中で、現代の家族は社会的に最も弱い存在になってしまった。

「核家族」においては一般に、父親は家族の外で収入を得るために、父親は家に不在になりがちで、子育ては母親まかせになりやすい。その結果、いやおうなく「母子関係」が強化され、過保護・過干渉が生じてくる。戦後の家族制度の改革によって、父親の権威を絶対とする家長制度が廃止され、家族のあり方が根本的に変貌した。家長に統率される家族に代わって、同等の権利を有する新しい家族形態が出現した。その結果、家庭内での父親の権威は低下し、父親不在の現象と相まって、父親の役割が子どもたちにとって、みえにくいものとなってしまった。

「子どもの養育」の機能

　子どもの養育について、家庭は二つの機能をもっている。第一は「社会化 socialization」の機能である。「社会化」とは、子どもが既存の社会集団の生活様式や、文化的価値・社会的規範・生活習慣などを身につけ、社会集団の成員として形成されてゆくことである。その過程を経て、子どもに文化遺産が伝達され、善悪の価値判断が理解され、善良な市民・社会人が育成されてゆく。第二の機能は「保護的」機能である。上述の「社会化」を順調に押し進めるためにも、家庭は子どもの社会化の圧力を和らげ、保護する機能をもつ。たとえば、情報化社会といわれる今日、おとな社会の風潮や商業主義にもとづくマスメディアの悪影響から、親は子どもを防御する役割を担っている。

(2) 教育の場としての家庭

家庭における道徳教育

　道徳性の発達とは、子どもの孤立した個々の意識内の現象ではなく、子どもを取り巻く環境の交渉を通じて発達するものである。子ども各人を取り巻く周囲の人びとや環境が重要な意味をもってくる。それゆえ子どもに密着した「家庭」という場における道徳教育はきわめて子どもに強い影響を与えることになるのである。学校教育が普及した今日でも、教育の場としての「家庭」が教育の根本であることはだれもが否定しない事実であろう。子どもの問題の多くは、その背後にかならずといってよいほど家庭に原因がある。いかに学校で教師たちがその子どもの問題解決に取り組んでも、家庭の協力がなければ解決できない場合が多い。しかし多くの親たちは、「よい学校」に入学しさえすれば、それだけで子どもは立派に育つと考えがちである。幼稚園から大学まで過ごす学校教育の年数は人生の約4分の1に相当するものの、しかしこの学校教育の背後には、つねに変わらない「家庭の力」が作用していることを忘れてはならない。

よい家庭教育の条件

　家庭は教育の根本となる場であるだけに、親子の関係にひびが入ると、その及ぼす悪影響ははかりしれない。たとえば、一人っ子などの家庭にしばしばみられる盲目的な溺愛・過保護の状態などは、その子どもの性格形成に暗い影を落すことになりやすい。しかし逆に、あまりに厳しいしつけもその子どもの健全な成長の障害となる。たとえ経済的には恵まれていたとしても、夫婦や親子間にいつも摩擦が生じる家庭は、よい道徳教育が施されているとは言いがたい。家庭内の人びとの精神的状態が安定しており、親の意識的・無意識的な教育やしつけが正しく子どもの上に作用する家庭こそが、よい家庭の第一条件といえよう。そのような家庭にあっては、夫婦が互いにその人格を認め合い、人生に対して子どもの養育にあたることを日常的な習慣としているはずである。

家庭での道徳教育のこつ

　家庭で行なわれる道徳教育は、学校の道徳教育と比較して、組織的・体系的な面が欠けている。その代わりに家庭では、親の言動・考え方・感情・性格・生活態度などが意識的・無意識的に子どもに提示され、それらが強く影響してゆく。それゆえ、実質のともなわない道徳的指示を子どもに押し付けても、それはいたずらに子どもに不信の念を抱かせるだけなので、親はみずからよい手本を日常生活で実践していなければならない。すなわち、親は子どもに対して教師である前に、人間であることが求められる。親は意図的に子どもに教育する前に、みずからの生活態度を正しく実践してよい手本となるように努めるべきである。なぜなら、家庭教育は四六時中、繰り返して子どもと対面するからである。ここで「正しい生活」とは、ときには失敗することも含めた人間性に富んだユーモアのある生活のことをさす。と同時に安らぎのある雰囲気が家庭内に満ちており、家族の人びとが互いに思いやりの気持ちをもって日々生活することである。

(3)「家庭教育」の人間学的考察

「私的領域」としての家庭

ドイツの教育学者ボルノーによれば、私的領域内に留まるという体験は人間の人生にとって奪うことのできない前提であり、とくに幼児教育という観点に立脚する場合、幼児の健全な発達はどうしても「家という保育室」なしには考えられないという[6]。それゆえ、「私的生活」の象徴ともいうべき、幼児にとって必要不可欠な安らぎの感情を育む「家庭」という視点が重要な人間学的な考察対象となってくるのである。

ペスタロッチ（Pestalozzi, Johann Heinrich）は彼の書簡の中で、母親と幼児の交わりから醸し出される「信頼の最初の芽」がいかに幼児の後の発達に深い影響を及ぼすかを論じている。これとの関連で、ボルノーはそこに「私的領域」の象徴としての家庭の重要性を以下のように把握している。すなわち、母親はその子どもを気遣う愛情の中で、信頼できるものや頼りになるもの、明るいものの空間をつくりだす。母親のいる空間へ引き入れられているものは、すべて意味をもち、いきいきとなり、親しみやすいものになるという[7]。これは幼児期の生活が充実するためには、「私的領域」としての「家庭」においてのみ生ずる幼児と母親の信頼関係がいかに必要なものかを如実に示す具体例といえよう。

4 家庭・地域社会・学校における道徳教育

(1) 家庭・地域社会・学校における道徳教育の一貫性

「人は環境の子である」とは、しばしば道徳教育でも説かれるところであるが、それの意味するところは、子どもは生活環境を土壌として養分をとり、その道徳性を育ててゆくということであろう。明治以来、わが国の「学校」は文字通り、教育の中心的役割をはたすとともに、家庭や地域社会に対しても啓蒙的な働きを続けてきた。しかしながら戦後の急激な社会構造の変化そして今日の情報化社会という環境の激変した中では、「学校」の家庭や地域

社会に対する働きかけの影響力にも限界が生じてきたのはだれの眼にも明らかな事実である。とはいうものの、それにもかかわらず、「学校」が主体的立場でリーダーシップをとり、学校・家庭・地域社会という三者の一貫性と密接な関連へ努力を払うことが必要なことはいうまでもない。

(2) 家庭と道徳教育

人間としての生き方の基本

『中学校学習指導要領解説——道徳編』（文部科学省、平成20年9月）第7章「家庭や地域社会との連携」によれば、家庭は、人格の基礎を形成する場として重要である。とくに、乳幼児期の体験を通して、子どもは保護者との基本的信頼感をはぐくみ、それにもとづいて子どもの心は健全に発達してゆく。その意味で家庭における基本的な生活習慣や価値観は、その後の子どもの学校生活や生き方に大きな影響を与えるものとなる、と明確に指摘している。さらに、思春期前期の中学生については家庭における影響力はことのほか大きい。彼らは、生き方について悩みを多くもつ時期でもあり、家庭における保護者の関わりは、彼らの生き方に大きい影響を与える。

自立を支える信頼関係

小学生を経て、中学生の頃になると、次第に自我意識が芽生えはじめ、自立への意欲が高まり、そのため、親や社会に対して反抗的な言動が目立ちはじめる。保護者は、そのときにこそ、子どもの社会的自立に向けて、毅然とした態度で彼らと正面から向き合う姿勢が求められる。ここで保護者があいまいな態度をとり当面する問題から逃避するならば、子どもとの真の信頼関係は構築できない。善悪や正邪の区別などを正し、生命を尊重する心、他者への思いやりや社会性、倫理観などを生徒が身に付けられるように、保護者として指導することが必要となる。その際、保護者は、日ごろから子どもとのコミュニケーションを親密にとり、愛情をもって一貫した態度で子どもと接することにより、温かい信頼関係を構築することが大切である。

5 新学習指導要領における道徳教育の改善方向について

(1) 2008年以降の道徳教育充実の課題について

　横山利弘によれば、道徳教育の問題が表面化したのは、総理の諮問機関である教育再生会議が道徳の時間の教科化を提言したことに端を発する[8]。この提言は「経済財政改革の基本方針2007」に「徳育を『新たな枠組み』により、教科化し、多様な教科書・教材を作成する」という文言で盛り込まれ、2007（平成19）年6月に閣議決定された。他方、中央教育審議会の答申「幼稚園、小学校、中学校、高等学校および特別支援学校の学習指導要領などの改善について」（以下「答申」と記す）では、この問題についての賛否両論を併記したうえで、「専門的な観点から検討」した結果として、「教材の充実」を盛り込むにとどまった。すなわち、教科化は閣議決定されたものの、中央教育審議会では見送られた。結局、道徳の時間は「従来の枠組み」のもとで、その充実・強化を図ることになった。

　また谷合明雄は、「教育課程部会におけるこれまでの審議のまとめ」（2007〔平成19〕年11月）の58頁を援用しつつ、道徳教育の推進には、学校、家庭および地域の役割分担と連携が重要で、とくに家庭の役割が重要であると指摘した後、道徳教育推進上の課題について、次のような内容を紹介している。

　今日、社会規範自体が大きく揺らぎ、家庭や地域の教育力の低下、親や教師以外の地域の大人や異年齢の子どもたちとの交流の場や自然体験などの体験活動が減少している。これとの関連でいえば道徳教育を推進していくうえで、次のような課題がある。

　①生命尊重の心や自尊感情が乏しい。
　②基本的な生活習慣の確立が不十分である。
　③規範意識が低下している。
　④人間関係を築く力や集団活動を通した社会性の育成が不十分である[9]。

(2) 2008年以降の道徳教育の改善の基本方針と改善の具体的事項

上述の諸課題を踏まえたうえで、横山利弘と谷合明雄の論に従いつつ、道徳教育充実に向けて学校の取り組むべき事項を考察してゆきたい。

小・中・高共通の道徳教育充実に向けて学校の取り組むべき事項

幼稚園から高等学校にいたるまで、発達段階を踏まえた以下の重点指導項目が提示されている。

① 幼稚園では、規範意識の芽生えを養うこと。
② 小学校では、生きるうえでの基盤となる道徳的価値観の形成を図る指導を徹底するとともに、自己の生き方についての指導を充実すること。
③ 中学校では、思春期の特質を考慮し、社会とのかかわりを踏まえ、人間としての生き方をみつめさせる指導を充実させること。
④ 高等学校では、社会の一員としての自己の生き方を探究するなど、人間としてのあり方生き方についての自覚をいっそう深める指導を充実すること。

そして幼稚園から高等学校にいたるまで、全体的にとりわけ、「基本的な生活習慣や人としてしてはいけないことなど社会生活を送るうえで人間としてもつべき最低限の規範意識、自他の生命の尊重、自分への信頼感や自信などの自尊感情や他者への思い遣りなどの道徳性を養うとともに、それを基盤として、法やルールの意義やそれらを遵守することなどの意味を理解し、主体的に判断し、適切に行動できる人間の育成が大切である」と改善の基本方針は指摘している。

改善の基本方針

改善の基本方針の第一では、「道徳教育については、その課題を踏まえ、小・中・高等学校の道徳教育を通じ、人間尊重の精神と生命に対する畏敬の念を培い、自立し、健全な自尊感情をもち、主体的、自律的に生きるとともに、他者とかかわり、社会の一員としてその発展に貢献することができる力を育

成するために、その基盤となる道徳性を養うことを重視する。また、発達の段階や社会とのかかわりの広がりなどの子どもたちの実態や指導上の課題をふまえ、学校や学年の段階ごとに、道徳教育で取り組むべき重点を明確にする」ことが重要であると指摘している。

　改善の基本方針の第二として、学校全体の道徳教育充実のための推進体制などの充実と、体験活動の推進、学校と家庭、地域社会がともに取り組む体制や実践活動を充実するべきであるとうたっている。改善の具体的事項ではこの点について3項目がかかげられている。
① 道徳教育主担当者を中心とした体制づくりと、実際に活用できる具体性のある全体計画の作成、道徳の授業公開の促進。——現在でも多くの学校で、校務分掌のひとつとして道徳主任や道徳担当という名称で、学校の道徳教育を推進するための役割を担う教師が配置されているが、今回はこれを道徳教育主担当（道徳教育推進教師）として正式に位置づける。
② 体験活動や実践活動などの推進。——幼児などとふれあう体験、生命の尊さを感じる体験、小学校における自然の中での集団宿泊活動、中学校における職場体験活動、高等学校における奉仕体験活動などのいっそうの推進が求められている。
③ 家庭や地域社会とともに取り組む体制づくりや実践活動の充実。——生活習慣や礼儀、マナーを身につけるための取り組みなどは、とくに家庭や地域社会で積極的に実践することによっていっそう身につく。

小学校の道徳教育充実に向けて学校の取り組むべき事項
　小学校の低学年では、幼児教育との接続に配慮し、日常生活や学習の基盤となる道徳性の指導が求められている。たとえば基本的な生活習慣や善悪の判断、きまりを守るなどが重視される。また指導方法としては、発達段階を考えつつ、感性に働きかける指導も重要である。
　中学年では、子どもの体験や人間関係の広がりに配慮して、たとえば、集団や社会のきまりを守り、身近な人びとと協力し助け合うなどが大切な視点となる。

高学年では中学校段階との接続も視野に入れ、他者との関係や社会とのかかわりにいっそう目を向け、相手の立場の理解と支え合い、集団の一員としての役割と責任などに関する多様な経験を生かし、夢や希望をもって生きることの指導が求められる。

中学校の道徳教育充実に向けて学校の取り組むべき事項
　中学校では、道徳的価値を中核とした人間としての生き方についての自覚を深める指導が重要な課題となる。中学校では法やきまり、社会とのかかわりなどに目を向ける、人物から生き方や人生訓を学ぶ、自分のテーマをもって考え、語り合い、時には討論するなど、多様な学習の促進が求められている。さらに中学校では、教科担任制であることから、学年や学校において協力し合う指導体制を確立するべきであろう。

高等学校の道徳教育充実に向けて学校の取り組むべき事項
　高等学校では今回、新たに「道徳教育の全体計画の作成」が小・中学校と同様に義務づけられた。その結果、各教科や特別活動、総合的な学習の時間がそれぞれの特質を踏まえて道徳教育上担うものについて明確にすることが求められる。また、高等学校における道徳教育をすすめるうえで中核的な指導場面となる「倫理」や「現代社会」（公民科）と「ホームルーム活動」（特別活動）などの内容が道徳教育の観点から改善されることとなった。

　注
　1）ボルノー、O・F『実在哲学概説』塚越敏・金子正昭訳、理想社、1976 年。
　2）前掲書。
　3）横山利弘『道徳教育とは何だろうか』暁教育図書、2007 年。
　4）前掲書。
　5）前掲書。
　6）ボルノー、O・F『教育を支えるもの』森明・岡田渥美訳、黎明書房、1980 年。
　7）前掲書。
　8）横山利弘「道徳教育はどう変わるか」高階玲治編集『中教審〈学習指導要領の改善〉答申』教育開発研究所、2008 年。

9) 谷合明雄「道徳教育の充実をどう進めるのか」佐野金吾・西村佐二編『新教育課程をわかりやすく読む』ぎょうせい、2008年。

参考文献
荒井武ほか編『道徳教育の研究』福村出版、1989年。
安澤順一郎編著『道徳の解説と展開』教育開発研究所、1989年。
江藤恭二・鈴木正幸編『道徳教育の研究』福村出版、1990年。
大庭茂美・河村正彦編『道徳教育の基礎と展望』福村出版、1999年。
小笠原道雄編『道徳教育の理論と実践』福村出版、1990年。
奥田真丈ほか監修『現代学校教育大事典』ぎょうせい、1994年。
勝部真長ほか編『新しい道徳教育の探究』東信堂、1987年。
教師養成研究会編『道徳教育の研究 改訂版』学芸図書株式会社、1980年。
キルケゴール、S『キルケゴール著作集』白水社、1962年。
酒向健編著『道徳教育を学ぶ』福村出版、1989年。
沢田慶輔編『道徳教育の研究』自由書房、1982年。
武安宥編『道徳教育』福村出版、1991年。
デューイ、J『民主主義と教育』上・下、松野安男訳、岩波文庫、1975年。
細谷俊夫ほか編『新教育学大事典』第一法規出版、1990年。
ボルノー、O・F『実存哲学と教育学』峰島旭雄訳、理想社、1978年。
三井浩著『愛の場所――教育哲学序説』玉川大学出版部、1981年。
村田昇編『道徳教育』有信堂、1983年。
文部省『中学校学習指導要領（2008〔平成20〕年）解説――道徳編』1998年。
横山利弘『道徳教育、画餅からの脱却』暁教育図書、2007年。

第9章　特別活動の理論と実践

1 特別活動の目標

　特別活動とは、集団活動を通して、幼児・児童・生徒が協力してよりよい学校生活を築こうとするものである。つまり学校生活での学級や学年などの生活集団での幼児・児童・生徒によるみずからの主体的な活動を主としている。さらにこの活動は、教職員もかかわる総合的な学校教育活動でもある。特別活動での具体的な目的としては、幼児・児童・生徒の個の活動状況と、その成長発達、ならびに幼児・児童・生徒の集団の情況とその発達、それらにかかわる指導計画、指導内容および方法論となる。ただし幼児の場合には、幼稚園教育要領では、「特別活動」として他校種の学習指導要領のように教育課程には別枠としてはあげてはいないが、行事などの活動が保育内容の中に含まれて記述されている。

　小・中学校の旧学習指導要領[2]では「……集団や社会に一員としてよりよい生活を築こうとする自主的、実践的な態度を育てる……」「……集団や社会に一員としてよりよい生活を築こうとする自主的、実践的な態度を育てる……」であったものに、改訂学習指導要領[3]では人間関係の語句をを加えることによって、「……よりよい生活や人間関係を築こうとする自主的、実践的な態度を育てる……」として、よりよい人間関係を築こうとする自主的・実践的な態度の育成をすることを強調して「特別活動」を行なってゆく方向

になった。

　小・中学校ともに特別活動の目標は、「望ましい集団活動を通して、心身の調和のとれた発達と個性の伸長を図り、集団の一員としてよりよい生活や人間関係を築こうとする自主的、実践的な態度を育てるとともに、自己の生き方についての考えを深め、自己を生かす能力を養う」（小学校）、「望ましい集団活動を通して、心身の調和のとれた発達と個性の伸長を図り、集団や社会の一員としてよりよい生活や人間関係を築こうとする自主的、実践的な態度を育てるとともに、人間としての生き方についての自覚を深め、自己を生かす能力を養う」（中学校）であって、小学校は自己についてを強調し、中学校では社会や「人間として」のように他者とのかかわりをより強調している。

　改訂学習指導要領では、〔学級活動〕〔児童・生徒会活動〕〔クラブ活動〕[4]〔学校行事〕であって（図9-1を参照）、これらについては従来のものを継承しながら、特別活動の各活動および学校行事についての従来からの内容的な構造をより明確にしている。

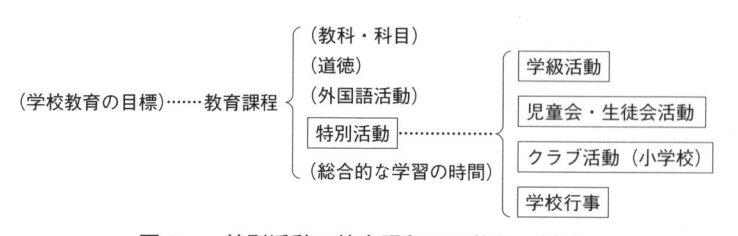

図9-1　特別活動の教育課程での位置と構造

2 各活動・学校行事の目標および内容

(1) 特別活動での各活動・学校行事の目標の概要

　今回の小・中学校の学習指導要領で示された「各活動・学校行事の目標および内容」の目標には、旧学習指導要領の内容より、より具体的な目標が付加された。すなわち各活動・学校行事は、旧学習指導要領の目標をそのまま引継ぎながら、改訂学習指導要領では、特別活動の各活動および学校行事に

第9章　特別活動の理論と実践　　　　　　　　　　　　　　　145

ついての従来からの内容的な構造をより明確にして、〔学級活動〕〔児童・生徒会活動〕〔クラブ活動〕（小学校）[5]、〔学校行事〕のそれぞれの事項にも目標を新たに規定し、さらにそれらに内容を設定し、目標と区別して記述するようになった。

　特別活動の全体的な目標としては、小学校では、「学級活動を通して、望ましい人間関係を形成し、集団の一員として学級や学校におけるよりよい生活づくりに参画し、諸問題を解決しようとする自主的、実践的な態度や完全な生活態度を育てる」している。中学校では、左の目標に加え「学級を単位として、学級や学校の生活の充実と向上、生徒が当面する諸課題への対応に視する活動を行なうこと」が加わっていて、学級での活動が強調されている。

(2) 各活動・学校行事およびそれらの内容の具体的目標

　従来の教育課程よりも改訂学習指導要領では、特別活動と道徳および総合的な学習との関連について、より具体的に示されるようになった。たとえば各活動の目標と内容が明確に区分され、さらに内容の中も項目ごとに分けられて整理されてわかりやすくなったのである。

①学級活動

　ここでは、集団の一員としてのよりよい学校生活づくりに参画することが目標としていわれている。

　小学校では、話し合いや係の活動などを進んで行ない、学級生活の向上やよりよい生活を目指し、諸問題の解決に努めることが主となる。とくに学年段階、すなわち時系列的に学級活動について内容が示されている。第1学年および第2学年では、「学級を単位として、仲良く助け合い学級生活を楽しくするとともに、日常の生活や学習に進んで取り組もうとする態度の育成に資する活動を行なうこと」、第3学年および第4学年では、「学級を単位として、協力し合って楽しい学級生活をつくるとともに、日常の生活や学習に意欲的に取り組もうとする態度の育成に資する活動を行なうこと」、第5学年および第6学年では、「学級を単位として、信頼し支え合って楽しく豊かな学級

や学校の生活をつくるとともに、日常の生活や学習に自主的に取り組もうとする態度の育成に資する活動を行なうこと」が示されている。このように学年ごとの明確に区分されることによって、子どもの発達段階を通したシークエンスによる教育課程の編成や各学年に応じた学級活動での効果的な指導方法が明瞭にされた。

さらに学年の共通事項としては、2点あって、「(1) 学級や学校の生活づくり」「(2) 日常の生活や学習への適応および健康安全」である。前者では、従来あった「ア 学級や学校における生活上の諸問題の解決」と「イ 学級内の組織づくりや仕事の分担処理」に加えて「ウ 学校における多様な集団の生活の向上」を新設した。後者では、従来は「ア 希望や目標をもって生きる態度の形成、イ 基本的な生活習慣の形成、ウ 望ましい人間関係の形成、オ 学校図書館の利用、カ 心身ともに健康で安全な生活態度の形成」の5点に加えて「エ 清掃などの当番活動などの役割と働くことの意義の理解」の新設が特徴であるとともに近年の食育の動向を鑑みて、「キ 食育の観点をふまえた学校給食と望ましい食習慣の形成」のように文言の付加がされた。[6]

中学校では、話し合いや係の活動などを進んで行ない、学級生活の向上やよりよい生活を目指し、諸問題の解決に努めるとともに、現在および将来の生き方を幅広く考え、積極的に自己を生かす。

中学校では、小学校でみられたような新設項目ほどの大きな変更はないが、内容項目の表現の変更や文言の付加がみられる。従来から存在している学級活動の3項目は「(1) 学級や学校の生活づくり、(2) 適応と成長および健康安全、(3) 学業と進路」のように、それぞれの項目名称が簡略化された。さらに「(2) 適応と成長および健康安全」の内容は、旧学習指導要領の内容とほぼ同じであるが、二つの文章が9項目に分割化された。そのなかで一部変更された箇所は、従来青年期と称していた期間を思春期とし、「思春期の不安や悩みとその解決」として、さらに文言が付加された内容項目としては、「カ ボランティア活動の意義の理解と参加」[7]「ケ 食育の観点を踏まえた[8]学校給食と望ましい食習慣の形成」がある。「(3) 学業と進路」では、上記と同様

にひとつのまとまった文章となっていた事項が5項目に分割された。変更された点としては、旧学習指導要領の一部が削除され、「ア　学ぶことと働くことの意義の理解」のように一部文言が付加され示された。

②児童会・生徒会活動

　運動会や生活発表会などの行事は、幼稚園においては、教師が主導となって準備・指導とともに当日の進行を行なう。小・中学校の運動会や文化祭(学園祭)では、児童会・生徒会が教師集団の援助と指導のもとで規格・運営を主体的に行なうようになる。つまり児童会・生徒会活動の目標としては、集団の一員としてよりよい学校生活づくりに参画できることを目標としている。さらに高等学校や大学では、生徒・学生によって全校・全学的な自治的活動として行なうようになる。その内容では、現代の子どもは、かつてのように地域での少年団・青年団活動はなく、良きにせよ悪しきにせよ学校での学年としての横のつながりだけである傾向が強く、そのことを是正するためにも児童会・生徒会活動によって異年齢集団による交友関係を少しでも図ろうとするものである。さらにこの活動では、児童・生徒らによる意見をまとめるなどの話し合い活動や自分たちできまりをつくって守る活動、人間関係を形成する力を養う活動として行なうのである。

　小学校の児童会活動では、委員会の活動を進んで行なったり集会などに進んで参加したりして、学校生活の向上や他のためを考え、自己の役割を果たす。ここでの目標として改訂した点は、「児童会活動を通して、望ましい人間関係を形成し、集団の一員としてよりよい学校生活づくりに参画し、協力して諸問題を解決しようとする自主的、実践的な態度を育てる」である。つまり人間関係を重視していることがわかる。さらにその内容については新設され、「学校の全児童をもって組織する児童会において、学校生活の充実と向上を図る活動を行なうこと。(1)児童会の計画や運営、(2)異年齢集団による交流、(3)学校行事への協力」があげられている。

　中学校の生徒会活動では、委員会の活動などを進んで行ない、全校的な視野に立って、学校生活の向上や他のためを考え、自己の役割を果たす。ここ

での目標は、旧指導要領の事項から内容と二分され、別個のものとして定められ、「生徒会活動を通して、望ましい人間関係を形成し、集団や社会の一員としてよりよい学校生活づくりに参画し、協力して諸問題を解決しようとする自主的、実践的な態度を育てる」として示された。その内容は、旧学習指導要領の事項を踏襲し、内容項目に付加されたものがある。その内容は「学校の全生徒をもって組織する生徒会において、学校生活の充実と向上を図る活動を行なうこと。(1)生徒会の計画や運営、(2)異年齢集団による交流、[13] (3)生徒の諸活動についての連絡調整、(4)学校行事への協力、(5)ボランティア活動などの社会参加」である。

③クラブ活動

クラブ活動については、『学習指導要領』(1968)改訂以降、全児童・生徒の必修的なことになっていた。それによって、指導するための物的・人的条件がととなわないうちに、多種類のクラブが急増することになって、児童・生徒の希望をかなえるため運動・娯楽的になる傾向があった。本来のクラブ活動が、教育課程の一貫として人格形成上の価値と学校の教育目標が究極的には一致することが望まれるが、実情としては、児童・生徒が自発的に同好者の集まりを作ったからといって、その集団が教育活動として相応しいとは限らない。つまりクラブ活動で、追求・獲得した専門的力量を全校集団の発展のために役立て、その活動成果を学校行事に参加することによってみずからの発展に役立てることが必要となる。

ただし『学習指導要領』(2003)改訂では、中学校と高等学校では、クラブ活動についての項目は削除されてしまった。現在、学習指導要領で、クラブ活動の項目をあげているのは小学校学習指導要領だけである。そこには自己の興味・関心を意欲的に追求し、他と協力して課題に向けて創意工夫して活動する、とあって、異年齢集団による交流を重視している。

旧小学校学習指導要領での事項は、今回の改訂小学校学習指導要領では、学級活動や児童会活動と同様に目標と内容に二分されている。その目標には「クラブ活動を通して、望ましい人間関係を形成し、個性の伸長を図り、集

団の一員として協力してよりよいクラブづくりに参画しようとする自主的、実践的な態度を育てる」[14]が新たに示され、その内容には「学年や学級の所属を離れ、主として第4学年以上の同好の児童をもって組織するクラブにおいて、異年齢集団の交流を深め、共通の興味・関心を追及する活動を行なうこと。(1) クラブの計画や運営、(2) クラブを楽しむ活動、(3) クラブの成果の発表」[15]が示された。

④学校行事

　入学式・卒業式などの儀式、運動会などの体育行事、学芸会や文化祭などの文化的行事がある。それらを主催するのが、実質的に学校当局である場合もあるが、児童・生徒の自治的集団活動となっている場合もある。つまりここでは集団への連体感や公共の精神を養おうとするものである。行事には、更衣、七夕、クリスマスといった伝統的行事、入園式・入学式、始業式、終業式、卒園式・卒業式といった学校生活の必要性からの行事、子どもの日、母の日、体育の日などといった社会的行事がある。ここでの行事とは、主として学校生活にかかわる。

　特別活動の学校行事に関する経緯をみると、『小学校祝日大祭日儀式規定』(1891〔明治24〕年)に、当時の文部省令として、「儀式」として学校行事の重要な柱となった。これによって、明治期から昭和20年までは、学校行事の内容や運営にも当時の国家主義的な影響が強くみられ[16]、国旗掲揚、「君が代」を国歌として斉唱し、天皇・皇后の「御真影」に拝礼すること、学校長が「勅語」を奉読することとしたならわし、として行なわれていた。

　第二次世界大戦終了後には、『道徳教育のための手引要綱』(1951〔昭和26〕年)および『学習指導要領』(1951)に、民主主義的人格の形成に大きな効果があることを認め、広義の生徒(生活)指導の働きを基礎とした。ただし当時の『学習指導要領』(1951)では、学校行事については、まだ特別な規定がされなかったので、学校においての行事は多様となって、小・中学校および高等学校での児童・生徒の自治的集団活動として教育課程の中に位置づけ実践された。とくに運動会や文化祭(学園祭)などは、小・中学校にお

いては、児童会・生徒会が教師集団の援助と指導のもとで規格・運営の主体となって行なわれていた。とくに高等学校や大学では、生徒・学生による全校・全学的な自治的活動となった。つまり入学式や卒業式の儀式も、創造的試みから各校で独自の方法論で行なわれるようになった。しかし『学習指導要領』(1957)では、教科外における活動が、特別教育活動と学校行事などに区分され、後者については、学校の責任が強調されるようになって、国旗掲揚と「君が代」の斉唱が要望されることになった。現代では、特別活動の中に学校行事が位置付けられていて、学校行事は幼児・児童・生徒だけによる自治的・文化的行事として行なうのではなく、教師や保護者をも含めた学校全体での行事として行なわれるようになってきた。さらに学校行事とは儀式だけではなく、自然の中での集団宿泊活動（小学校）や職場体験活動（中学校）を行ない、集団生活の中での活動や公共的な精神を学んでいくのである。加えてこれらの体験活動を通して気づいたことなどを振り返り、まとめたり、発表しあったりするなどの活動を充実することによって、言語力の育成や活用を重視する方向にある。

　幼稚園では、保育内容「環境」で、「幼稚園内外の行事において国旗に親しむ」と記載されている。

　小学校では、児童が全校や学年の一員として、人間関係を形成し、よりよい学校生活をおくるため、集団における自己の役割を考え望ましい行動をすることが強調されている。

　改訂小学校学習指導要領では、旧小学校学習指導要領の事項が目標と内容を明確に二分されている。その新設された目標では、「学校行事を通して、望ましい人間関係を形成し、集団への所属感や連帯感を深め、公共の精神を養い、協力してよりよい学校生活を築こうとする自主的、実践的な態度を育てる」が示された。その内容は従来のものを踏襲し、「全校または学年を単位として、学校生活の充実と発展に資する体験的な活動を行なうこと。(1)儀式的行事：学校生活に有意義な変化や折り目を付け、厳粛で清新な気分を味わい、新しい生活の展開への動機づけとなるような活動を行なうこと。(2)文化的行事[17]：平素の学習活動の成果を発表し、その向上の意欲をいっそう高

めたり、文化や芸術に親しんだりするような[18]活動を行なうこと。(3) 健康安全・体育的行事：心身の健全な発達や健康の保持増進などについての関心を高め、安全な行動や規律ある集団行動の体得、運動に親しむ態度の育成、責任感や連帯感の涵養、体力の向上などに資するような活動を行なうこと。(4) 遠足・集団宿泊的行事：自然の中での集団宿泊活動などの[19]平素と異なる生活環境にあって、見聞を広め、自然や文化などに親しむとともに、人間関係などの[20]集団生活のあり方や公衆道徳などについての望ましい体験を積むことができるような活動を行なうこと。(5) 勤労生産・奉仕的行事：勤労の貴さや生産の喜びを体得するとともに、ボランティア活動などの社会奉仕の精神を養う体験が得られるような活動を行なうこと」が示されている。小学校の特別活動での人間関係の強調がここでも示されている。

　中学校でも、生徒が全校や学年の一員として、人間関係を形成し、よりよい学校生活を築くため、集団や社会における自己の役割を考え望ましい行動をすることが強調されている。

　改訂中学校学習指導要領でも、小学校学習指導要領と同様に旧中学校学習指導要領の事項が目標と内容に明確に二分され、新設された目標では、「学校行事を通して、望ましい人間関係を形成し、集団への所属感や連帯感を深め、公共の精神を養い、協力してよりよい学校生活を築こうとする自主的、実践的な態度を育てる」として示された。その内容も従来のものを踏襲し、「全校または学年を単位として、学校生活の充実と発展に資する体験的な活動を行なうこと。(1) 儀式的行事：学校生活に有意義な変化や折り目を付け、厳粛で清新な気分を味わい、新しい生活の展開への動機づけとなるような活動を行なうこと。(2) 文化的行事[21]：平素の学習活動の成果を発表し、その向上の意欲をいっそう高めたり、文化や芸術に親しんだりするような[22]活動を行なうこと。(3) 健康安全・体育的行事：心身の健全な発達や健康の保持増進などについての関心を高め、安全な行動や規律ある集団行動の体得、運動に親しむ態度の育成、責任感や連帯感の涵養、体力の向上などに資するような活動を行なうこと。(4) 旅行・集団宿泊的行事：平素と異なる生活環境にあって、見聞を広め、自然や文化などに親しむとともに、集団生活のあり方や公

衆道徳などについての望ましい体験を積むことができるような活動を行なうこと。(5) 勤労生産・奉仕的行事：勤労の貴さや生産の喜びを体得し、職場体験などの[23]職業や進路にかかわる啓発的な体験が得られるようにするとともに、ともに助け合って生きることの喜びを体得し、ボランティア活動などの社会奉仕の精神を養う体験が得られるような活動を行なうこと」が示されている。ここには小学校指導要領のように人間関係のことばは使用されていないが、人間関係にかかわる体験を通して他者とかかわり他者との関係形成とともにみずからの生きる力の形成について記述されている。

種々の行事によって、発達段階上、種々の問題行動やその兆しが発見される時期でもある中学校期において、さまざまな体験活動や道徳との関連から、伝統文化や地域活動などに触れることよって、他者理解や集団での協同などを身をもって学ぶことができる。つまり特別活動による体験的な学習活動は、座学的な教科・科目的授業による知識の獲得とともに、人間関係の形成と実践的な態度の育成に期待できる効果があると考えられる。

3 指導計画の作成と内容の取扱い

(1) 指導計画の作成にあたっての配慮事項

幼稚園教育要領では、「指導計画の作成にあたっての留意事項」の中で「とくに留意する事項」として、「行事の指導にあたっては、幼稚園生活の自然の流れの中で生活に変化や潤いを与え、幼児が主体的に楽しく活動できるようにすること。なお、それぞれの行事についてはその教育的価値を十分検討し、適切なものを精選し、幼児の負担にならないようにすること」と示されている。つまり日常の保育での活動とともに円滑に、子どもが行事への活動が行なえるように配慮することが必要となる。幼稚園の行事において、あまりにも子どものハレの姿を見たいとする保護者の期待に過剰に応えるような教育方法・指導を行なうと、子どもに行為・行動を強いることになる。したがって子どもの心身の負担に行事がなってはならない、のである。

改訂小学校学習指導要領では、「(1) 特別活動の全体計画や各活動・学校

行事の年間指導計画の作成にあたっては、学校の創意工夫を生かすとともに、学級や学校の実態や児童による自主的、実践的な活動が助長されるようにすること。また、各教科、道徳、外国語活動および総合的な学習の時間などの指導との関連を図るとともに、家庭や地域の人びととの連携、社会教育施設などの活用などを工夫すること[24]」のように旧小学校学習指導要領よりも具体的に明記されている。学級活動やクラブ活動についての内容については旧小学校学指導要領をそのまま踏襲し、新たに四つ目の項目を設けて「(4) 第1章総則の第1の2および第3章道徳の第1に示す道徳教育の目標にもとづき、道徳の時間などとの関連を考慮しながら、第3章道徳の第2に示す内容ついて、特別活動の特質に応じて適切な指導をすること」が加えられた。

改訂中学校学習指導要領では、小学校学習指導要領の改訂と同様に、「(1) 特別活動の全体計画や各活動・学校行事の年間指導計画の作成にあたっては、学校の創意工夫を生かすとともに、学校の実態や児童による自主的、実践的な活動が助長されるようにすること。また、家庭や地域の人びととの連携、社会教育施設などの活用などを工夫すること[25]」のように旧中学校学習指導要領よりも具体的に明記されている。学級活動やクラブ活動についての内容については旧中学校学習指導要領をそのまま踏襲しているが、「(3) 学校生活への適応や人間関係の形成、進路の選択などの指導にあたっては、ガイダンスの機能を充実するよう〔学級活動〕などの指導を工夫すること。とくに、中学校入学当初においては、個々の生徒が学校生活に適応するとともに、希望と目標をもって生活をできるように工夫すること[26]」の文章中に新たに文言を加えている。さらに四つ目の新設項目としては「(4) 第1章総則の第1の2および第3章道徳の第1に示す道徳教育の目標にもとづき、道徳の時間などとの関連を考慮しながら、第3章道徳の第2に示す内容ついて、特別活動の特質に応じて適切な指導をすること」として小学校学習指導要領と同様の事項が加えられた。

(2) 内容の取扱いについての配慮事項

これについては、改訂小学校学習指導要領では、旧小学校学習指導要領を

踏襲しながら事項に文言を加えている。つまり「また、よりよい生活を築くために集団としての意見をまとめるなどの話し合い活動や自分たちで決まりをつくって守る活動、人間関係を形成する力を養う活動を充実するよう工夫すること[27]」としている。

　改訂中学校学習指導要領では、旧中学校学習指導要領を踏襲しながら、旧指導要領での生徒会活動の指導について示した事項を、学級活動の指導に加えて新たな項目として加えている。つまり「(1)〔学級活動〕および〔生徒会活動〕の指導については、指導内容の特質に応じて、教師の適切な指導のもとに、生徒の自発的、自治的な活動が効果的に展開されるようにするとともに、内容相互の関連を図るよう工夫すること。また、よりよい生活を築くために集団としての意見をまとめるなどの話し合い活動や自分たちできまりをつくって守る活動、人間関係を形成する力を養う活動などを充実するよう工夫すること[28]」が新設された。これによって生徒の自発性や生徒会の自治力を重視する方向になった。さらに〔学校行事〕については、「……自然体験や社会体験などの体験活動を充実するとともに、体験活動を通して気づいたことなどを振り返り、まとめたり、発表しあったりするなどの活動を充実するよう工夫すること[29]」が加えられた。今までの職業体験などの体験活動を引き続き行ないながら、まとめたり発表したりする活動などを加えることによって、体験のフィードバックから教育効果をねらおうとするものである。

(3) 授業時数などの取扱いについて

　小学校では、旧法と同様に学校教育法施行規則（2008）で、学校給食に係るものを除く学級活動については、「年間35週（第1学年については34週）以上にわたって行なうよう計画し、週あたりの授業時数が児童の負担過重にならないようにするものとする[30]」としている。さらに児童会活動、クラブ活動および学校行事の授業時数についても、「……それらの内容に応じ、年間、学期ごと、月ごとなど適切な授業時数をあてるものとする[31]」と示している。

　中学校でも、旧法と同様に新法でも、学校給食に係るものを除く学級活動については、「年間35週（第1学年については34週）以上にわたって行なう

よう計画し、週あたりの授業時数が生徒の負担過重にならないようにするものとする[32]」としている。さらに生徒会活動、クラブ活動および学校行事の授業時数についても、「……それらの内容に応じ、年間、学期ごと、月ごとなど適切な授業時数をあてるものとする[33]」と示している。

(4) 評価

「特別活動の記録」については、小・中学校とも特別活動における児童・生徒の活動について、各内容ごとにその主旨に照らして十分に満足できる状況にあると判断される場合には、○印を記入すると示している[34]。特別活動についての「事実および所見」については、従来は「特別活動の記録」の欄に記すようになっていたが、他の教育活動の所見などと合わせ、「総合的所見および指導上参考となる諸事項」欄に記入されるようになった。小学校での評価については、総則にもあるように「児童のよい点や進歩の状況などを積極的に評価するとともに指導の過程や成果を評価し、指導の改善を行ない学習意欲の向上に生かすようにすること」とあり、中学校では、「生徒の」に変わるだけで内容は同様である。

高等学校では、小・中学校と異なり、「特別活動における生徒の活動の状況について、主な事実および所見を記入する。その際、所見については、生徒の長所を取り上げることが基本となるよう留意する」と示していて、特別活動の各内容の趣旨を示していないし、判定についても詳細な状況について言及していない。つまり高等学校では、全日制・定時制・通信制の課程や修業年限の違いや普通科や専門学科、あるいは総合学科や単位制などといった学校形態が多様化しているために、各学校の特質や生徒の実態を踏まえた多角的な視点からの評価が求められていると考えられる。評価の方法としては、観察法、質問紙法、教師作成の検査法などがある。

特別活動についての評価は、多角的にみなければならないため、それを指導要録や通知（通信簿）する場合には、各児童・生徒の活動内容や委員・役職名などを記載し、あわせてその活動を通じて、その児童・生徒の成長・発達の進歩過程を文章で記述すると、明瞭に内容を記録として示すことができ

る。ここで、この評価にあたっては、幼児・児童・生徒の一人一人の評価はもちろんのこと集団の発達や変容についての評価が重要となる。つまり学級活動の状況について評価したり集団としての発達課題についての状況を評価しながら指導を行なったりする。それには内容項目にもあった児童会・生徒会活動、クラブ活動、学校行事での児童・生徒の状況を学級担任とともに担任以外の教師集団とともに共通理解を図りながら評価していく。

注
1) ここでいう学校とは学校教育法第一条に示されている幼稚園、小学校、中学校などを指す。以下同様。
2) 旧学習指導要領とは1998（平成10）年度に告示されたものを指す。以下同様。
3) 改訂学習指導要領とは2008（平成20）年度に告示されたものを指す。以下同様。
4) 小学校学習指導要領のみ。中学校および高等学校の学習指導要領では前回の改訂の際にすでに廃止されている。
5) 小学校学習指導要領のみ。中学校および高等学校の学習指導要領では前回の改訂の際にすでに廃止されている。
6) 「　」内の下線部が加えられた語句・事項である。
7) 「　」内の下線部が加えられた語句・事項である。
8) 「　」内の下線部が加えられた語句・事項である。
9) 旧学習指導要領の「選択教科などの適切な選択」が削除された。
10) 「　」内の下線部が加えられた語句・事項である。
11) 「　」内の下線部が変更および加えられた語句・事項である。
12) 「　」内の下線部が変更および加えられた語句・事項である。
13) 「　」内の下線部が加えられた語句・事項である。
14) 「　」内の下線部が加えられた語句・事項である。
15) 「　」内の下線部が加えられた語句・事項である。
16) とくに1940（昭和15）年から1945（昭和20）年。
17) 下線部が変更した語句・事項である。
18) 下線部が加えられた語句・事項である。
19) 下線部が加えられた語句・事項である。
20) 下線部が加えられた語句・事項である。
21) 下線部が変更した語句・事項である。
22) 下線部が加えられた語句・事項である。
23) 下線部が加えられた語句・事項である。兵庫県教委が中学2年生に実施してい

第 9 章　特別活動の理論と実践　　　157

　　る「トライやるウィーク」など地域との協力で成り立っている職業体験が示され
　　ている。
24)「　」内の下線部が加えられた語句・事項である。
25)「　」内の下線部が加えられた語句・事項である。
26)「　」内の下線部が加えられた語句・事項である。
27)「　」内が加えられた語句・事項である。
28)「　」内が加えられた語句・事項である。
29) 下線部が加えられた語句・事項である。
30)『小学校学習指導要領』第 3　第 1 項、2008 年。
31)『小学校学習指導要領』第 3　第 2 項、2008 年。
32)『中学校学習指導要領』第 3　第 1 項、2008 年。
33)『中学校学習指導要領』第 3　第 2 項、2008 年。
34) 文部科学省通知、1991（平成 3）年、2001（平成 13）年。

参考文献
安彦忠彦監修『小学校学習指導の解説と展開』教育出版、2008 年。
　──編『中学校新教育課程教科・領域の改訂解説』明治図書、2008 年。
角本尚紀「道徳教育と特別活動」武安宥ほか編『人間形成のイデア改訂版』昭和堂、
　　2008 年。
デューイ、J『学校と社会』宮原誠一訳、岩波書店、1957 年。
日本教材システム編集部『中学校学習指導要領新旧比較対照表』教育出版、2008 年。
ミネルヴァ書房編集部『保育所保育指針幼稚園教育要領解説とポイント』ミネルヴァ
　　書房、2008 年。
文部科学省『小学校学習指導要領解説　特別活動編』東洋館出版、2008 年。
　──『中学校学習指導要領解説　特別活動編』ぎょうせい、2008 年。

第10章　生徒指導の理論と実践

1 生徒指導の定義

　「生徒指導」という言葉は、第二次大戦後にアメリカから紹介されたガイダンス（guidance）の訳語として使用されるようになった。一方、これと類似した「生活指導」という用語も、教育現場では用いられており、児童生徒の校内外における問題行動や非行の防止、あるいは校則を遵守させるための予防的ないしは対症療法的な指導をその内容と考えている向きもある。

　文部省は、1981（昭和56）年に『生徒指導の手引き』を刊行し、その中で、生徒指導に類似した用語に生活指導という言葉があり、この二つは、その内容として考えられているものがかなり近い場合があるが、「生活指導」という用語はかなり多義に使われているので「生徒指導」とした、と述べている。[1]『生徒指導の手引き』が刊行されて以降は、「生徒指導」という用語が「生活指導」より一般的に使用されるようになってきたと考えられるが、現在もなお「生活指導」という用語も教育現場では使用されている。

　多くの研究者によってこれまでに生徒指導の定義を求める努力がなされてきたが、必ずしも生徒指導の概念は意見の一致をみていない。しかし、教育の目的は、教育基本法第1条に明示されているとおり、「人格の完成」にあり、生徒指導はこの教育目的を達成し、それぞれの学校が設定した教育目標を具現するための重要な教育機能のひとつである。したがって、生徒指導は人格

の完成という目的を達成するための営為であり、たんに生徒の非行対策や問題行動への対応といった消極的な教育活動のみならず、きめ細かな生徒理解により、つねに人間の尊厳にもとづき、すべての生徒の自己実現を助け、人格のよりよき発達と学校生活の充実を目指して行なわれる総合的、積極的な教育活動であると定義付けることができるだろう。

2 生徒指導の意義

　第二次世界大戦後、わが国は急激な社会変化を体験した。とくに近年の情報化、都市化、国際化、核家族化、少子化などには目覚ましいものがある。学校はこれらの社会的変化に十分に対応することができず、青少年非行、陰湿ないじめ、不登校、校内暴力、家庭内暴力、偏差値偏重の受験競争、学歴偏重など数々の問題を抱えることになった。教育現場においては、教師は日々生徒指導上の深刻な問題を抱えており、ともすれば校内・校外における生徒の問題行動や非行防止のための消極的な対応にばかり追われがちである。しかしながら、児童生徒に対して過度の形式的・外面的な規制を強化したり、問題を起こした生徒に対する指導にのみ終始することにならないように、教師はつねに心がけなければならない。

　本来、生徒指導は、より積極的な意義をもっており、学習指導要領にもとづいて実施される学習活動と同様に、学校の教育活動の重要な機能を担うものである。学習指導は、学習指導要領にもとづいてそれぞれの学校で編成された教育課程の実施を通して行なわれるが、生徒指導は、たとえば特別活動のような一定の領域の中で行なわれるものではなく、教育課程内の諸活動のみならず、放課後に行なわれる部活動や学校外の教育活動までも含むすべての場において、個々の児童生徒の人格の発達を助けるための指導助言が行なわれる教育機能なのである。生徒指導と学習指導は、学校教育における「車の両輪」であるといわれるが、両者はまさに密接不離の関係を有している。しかし、生徒指導の内容については、学習指導要領に特別に章立てされた記述はなく、法令のうえからは必ずしも明らかにされていない。この理由は、

生徒指導が領域概念ではなく、機能概念であるからである。

　領域概念説は、教育を学習指導と生徒指導に区分し、教科の指導は学習指導であり、教科以外の諸活動の指導は生徒指導であるとするものである。領域概念説は、学習指導と生徒指導の区別が明瞭でありわかりやすいが、学習は必ずしも教科指導の場においてのみ行なわれるものではないし、生徒指導は教科外の諸活動の場だけで行なわれるものでもない。これに対して、機能概念説は、生徒指導は学校教育のあらゆる場において行なわれる重要な教育機能のひとつであるという立場をとる。機能概念としての生徒指導の意義について、『生徒指導の手引き』は、「生徒指導の意義は、青少年非行などの対策といったいわば消極的な面にだけあるのではなく、積極的にすべての生徒のそれぞれの人格のよりよき発達を目指すとともに、学校生活が生徒の一人ひとりにとっても、また学級や学年、さらに学校全体といったさまざまな集団にとっても、有意義にかつ興味深く、充実したものになるようにすることを目指すところにある」と述べ、生徒指導の意義ないし役割を以下の5つの角度から考えようとしている。[2)]

① 生徒指導は、個別的かつ発達的な教育を基礎とするものである。
② 生徒指導は、一人一人の生徒の人格の価値を尊重し、個性の伸長を図りながら、同時に社会的な資質や行動を高めようとするものである。
③ 生徒指導は、生徒の現在の生活に則しながら、具体的、実際的な活動として進められるべきである。
④ 生徒指導は、すべての生徒を対象とするものである。生徒指導は、本来、問題行動や非行の防止・矯正といった消極的なものだけではなく、生徒の健康な人格の発達といった積極的なものである。
⑤ 生徒指導は、統合的な活動である。

また、生徒指導に負わされている課題および生徒指導の内容としては、以下の5点をあげている。

① 学校教育や社会生活における人間関係の改善と望ましい人間関係の促進
② 生徒の学校生活への適応や自己実現に関する問題の解決についての援助と指導

第10章　生徒指導の理論と実践　　　　　　　　　　　161

③　望ましい習慣形成
④　道徳教育の基盤を培うための生徒指導の充実強化
⑤　青少年の健全育成や保護育成などの学校外活動への協力

3 生徒指導の組織

　生徒指導は、学校教育全体を通して、すべての教師が共通理解をもち、一致協力して、組織的に行なわれなければならない。各学校においては、生徒指導体制を確立するために、生徒指導部や生徒指導係などの校務分掌上の組織が設けられている。これらの組織は、生徒指導主事（主任、部長）を中心として生徒指導についての全体計画の策定、校内研修、連絡体制の整備、特別活動との連携・調整、ならびに関係機関・団体との連絡・調整など、学校全体としての生徒指導体制を整備・確立し、生徒指導の推進および生徒指導上の諸問題の研究を行なう重要な役割をはたしている。
　生徒指導主事は、生徒指導およびその組織の中核的な役割を担うために、1975（昭和50）年の主任の制度化にともない、中学校、高等学校などに法令上位置付けられた教員である（学校教育施行規則第52条の2、65条）。生徒指導主事の職務は、「校長の監督を受け、生徒指導に関する事項をつかさどり、当該事項について連絡調整及び指導、助言に当る」（同上第52条の2-③）と規定されている。「生徒指導に関する事項」とは、生徒指導計画の立案・実施、生徒指導資料の整備、生徒指導に関する連絡・助言など生徒指導全般について責任をもち、関係教職員の連絡調整にあたるとともに、必要ある場合には関係教職員に対して指導助言を与えることである。そのためには、生徒指導主事は生徒指導に関する専門的知識と技能をもち、教育活動全般を見わたすことのできる識見と他の教職員や生徒を指導するだけの力量を備えていなければならない。一方、学級担任（ホームルーム担任）教師は、個々の児童生徒に対する生徒指導の直接的推進者であり、教科指導、学級活動（ホームルーム活動）など、あらゆる日常の機会を通じて生徒に接触し、生徒の特性、生活環境、交友関係などに関連する情報を獲得し、全人的な見方にたった正し

い生徒理解にもとづいた生徒指導を行なうのである。また、生徒の健全育成を図るためには、家庭との連携が不可欠であり、担任教師は学校の窓口としてあらゆる機会を通じて家庭との連絡を保ち、相互の理解と協力を深めることに努めなければならない。生徒指導は、学校教育全体を通して、すべての教師の協力のもとに行なわなければその目的を十分に達成することはできないことは言うまでもない。そのためには、教師全体の共通理解を図り、すべての教師が一致協力して、一貫性のある生徒指導に取り組むことのできる体制を作り上げることが肝要である。

4 生徒理解

　生徒指導のねらいは、集団を対象とすることもあるが、究極的には生徒一人ひとりの人格の形成と個人の育成にある。すべての生徒は社会的自己実現の可能性を潜在的、個別的にもっており、この生徒の多様な可能性を引き出し、人間性の最上の発達を促すためには、必然的に一人ひとりの生徒理解が不可欠なものとされるのである。

　生徒指導における生徒理解は、生徒個人の能力・適性を中心に、性格的な特徴、興味、要求、悩みなどの問題、価値観、職業観などをできるだけ広く、正確に把握しなければならない。また、子どもは家庭、学校、地域社会などの集団的生活場面で人間的・人格的発達を遂げる。したがって、個々の生徒を理解するためには、子どもが所属する集団そのものとその子ども自身との関係、すなわち、集団の構造、集団のモラール、交友関係、環境、リーダーと集団の関係などの集団理解もきわめて重要である。

　生徒理解は、観察法（叙述的観察記録法、時間見本法とか品等尺度法などの組織的観察記録法）、面接法（調査面接法、相談面接法、集団面接法）、質問紙法、検査法（知能検査、学力検査、性格検査）、作文や日記などによる方法、ソシオメトリーなどの交友関係理解の方法など、科学的・客観的方法で得た資料にもとづいて行なわれる。このほかにも、種々の生徒理解の方法があるが、一、二の方法によって一般的な判断を下すのではなく、それぞれの長所と短所を

正しく理解することによって、相互補足的に組み合わせて用い、資料の偏りによる判断の誤りを防ぐことが大切である。また、いうまでもなく、生徒指導における生徒理解は、資料の収集が目的ではなく、生徒指導のための生徒理解でなくてはならない。さらに、教師と生徒とのあいだには人間的な触れ合いにもとづく信頼関係がなければならず、教師は生徒に対して詰問的・批判的、評価的態度ではなく、親和的、許容的、受容的、共感的な態度で接することが必要である。

5 教育相談

　1989（平成元）年の教職員免許法の施行規則の改定によって、「中学校又は高等学校の教諭の普通免許状の授与を受ける場合にあつては、生徒指導の理論及び方法、教育相談（カウンセリングに関する基礎的な知識を含む。）の理論及び方法並びに進路指導の理論及び方法を含むものとする。」（第1章第6条備考6）と定められた。この規則の改定は、教師に必要とされる指導能力として、生徒指導、教育相談、進路指導の必要性を規定したものということができるだろう。

　教育相談は、一人ひとりの子どもの教育上の諸問題について、本人またはその親、教師などに、その望ましいあり方について指導・助言をすることである。それはまた、学校において組織的、計画的に行なわれる個別指導であり、生徒指導の中心的機能であるということができる。ところが、学校教育法施行規則によれば、中学校と高等学校にはそれぞれ生徒指導主事と進路指導主事がおかれることになっているが、教育相談を担当する者について格別の規定はない。しかし、近年、校内暴力、いじめ、不登校などの学校現場に頻発している問題に対処するために、文部省は1995（平成7）年度から児童心理や臨床心理の専門家に小・中・高等学校のカウンセラーを委託する方針を決めた。また、「教育相談員」や「学校カウンセラー」を外部に委嘱したり、そのようなスタッフをすでに各学校に配置している地方公共団体もある。

　カウンセリング（counseling）という用語は、「ともに考慮する」という意

味のラテン語の consilium が語源であるとされているが、このことはカウンセリングの最も基本的な性格を示唆するものであると考える。わが国のカウンセリングにとくに大きな影響を与えたのは、来談者中心療法のカール・ロジャーズ（Rogers, Carl Ransom, 1902-1987）である。彼は『カウンセリングと心理療法』において、診断や測定よりも過程を強調し、人間にはみずからの力で成長し発展していく力があると信じ、クライエントの自己成長の力を重視し、外側からの指示を極力排そうとした。「来談者中心」「非指示的」「受容」[3]「共感的理解」「パーソン・センタード・アプローチ」などは、クライエントを客観的にとらえて操作するのではなく、クライエントをまさに主体としてとらえ、カウンセラーとの関係それ自体を人間的にとらえようとする、ロジャーズによって提唱された言葉である。

　今日、カウンセリングの理論と技術は、ロジャーズの自己理論をはじめ、精神分析理論、行動療法理論、特性・因子理論、実存主義的理論、ゲシュタルト療法、論理療法、交流分析、折衷理論などじつに多様化しているが、学校におけるカウンセリングは、学校教育の性格上の制約もあり、専門機関などで実施する一般のカウンセリングと異なる面も見受けられる。したがって、カウンセリングを過大評価したり逆に過小評価することなく、その効用と限界を把握したうえで教育現場にどのように取り入れることができるのかを考えるべきである。

　学校におけるカウンセリングの意義について、文部省は『生徒指導資料第8集』において、暖かい人間関係の確立、自己理解の援助、全人的な成熟についての援助、価値観の発達についての援助、技能的な熟練についての援助、さまざまな選択についての援助、心理的な問題解決についての援助、非行などの矯正についての援助をあげている。しかし、学校の中にカウンセリングの理論や方法が急速に導入されようとしているものの、教育現場においては必ずしもカウンセリングについての正しい認識と共通理解があるとはいえず、担当者の資質の向上、学校内の教育相談室などの運営のあり方などとともに、今後十分に充実にむけて検討されなければならない。

6 校則

　校則とは、学校が教育目的を実現するために、管理・運営の必要から設ける内部規則であり、生徒心得、生徒規則、生徒規範、生徒守則などの名称で呼ばれている。校則の内容は、服装、頭髪、校内生活、校外生活に関することなど広範で、さまざまな事柄に及んでいる。心身の発達過程にある多数の児童生徒が、健全な集団生活を行なう学校という場においては、当然のことながら何らかの「きまり」は必要であるが、近年、学校を取り巻く種々の事情の急激な変化によって、学校はこれまでの校則の内容や運用のあり方について、検討を加えることを余儀なくされている。

　校則は、基本的には教師側の強制ではなくて、生徒や保護者の理解が前提になければならない。したがって、時代の進展、地域の実情、学校段階、学校の教育方針、保護者の考え方、児童生徒の実態などを勘案して、各学校において適切に考えられるべきものである。校則の見直しについては、憲法や教育基本法の理念が根底に据えられ、子どもが人権の主体であり、たんなる管理の対象ではないということを念頭におくことが大切である。

　また、校則の運用については、
① 全教職員の共通理解を図り指導上の不一致が生じないようにすること、
② 校則に違反した児童生徒に対しては、教師はいたずらに規則にとらわれて、一方的な指導を行なうのではなく、一人ひとりの生徒の特質に照らし合わせて適切な指導を行なうとともに、生徒に内面的な自覚を促す指導をすること、
などが求められる。

7 懲戒

　学校の校長または教員は、児童生徒に対して懲戒を加えることができる。懲戒とは、学校の秩序の維持または、児童生徒に対する教育上の必要からと

られる処罰・制裁である。このことについて、学校教育法第11条は、「校長及び教員は、教育上必要があると認めるときは、監督庁の定めるところにより、学生、生徒及び児童に懲戒を加えることができる。だだし、体罰を加えることはできない」、さらに同法施行規則第13条第2項は、「懲戒のうち、退学、停学及び訓告の処分は、校長がこれを行う」と定めている。すなわち、退学、停学等の法的効果をともなう懲戒は校長のみがこれを行うことができ、児童生徒を叱責したり、起立させたり、放課後に居残りをさせたりするなどの事実行為としての懲戒は校長及び教員がこれを行うことができるのである。ただし、公立の義務教育諸学校においては懲戒のうち退学処分は行えないし、停学については、国・公・私立学校とも学齢児童生徒に対する義務教育の保障という観点からこれを課すことはできない。

　懲戒の手続きについてはとくに法律の定めはなく懲戒権者の権限に委ねられているが、教育的配慮が優先されるべきである。「児童の権利条約」が、1994年3月29日に参議院本会議において全会一致で批准の承認を受けたが、同条約の第12条は「その児童に影響を及ぼすすべての事項について、自由に自己の意見を表明する権利を確保する。」とあり、退学、停学、訓告などの懲戒処分に際して、日本の法律に欠けている適正手続きや聴聞の機会の保障が今後さらに問題になるだろう。

　懲戒のあり方について、文部省の『生徒指導資料第2集』は、以下の4点を指摘している。
　①形式的・機械的処置ではあってはならないこと
　②感情的・報復的な処罰であってはならないこと
　③不公平、不当な処罰であってはならないこと
　④安易・無責任な処罰であってはならないこと[4]

　また、わが国の教育風土の中には、体罰を「愛のムチ」ということで、容認する風潮があるが、体罰の禁止は100年以上も昔に、すなわち、1879（明治12）年の「教育令」においてすでに法定されている。この問題については、教師の意識が変革しないかぎり、学校の実態は変わらないといわれているが、学校教育法は第11条但し書きで体罰の禁止を明定しており、児童生徒の人

権保護という主旨からも、教師は体罰禁止の意義を十分に理解し、体罰に及ぶような懲戒にいたらぬように留意しなければならない。

8 出席停止

　義務教育では、前述のごとく停学は禁止されており、義務教育諸学校から児童生徒を排除することは認められない。したがって、家庭謹慎、学校謹慎、自宅学習などいかなる名称であれ、学齢児童生徒から授業を受ける機会を実質的に奪うことがあってはならないのである。しかし、学校教育法第26条は、「市町村の教育委員会は、次に掲げる行為の一又は二以上を繰り返し行う等性行不良であって他の児童生徒の教育に妨げがあると認める児童があるときは、その保護者に対して、児童の出席停止を命ずることができる。」と定めている（同法第49条において中学校にも準用）。これは就学義務の例外的措置としての出席停止の制度である。1983（昭和58）年の文部省初等中等教育局長通知にあるように、この制度は本人に対する懲戒という観点からではなく、学校の秩序を維持し他の児童生徒の義務教育を受ける権利を保障するという観点から設けられたものである。したがって、このような出席停止の意義について関係者が十分に意義を理解し、適正に対処することが望まれている。

　出席停止は、懲戒ではないので、たんに児童生徒に問題行動があるからということだけでこの措置をとることはできない。したがって、出席停止を適用する要件が認められても、児童生徒や保護者に事前にその旨を告げ、弁明の機会を与えるなどの、いわゆる「適正手続」をとることが望ましい。また、出席停止期間中および事後の適切な指導も当然のことながら要請されるところである。なお、学校保健法第12条は、伝染病予防の観点から、「校長は、伝染病にかかっており、かかっておる疑があり、又はかかるおそれのある児童、生徒、学生又は幼児があるときは、政令で定めるところにより、出席を停止させることができる。」と規定しているが、これは心身の未発達な児童生徒などが集団で生活するという特殊性にかんがみ、伝染病が発生した場合の学校保健上の措置である。

9 少年非行・問題行動

　新聞、テレビなどにおいて生徒間のいじめ、不登校などの深刻な教育問題が大きく取り扱われている。また、近年、少年による犯罪は若干減少の傾向にあるとはいえ、依然としてかなりの高い水準で増減を繰り返していることが官庁統計によって示されている。すなわち、「警察白書」や「犯罪白書」は、成人の犯罪は戦後の混乱期からほぼ一貫して減少の傾向を示しているが、それとは対照的に、少年の窃盗（万引き、オートバイ盗、自転車盗など）が、とくに切実な動機もなく安易に行なわれる「遊び型非行」（後に初発型非行）という言葉を生み出したほど増加し、日常化しているという事実を示している。

　少年犯罪は、戦後まもなく敗戦後の混乱の中で増加しはじめ、1951（昭和26）年に第一次のピークに達し、その後、社会の安定と経済の回復とともに鎮静化していった。最近の少年非行の増減の波は、1983（昭和58）年の戦後第三次のピークの延長線上にあるといわれている。今日の青少年を取り巻く環境は、戦後の混乱と貧困に象徴される第一次ピーク時代の悲惨な状態を考えると比較にならないほど外見的にも、実質的にも好転した。このように世の中が非常に豊かになったにも拘らず、青少年の非行が多発しているのは、経済的繁栄と安定の中に潜む複雑な社会病理の表出であると考えられる。少年非行の態様は多様化しており、その原因を一概に指摘することはできないが、それぞれのケースに共通してみられるいくつかの要因が存在していることも確かである。

　少年の「非行」という言葉は、もともと「犯罪」という言葉を避けるために使用されたものであり、この概念は「少年法」の中で明確に示されている。少年法の目的は、同法第1条に示されているとおり、「少年の健全な育成を期し、非行のある少年に対して性格の矯正及び環境の調整に関する保護処分を行うとともに、少年及び少年の福祉を害する成人の刑事事件について特別の措置を講ずること」にある。この法律でいう「少年」とは、「20歳に満たない者」であり、いわゆる「非行」とは、

① 刑事責任年齢である 14 歳以上、20 歳未満の少年による犯罪行為
② 刑罰法令に触れる行為をしたが、刑事責任年齢に達していないために責任を問われない触法行為
③ 犯罪行為ではないが、以下のイ～ニのうちの何れかで、このまま放置すれば将来罪を犯し、又は刑罰法令に触れる行為をする虞(おそれ)がある虞犯(ぐはん)行為
　　イ　保護者の正当な監督に服しない性癖のあること
　　ロ　正当の理由がなく家庭に寄り附かないこと
　　ハ　犯罪性のある人若しくは不道徳な人と交際し、又はいかがわしい場所に出入りすること
　　ニ　自己又は他人の徳性を害する行為をする性癖のあること
などの行為または行状を総称する概念、したがって、犯罪あるいは犯罪の周辺にある幅の広い概念であると考えることができる。

10 少年非行の原因と背景

　少年の非行化の原因は「家庭と貧困にある」とは、昔からしばしば耳にするいわば古典的非行原因論である。たしかに、1965（昭和 40）年頃までの青少年の非行の多くは、家庭の貧困をその背景にもっていた。しかし、近年、非行の原因はきわめて複雑で多岐にわたっており、家庭の貧困や両親の欠損という問題は非行化のひとつの要因にはなりうるが、必ずしも直接的に非行に繋がるものであるとは言いがたい。非行の原因を解明するには、個々の生徒の個別的な原因と多くの非行生徒に共通した一般的原因とを見極めなければならないが、家庭・学校・地域社会にみられるさまざまな要因は、少年の非行化に少なからぬ影響を及ぼしていると考えられる。
　現代の家庭は、昔と比べると構造的にも、形態的にも、機能的にもかなりの変化がみられる。少年非行化の原因のひとつとして、欠損家庭、貧困家庭、葛藤家庭、核家族、不道徳・犯罪家庭、共働きなどの家庭問題をあげることができる。しかし、古典的な非行原因とされている保護者の欠損や貧困状態が、ただちに少年の非行などの原因をなすものではない。たんなる欠損

がただちに家庭の崩壊や非行に結びつくものではなく、欠損が少年に及ぼす影響の度合い、少年の年齢や欠損の状態によっても当然のことながら異なってくるだろう。また、欠損家庭であっても、欠損によって生じる社会化や情緒安定の機能の欠陥を何らかの形で補償できれば問題とはならないであろうし、形態的に欠損がなくても、放任・過保護などの親の養育態度や、家庭に葛藤の状態があれば、少年の養育により大きな影響を及ぼすものと考えられる。欠損家庭や貧困家庭に育った子どもに対して社会がステレオタイプのマイナスの評価をすることも見受けられるが、欠損の問題よりもそのこと自体が問題であろう。葛藤家庭とは、夫婦のあいだあるいは親と子のあいだなど家族の成員相互間に感情的な対立が生じ、そのために信頼関係が希薄となり、人間関係に緊張が生じた家庭の状態をいう。また、家庭・両親に犯罪性や不道徳性が顕著であると、その子どもの道徳性に強い影響を与え、子どもは幼少時から、逸脱した価値観を植え付けられ、非行を犯すようになるという[5]。親、兄弟など密接な親族が不道徳であると、子どもは反社会的な役割意識とか非行文化への親和によって、非行文化に感染していくのであろう。藤田は、非行少年の中には、きわめて高率に家族の成員の中に犯罪者がいるとし、家族の中で非行類型が習得され、経験されると指摘している[6]。さらに、母親の就労率は、1988（昭和63）年には7割に上昇し、今日では母親が仕事をもつことが一般的な状況になっている。母親の就労と少年非行の増加につれて、共働きが少年の非行化の要因として指摘されるようになった。しかし、麦島などの調査によると、母親の就労率は一般群も非行群も同じであり、母親が就労している家庭と就労していない家庭の非行率は差がなく、したがって、母親の就労は非行化要因としては認められないと述べているのは注目に値する[7]。

　学校は子どもたちにとって家庭に次ぐ、第二の生活の場であり、切り離すことのできない生活環境である。しかし、近年、その学校の中で校内暴力、いじめ、盗難などの問題行動が多数発生しているし、登下校時においても、いわゆる初発型非行が頻発している。その結果、学校における生徒指導は、生徒の非行対策といった消極的な面に限定されているかのような感がある。学校教育に対する生徒の不満や不適応など、学校の中にも生徒を非行に

導く、いうならば「教育病理」のようなものが存在することを推測し、高橋はそれを以下の三つに分類している[8]。

①各教科にひそむ教育病理
②各教科以外の授業にひそむ教育病理
③教師集団の指導体制にひそむ教育病理

少年の非行化の背景として、地域の不良交友関係、非行を誘発しやすい条件をもった地域、不良マスコミ、経済成長にともなう消費的・享楽的な文化、道徳的な価値観の混乱などの影響を見逃すことができない。また、少年の非行化要因のひとつとして都市化による「地域社会の匿名性」をあげることができる。米川は、匿名性とは、人びとのあいだに物理的接触はあっても、社会的接触に欠けていたり、社会的接触があっても、その接触は、インパーソナルなものであって、形式的、表面的で、接触相手のパーソナリティや社会的背景までは知り合わないような人間関係を意味すると述べている[9]。このような人間関係が都市社会においては顕著であり、匿名社会における無関心的対応が、少年の非行を助長する一因となっているのであろう。さらに、岩井は、

① 緊張した気分が匿名性の中では弛緩し、規制力を失い、非行や犯罪の行動自体が容易になる、
② 雑踏や密集の匿名的空間では、逃走もまた容易となり、犯罪が行なわれても、目撃者や通報がないことがしばしばである、

などの匿名性を媒介とする非行や犯罪への統制機能の弱化や危険性を指摘している[10]。

近年、少年を取り巻くいわゆる有害環境の多さには驚かざるをえないが、矢島は、有害環境は、「非行化」「被害」「健全育成の阻害」という三つの要素より構成されているとし、有害環境について以下のように述べている。

① 有害環境は、少年を非行へと誘う力を多分に有している環境である。
② 有害環境は、非行の遂行の技術、動機、衝動、合理化などを学習する環境、もしくは非行遂行の機会を提供する環境である。
③ 有害環境は、犯罪や非行の被害に会う危険性の高い環境である。

同じく矢島は、学校は本来「有益環境」であるはずだが、学校という場が

非行遂行の学習の場、非行遂行の機会を提供する場、そして被害を被る場になっているとするならば、学校という場もまた有害環境といわざるをえないと指摘している[11]。

11 学校における生徒の問題行動と対策

最近の中学・高等学校における生徒の問題行動はますます増加する傾向にあり、またきわめて複雑化しているといえる。生徒の「問題行動」とは、狭義には非行とほぼ同義であり、法律や社会規範などから逸脱した行動を意味する。法に触れる行為や社会から問題視される生徒の行動は、一般に校則や生徒心得にも違反することとなり、学校としても問題とせざるをえない。また、学校で問題とされる生徒の行動には、これら以外のものもあり、通常、「反社会的な行動」と「非社会的な行動」に分類される。

反社会的行動とは、社会が非とし、他人に害となる、または迷惑を及ぼす行動で、「非行」や「けんか」、「乱暴」、「悪口」、「いじめ」、「虚言」なども含む。非社会的行動とは、周囲の環境や社会生活に馴染むことができなくなったり、積極的に努力することが困難になり、対人的、社会的接触を避けようとする行動の総称である。この種の問題行動としては、「緘黙（極端な無口）」、「内気」、「はにかみ」、「臆病」、「無気力」、「孤立」、「家出」、「自殺の企て」、「睡眠剤や覚せい剤の乱用」、「シンナーなどの吸引」などがあり、「不登校」もここに含まれる。このほか、非社会的行動の一部ではあるが、偏食、食欲不振、夜尿、つめかみ、指しゃぶり、身体的過敏症、神経質、赤面恐怖、高所恐怖などの「神経症的問題行動」を別に分類することもある[12]。生徒の示す反社会的および非社会的問題行動のうち、とくに顕著なものとして、「盗み」、「いじめ」、「校内暴力」、「授業妨害」、「喫煙」、「飲酒」、「不登校」などをあげることができる。生徒の問題行動で最も多いのは窃盗犯である。とくに、校内で発生した盗難は「教育の場であること」、「生徒の人権に対する配慮」などにより犯人を特定することが難しく、そのために、次の盗難を誘発するという悪循環を繰り返すことにもなっている。これといって適切な処置を学校が

とれないことは、被害生徒や保護者に学校に対するの不信感を植えつけることにもなる。

　生徒の問題行動を学校が把握した場合、学校内で問題の解決にあたるだけでなく、生徒の健全育成のために、家庭はもとより他の機関との緊密な協力関係が保たれなければならない。その対応の仕方には微妙なものがあるが、学校のとるべき基本的な姿勢は、愛情をもって生徒一人ひとりの健全な発達を図る立場で生徒に接することであろう。そして、問題行動のある生徒に、その行動が本人および他者に対して及ぼす問題性を認識させ、自力による回復への援助をするのが学校の役割といえよう。何よりも大切なのは、このような基本的な姿勢を全教師の共通理解として確立し、一貫した指導方針のもとに、学校の組織をあげて問題行動の克服を目指すことである。

注
1) 文部省『生徒指導の手引き』大蔵省印刷局、1992年、6-7頁。
2) 文部省、前掲、1-10頁。
3) Rogers, Carl Ransom, *Counseling and Psychotherapy*. Houghton Mifflin Company, 1942.
4) 文部省『生徒指導の実践上の諸問題とその解明』大蔵省印刷局、1987年、150頁。
5) 大神貞男「親子関係の非行とメカニズム」『犯罪と非行』№23、財団法人青少年福祉センター、1975年、77頁。
6) 藤田弘人「犯罪・非行研究における家族の問題」『犯罪と非行』№93、財団法人青少年福祉センター、1992年、35頁。
7) 麦島文夫「非行原因に関する総合的調査研究」『犯罪と非行』№85、財団法人青少年福祉センター、1990年、110頁。
8) 高橋栄「生徒を非行に傾斜させるもの」『犯罪と非行』№73、財団法人青少年福祉センター、1987年、99-107頁。
9) 米川茂信「匿名社会の暴力非行」『犯罪と非行』№71、財団法人青少年福祉センター、1987年、155頁。
10) 岩井弘融「社会構造と匿名性」『犯罪と非行』№71、財団法人青少年福祉センター、1987年、140-141頁。
11) 矢島正見「有害環境とは」『犯罪と非行』№70、財団法人青少年福祉センター、1986年、92-93頁。
12) 文部省『児童の反社会的行動をめぐる指導上の諸問題』大蔵省印刷局、1975年、1-2頁。

第11章　教育相談の理論と実践

1 教育相談の意義と目的

(1) 教育相談とは？

　教育相談（educational counseling）とは、幼児・児童・生徒などを対象として、子どもの望ましい発達や人格形成をめざし、教育問題について、本人や保護者もしくは教師などからの相談に応じ、専門的に援助する活動をいう。この行為は、教育現場での要請から実践的に発展してきたものであるので、明確な定義があるわけではない。広義には、学級経営や学校行財政などを含む教育活動に関連した事柄だけでなく、教育機関以外での福祉や法的機関にかかわる事柄をも取り扱う。狭義には、子どもの発達・教育についての個人指導、子どもの適応問題についての治療指導・援助など学校及び教育関係機関にかかわる事柄をさす。教育相談では、カウンセリングの技法を用いることが多いが、それらには若干の意味の違いがある。たとえば教育には、説得や命令など教え導く意味が含まれるが、カウンセリングには、それらの意味はない。したがって日常的に教育を行なっている教師にとってのカウンセリングは、普段の方法・行為と異なることがあって、実施すること自体が難しくなる。しかしながら教育相談の相談とカウンセリングとは、しばしば同じ意味としてみなされることが多いことは自明のことである。[1]

(2) 教育相談の目的

　教育相談には、文章や電話でのやりとりによる相談方法も存在するが、子どもの問題行動について、その姿をみながら、より詳細に正確に診断し、適切な指導を行なうためには面接による方法が中心となる。それには助言後に経過観察を行なったり、週1回程度の通所によって、保護者にカウンセリングをしたり、子どもには遊戯療法や面接指導を行なったりする方法がある。
　さらに発達にかかわる相談では、心理検査による知能・性格の診断、生活習慣などのしつけにかかわる生活・生徒指導、進路と適正にかかわる指導、学習指導などがある。適応問題についての相談では、知的障害、情緒不適応、偏食など食習慣にかかわる問題、夜驚など睡眠にかかわる問題、夜尿など排泄にかかわる問題、器質性障害でない吃音など言語にかかわる問題、チック症のような習癖にかかわる問題、不登校や学業不振などの学校にかかわる問題、ひきこもりなど非社会的行為、他者への暴力などの反社会的問題などがある。それらの概要を列挙すると、つぎのようになる。

　①学習指導のための教育相談
　主として身体能力、知能、パーソナリティを検査・診断し、これを基礎として適切な教育方法や学習指導の方策をみいだそうとするものである。その効果は進学、学力向上、基礎力の修得などを目指すものとして行なわれる。

　②発達支援のための教育相談
　代謝異常や脳の器質損傷から生じる知的障害、知的水準ではなく読字・書字・算数数字の認知障害から学業不振に陥るLD、行動上の問題などによって学習の状況に至らないAD/HD、固執性を有したり対人関係がうまくとれなかったりする自閉障害やアスペルガー障害、その他情緒の発達につまずきなどがある子どもに対して、それらの一人ひとりの子どもに応じた適切な教育指導などを目指すものである。

　③生徒指導のための教育相談
　これには学業の面だけでなく、反社会的行動や非社会的行動ときには習癖もその対象となる。たとえばいじめを行なう者や校内暴力を行なう者は反社

会的行動であるし、ある種の不登校やひきこもりは非社会的行動である。これらを行なう子どもの日常の生活や人間関係にかかわる指導をする。

(3) 相談の始まりと留意点

　教育相談の初期段階で必要なことは、幼児・児童・生徒とのかかわりの中で、一人ひとりの子どもの知能や行動について経緯をみながら正確な診断を行なうことである。いわゆる「みたて」が重要となる。たとえば、問題行動などがみられる子どもに対して、従来からの指導・助言あるいは叱責の方法論で適切であったかを検討し、子どもによっては、外部からの専門家による診断や治療が必要であるのかを見極めなければならない。

　ここで注意することは、最初の子どもの相談で、教師がみずからの責任と考え込み、子どもの問題をひとりで抱え込んではならない。ある程度子どもの問題解決の見込みがつく場合はよいとしても、教師は、同僚との相談、学内の専門家である養護教諭やカウンセラー、あるいは外部機関との連携を行なわねばならない。つまり教師が果たしえる限界を教師みずから認識して、子どもにとっても不幸な顛末とならないように、対応しなければならない。すなわち子どもの心理的状態によっては、長期にわたる膨大な時間をその子どもにかけなければならなくなるし、症状が重篤な場合には、到底教師では対応しきれないことになるので、外部の専門家あるいは相談室専従の専門家に引き継いでもらうことが適切になる。これらを予想しながら、教師は子どもの教育相談にあたる。

2 相談機関および担当者

　教育相談を行なう場所には、専門的な外部機関や学校・園内がある。また学校・園では、外部に委託した専門家が定期的に巡回してきて相談時間を設ける場合や専従の相談員が常駐している場合もある。

(1) 相談機関の種類と歴史的経緯

　歴史的な経緯をみると、日本では、1917（大正6）年久保良英が東京府目黒で設立した児童教養研究所が最初とされている。1919年には最初の公立児童相談所として、大阪市立児童相談所が設置され、その後第二次世界大戦後に相談機関の全国的な普及・展開がみられるようになった。1950年代には、スクールカウンセリングの実践活動として学校教育相談（School Counseling Services by Teachers in Japan）が、おもに児童・生徒の問題、たとえばチック症状やバス酔い、不登校、中途退学、いじめ、校内暴力などを対象にヴォランティア的な活動として教師たちによって始められたことが契機となっている。1964年には、全国の福祉事務所に家庭児童相談室が設けられ、児童福祉の観点から、子どもの健全な発達をめざすとりくみが行われた。
　教育相談を行なっている機関には次のようなものがある。
① 　各自治体が設置している相談所。たとえば都道府県・市町村の各教育委員会および教育研究所が、教育相談室やカウンセリング・センターなどと称する名称で相談機関を運営している。
② 　心理・教育学系、子ども学系あるいは社会福祉系の学部・学科・研究室・研究所・研究科・専攻を有する大学、小児科や精神科を有する病院、児童相談所（子どもセンター、子育て支援センター、家庭支援センターなど）、精神衛生相談所、少年補導センター、少年鑑別所などのように固有の名称が付されていることが多いが、各機関がそれぞれの特色に応じた相談業務を行なっている。
③ 　幼稚園など各学校の校・園内に相談室を設けて、そこに有資格の専門家が定期的に相談業務を行なう。

(2) 学校での教育相談

　学校・園の教師たちは、教育相談にあたって、子どもの精神状態が重篤な場合など特化された専門的知識が必要なときを除き、日常の教育活動としては、子どもとのかかわりの中でロジャース（Rogers, C. R.）のいう基本的態

度を生かす方法論を有し、それを活用することがひとつの有効な方法論となるかもしれない。つまりこのようなカウンセリング的な意識を有することつまりカウンセリング・マインドを、通常の保育活動、教科指導、生徒指導あるいは特別活動のときに、さらには通常の子どもとの会話に活用することによって、子どもとのかかわりあいで子どもをケアすることで、子どもの生活行動が円滑になるとも考えられる。

学校・園での集団活動の場では、学校でみられる心理的問題の多くは集団不適応の要素を含むと考えられる。それによって集団にどのようにかかわり、集団として問題を有する子どもをどのように受容してゆくかについては、集団に有効とされるグループカウンセリングが有用かもしれない。

1995（平成7）年度から当時の文部省は、スクールカウンセラーを導入して調査研究を行ない、2001（平成13）年からは中学校を中心として、子どもがスクールカウンセラーに相談できる体制を整えようとしてきている。とくに小中学校では、いじめ[2]、不登校[3]、学習問題が重要な課題とされていて、カウンセリングやスーパーヴィジョン（supervision: SV）による対処が期待されている。しかし高等学校では非社会的問題の解決に期待をかけているが、特段カウンセリングやスーパーヴィジョンの役割に期待はしていないようである。

このような中で、学校でのカウンセリングの形態・実践としては、次のようなことが考えられる。つまり学校での教育相談では、適宜で任意という矛盾した形態の中で、カウンセリング実践は行なわれるという。子どもに対して、学校内組織の教育相談の担当者あるいは外部の専門家であるカウンセラーに任せる方法もとられることがある。さらに子どもにとって最も身近な存在である学級担任が、カウンセリング・マインドをもって、子どもの主訴に傾聴的態度で接してゆくこともできる。この場合の子どもへの対応は、専門家の場合とは異なって、カウンセリングではなくケアである、とする見解もある。

(3) 相談の担当者と資格

教育問題に対して、専門家である有資格者のカウンセラーないしセラピス

ト[4]、ときには担当者が科学的な診断・分析の認識をもって対象者に対して相談助言をする。近年では担当する教師も有資格者となっている傾向にある。

　歴史的にみると、教育相談は、久保良英ら大学教員がおよそ90年前から兼務して始め、小児科医や精神科医などが学校外で保護者からの任意による意思によって行なわれ、その手法は現代にも続いている。ただし、この方法論では、その機会を知りえて、自覚のある一部の子どもや保護者が教育相談にかかわるだけであって、すべての人びとが教育相談の機会を得られるわけではない。つまり子どもの愁訴の程度や保護者の知識の程度によっては、教育相談とその後の専門家による治療・指導の機会を失ってしまうことがある。すなわち治療・指導すべき子どもの症状が見過ごされてしまう危険性がある。つまり子どもの愁訴が弱く、学力・行動が顕著でない場合には、あるいはそれを身近で発見する保護者や教師の感受性が弱かったり知識が少なかったりすれば、見過ごされて将来により大きな問題が引き起こされるおそれがあった。さらに現代のような資格制度は整ってなく、学校現場では、経験論で教師が子どもやその保護者の教育相談にのっていたので、その結果は功を奏した場合もあったかもしれないが、不適切な結末に終わった可能性も高かったことが推察できる。

　すべての子どもが教育相談の機会を得られるために、また子どもとより密接な教育相談を行なうためには、とくに専門性が必要であること以外には外部機関であるよりも学校・園内での教育相談の活動が望ましい。約60年前から始まった実践活動では、ヴォランティア的な教師が兼務するかたちで、通常の授業過程での集団に対する指導とともに児童・生徒の各個人を対象とした援助を行なおうとしたものであった。当時の活動は教師の自主的な立場から行なわれたために、教師の時間的拘束から、教育相談は放課後に行なわれてきた。また担当者も学級担任の教師、養護教諭、そして生徒指導とのかかわりからその役割を担当する教師が通常の業務とともに私的に兼任する形態であった。この形態では、児童・生徒の学校不適応に対して、教師によって個別に受容していく情緒的な援助体系であった。この対応では、現代のような学校教育相談にみられる情報、道具的、評価的な支援などが得られなかっ

た。その後1995年に試験的に当時の文部省が有資格者を小中学校に派遣し、2001年よりそれを制度化し現在にいたっている。

①学校心理士[5]

2001（平成13）年学会連合資格として認定されたもので、学習や行動に問題を抱えた児童・生徒に心理教育的援助サービスを行なう専門家として、一定基準を満たしたものに与えられる資格である。資格取得には、試験や研修がある。学校での教育相談をおもに行なう。

②臨床心理士

1988（昭和63）年に日本臨床心理士認定協会による資格認定が開始された。当該協会からカリキュラムや教員スタッフについての認定を受けた教育機関すなわち大学院修士課程で養成される資格である。現在カウンセラーとして医療機関や相談機関などで最も活躍している。対象は子どもから高齢者まで年齢層が幅広く、その相談内容も最も広い範囲をうけもつが、青年期の精神疾患にかかわる内容が主となる。

③臨床発達心理士

2002（平成4）年に日本発達心理士会[6]による資格認定が開始された。この資格は生涯発達の視点から、おもに家庭・地域・養護施設などで、子どもから高齢者までの発達にかかわる診断・支援を行なう専門家である。学校・園では、子どもの発達にかかわる事柄が主となり、子どもの発達支援や保護者の子育てにかかわる助言などに期待が寄せられている。

以上のほかに1988（昭和63）年に日本カウンセリング学会による資格認定が開始された認定カウンセラーなどの資格がある。

3 相談の方法論

相談の方法には、種々あるが大きく分けると、面接と通信による相談がある。通常は前者を原則に実施されている。ただし相談の方法では、診断および治療・処置があるが、これらは、専門家といえども一人で行なうよりは、より適切なことが可能になるように、クリニックティームによって複数

名で対応してゆくことが望ましい。つまり事例ごとにブレインストーミング（brain storming 頭脳の嵐）を行なって、意見やアイデアを出し合うことによって、診断の正確さをはかり、特定の理論や治療法にこだわらず、よりよい治療・処置にいたるようにする。

(1) 精神分析療法（psychoanalysis）

フロイト、S（Freud, S.）以来の心理療法であって、その考え方は、人の無意識の世界に焦点をあてて、それを意識化することで問題の解決を図る。[7] つまり人が行動の基本としているエネルギー、すなわち性的欲求衝動のエネルギーをもとにして、発達過程において社会規範を受け入れながら、自己制御を行なってゆくことを活用するものである。とくに、乳幼児期の体験と無意識の世界を重視し、その時期の不快な体験や未解決の課題が無意識下に存在し、現在のパーソナリティに影響を及ぼしているとするものである。たとえば、養育者・保護者と過去のことについて語る機会をもって、当時の養育者・保護者の立場・状況を知ることによって、彼らの態度を許すようにする。すなわちこの方法論では、過去のどのような体験が自己の現在の状況に影響しているかを明らかにするものである。これによって学校・園の現場でみられる子どもの問題行動の原因を理解することが可能となる。別の言い方をすれば、表面的な子どもの行動にとらわれるあまりに、対処療法に頼って根本的な問題解決ができなくなり種種のことが徒労に終わることがある。留意点としては、この方法によって、子どもとコミュニケーションをはかり、子どもの行動とその深層を適切に解釈・理解することが重要となる。

(2) 来談者中心カウンセリング（client centered counseling）

ロジャースによって始められた心理療法で、非指示的な方法論を用い、来談者（クライエント client）のみずからの治癒力を引き出すことを目的としている。[8] それゆえカウンセリングの主役は来談者自身であるとの考え方から、人間中心アプローチ（person-centered approach: PCA）とよばれるようになった。ロジャースは、ひとが成長し自己実現を充足しようとする力を有しているこ

とが健康な人間のあり様と考え、心理的問題があるときにはその力が機能しなくなったことと考えている[9]。したがってカウンセラーは、来談者である子どもを援助する役割を担うのであって、両者間には相互の友好的な関係であるラポール（rapport）を確立するようにしなければならない。カウンセラーによる来談者に対する態度としては、次の３点が重要であるとされている。

　①受容的態度

　カウンセラーは、子どものすべての感情を表出してもよいような許容的な雰囲気をもって、すべてを受容して接する。

　②積極的傾聴

　無条件で肯定的に尊重し、積極的関心をもちながらも、カウンセラーは、自己の価値観をおしつけず、子どものすべてのよし悪しを認めて、ひとりの独立した人間として尊重すること。

　③共感的理解

　子どもの私的世界を、自己のものであるかのように感じとり、共有しながらも、同情や感情的癒着さらには同一化には陥らないようにする。

　これらの過程を通して、子どもが自己の行動について洞察しやすくなるようにする。すなわちカウンセラーは、子どもがもつ問題解決能力を信じ、子どもの選択や変化を子どもに任せておく。そのために、カウンセラーは、子どもの行なうことや話すことに対して、指摘や修正あるいは指示することはせずに、子どものリードに従ってゆくように基本的態度をとってゆく。これによって子どもは自己の齟齬に気づくようになる。それによって子どもが自己の修正をしていくようになる。したがってこの理論・方法論に対して、理想主義的であって具体的方法論がないとの批判もあるが、その基本的態度は他のカウンセリングの手法にも流用できるものである。

(3) ロールプレイ（役割演技）

　ある役割を演じることによって、社会的スキルを身につける体験型のカウンセリングである。この方法論は、社会的不適応を示す子どもに有効とされる。つまりこのような子どもは、集団内での他者とかかわるうえでの行動が

第11章 教育相談の理論と実践

行なえていない、つまり社会的な行動様式が学習できていないと考えられる。それゆえある場面を設定して、子どもが役割を演じることによって、TPOに応じた適切な行動の訓練を行なおうとするものである。この方法論のひとつとして、即興劇を行ない心理治療的な効果を体系化してものをサイコドラマ（心理劇）とよぶ。これはモレノ（Moreno, J. L.）によって始められた方法論で、社会的な行動を学習するだけではなく、自己洞察を得ることができる。

(4) グループ・エンカウンター

グループカウンセリング[10]のひとつで、ロジャースによる人間中心アプローチのひとつの方法論で、他者との出会い（遭遇 encounter）と同時に自己との出会いの意味をも含む。つまり自己理解を深め、他者とのかかわりを有し、人間として成長・発達して行こうとするものである。さらにこの方法論には非構成的グループ・エンカウンター[11]と構成的グループ・エンカウンターがあって、前者は特定された活動が計画されていない時間の中で、参加者の自発的・創造的な過程で行なってゆき、後者では指導的役割のものが準備した活動であるエクササイズを設定されたプログラムにそって体験する。それによって、前者では自己理解や他者理解の体験が得られ、後者では即効的な効果が期待される。ただし前者では、効果が出るまで時間がかかり、充分体験ができないときもある、後者では参加者の自発性がなく体験の深さも得られないなどの問題もある。子どもの参加で行なうときには学校の内外どちらでも、小中学生の場合には放課後か、授業のない日を利用することになる。効果をあげるためには、集まりは1週間に少なくとも2回するのが効果的で、10～15回のセッションをもつ必要がある、とされる。場所はカウンセリングルームやプレイルームを利用し、参加者数に相当する8～10脚程度の椅子を用意する（床に座ってもよい）。これらによって車座に位置した者たちが、それぞれの自己のことを語る。その際、話し手以外の者たちは聴き役となって、話しの内容について指示や批判をしないことになっている。

(5) 行動療法 (behavior therapy)

　アイゼンク (Eysenck, H. J.) によって開発された学習の機序を利用した方法である。つまり学習によって獲得された行動には適切なものもあれば不適切なものもある、その中で不適切なものを排除し適切な行動を再学習することである。行動療法でもとになっている学習理論は、古典的条件づけ、オペラント条件づけ、ソーンダイクの試行錯誤説、ケーラーの洞察説、トールマンのサイン・ゲシュタルト説である。この行動療法は、精神疾患や知的障害などの比較的重度の障害の治療や指導を目的としていた。これに対して行動カウンセリング (behavioral counseling) と呼ばれるものは、クルンボルツ (Krumboltz, J. D.) によるもので、起源は行動療法と同じであるが、引っ込み思案、学業不振、不登校、進路相談など、子どもに広くみられる問題への治療や指導について行なうものとしてみなされる。

　以上のような行動療法（または行動カウンセリング）は、来談者中心的カウンセリングや精神分析的カウンセリングと並ぶものといわれ、その技法の一部をつぎに示した。

①系統的脱感作法 (systematic desensitization)

　ウォルピ (Wolpe, J.) による3段階の不安や恐怖になれる方法である。まず不安・恐怖場面の程度別のリストを作成する。つまり場面や対象の不安・恐怖の程度を点数化して評定し、順にならべた不安・恐怖の段階表を作成する。つぎに不安や恐怖とは両立しない反応を習得し、不安や恐怖を抑制する、つまりリラックス反応をみることになる。よく用いられるものに、リラクセーション技法としての自立訓練法や漸進的筋弛緩法がある。リラクセーションの練習 (relaxation training)・指導を行なって、随意にリラックス状態に入れるようにしていく。第3段階として、まず子どもにリラックス状態に入るように指示する。そのあと不安・恐怖の段階表の中から、程度が低い場面から順に、イメージあるいは現物を思い出すようにして不安を生じさせ、その後でリラクセーション技法によって不安反応を弱める。この練習を繰り返し行なって、不安反応が消失したところで程度のより高次の場面へと進行

し、同様の手順を繰り返して各段階に慣らす。これによって恐怖や不安が生じなければ、もう一度リラックス状態にしてもらった後で段階をあげていく。つまり系統的脱感作法によって、そこで用いられるリラクセーション状態で、不安と恐怖反応が抑制され、不安や恐怖を生起させていた刺激と不安や恐怖反応との結びつきが弱められる。このような逆制止の原理にもとづいて不安恐怖、心身症、赤面、吃音、心気症などの症状の軽減に用いる。ただし、この方法は中学生以上の子どもには適用できるが、小学生以下の子どもでは、恐怖場面や対象の想起やリラックス訓練ができないため、恐怖場面を共同で実演して、段階的な遂行のしかたを子どもに観察し模倣してもらい弛緩してゆく。

②主張訓練法（assertive training）

　主張したいことや主張しなければならないことなど、自己の言動を表す訓練法であって対人関係で生じる不安や葛藤の解決に有効である。たとえば、主張したいことができないために、いじめの抑止や防御がうまくいかなかったりするときに用いたりもする。まずはいじめの現実の場面を検討し、自己の主張によってそれを解決するための具体的な行動目標を決定する。つぎに相談によって、いじめをうけている子どもが、その場面に適切であると思われる行動を決定しシナリオを作成する。このときには攻撃の表出にならないよう相手に受け入れられる形での主張が有効であるとされる。つぎに行動の役割を代えて演じながら交互に繰り返しながら、改善するところを修正してゆく。客観的な評価をしながら十分な訓練がされた後に、実際の場面で行動をして、その後さらに客観的な評価を行なう。

③モデリング（modeling）

　バンデューラ（Bandura, A.）が提唱したもので、モデルとなる他者の行動を観察することで同様な行動を習得していく方法論である。たとえば仲間の行動が教師から賞賛されていれば、その同様の行動をとるし、叱られている場面をみればその行動をすることはなくなってゆく。

④トークンエコノミー（token economy）

　挨拶、発表、決まりを守るなどの望ましい行動がみられたときにトークン

とよばれる通貨の代替物としてシールやスタンプなどを与え、それが一定の枚数に到達したときにさらに商品などの報酬と交換するという方法論である。外発的動機づけとしての報酬には、その効果に注意しなければならない。たとえば、トークンに子どもが興味を示さなくなると期待される行動が失われる状況に陥ることがあるし、トークン獲得だけの行動になってしまえば、その行動を真に習得していないことになる。

⑤継時近接法（successive approximation）

まず目標となる行動を決めて、その行動を獲得するために必要な細かい段階に分けて、下位行動から段階的に習得する方法論である。新しい適応行動を獲得形成するときに有効となる。まず各下位行動を行なう際に、下位行動が達成されるごとに強化を行ない、各行動が次の行動に継続するように適切な順序で行なわれるようにする。たとえば基本的生活習慣形成の訓練に活用できる可能性がある。順序だてた方法、たとえば衣服の着脱であれば、袖を通してからボタンを留める行為などがそれにあたる。

(6) プレイセラピー（遊戯療法 play therapy）

言語的コミュニケーションに依拠するのではなく、この療法では、工作や絵画などの遊びを触媒として、子どもの自主性を尊重し、子どもの自発的な自由な遊びによって自己表現することにその意義を認めている。ただし、治療目的に応じてプレイの場面を構造化したり、遊びの種類を広げるためにカウンセラーが課題設定をして遊びをリードしたりすることもある。カウンセラーの方から導入して進める遊びとしては、ごっこ遊びのようにロールプレイを行なうことがある。このときには子どもの心理的問題に結びついた題材を用い、子どもは与えられた役割を演じることで情動の解放ができるようになる。

(7) アートセラピー（芸術療法）

プレイセラピーの一種で、芸術的な表現活動を通して、心理治療を進める方法で、絵画や造形が主となり、広くは音楽、舞踏、劇詩作さらには読書な

どをも含める表現行為である。この技法では、言語的なコミュニケーションを行なうことが困難な子どもに有用であること、ただし完成することを目的化しないことが重要である。たとえば箱庭療法を導入したときでも、遊ぶことを許容しながら作品を期待しない。ウィニコット（Winnicott, D. W.）の考案したスイグル（squiggle）・ゲームでは、カウンセラーが画用紙に線画でなぐりがきをし、子どもがそれを自由に思いつくままに絵を描いたら、つぎには、順番を交替して子どもがはしりがきをした後、カウンセラーが絵に変える。これを数回繰り返す方法であって、なぐりがきしたものを絵にしてゆく。これに類似して線画のはしりがきをやりとりする相互スクリブル物語法（mutual scribble story making: MSSM）もある。他にも、バウム・テストや人物画法なども、この領域の技法である。

(8) 家族カウンセリング

個人の心理的問題を個人特有なものであるとは考えずに、ひとまとまりの家族全体で考えてゆく。子どもは、発達の過程において、種々のできごとに遭遇していく中でいくつかの危機（ライフクライシス）に直面する。この危機的状況にうまく対処（コーピング）できない場合には、子どもは、不適応に陥り、心理的問題を引き起こす。子どもの精神的状態を回復させるために、その子どもの家族全体に働きかけて、家族が有する対処機能が活性化するように援助する方法となる。留意事項としては、一般に母親による相談が多いが、その訴えている内容に、母親の主観が入り込んでいることが多い。さらに親が悲痛な表情で訴えるわりには、子どもの問題は深刻ではないこともある。逆に子どもの問題が深刻であるにもかかわらず、その意識のない親がいることもある。さらに子どもの生育暦に、親が影響を与えていることを認めたくないので、問題がありそうなことを話したがらない。したがって重要な事項であるほど説明がない。過度に責任を感じすぎている場合には、すべての事柄を親が自己の問題に関連させるので、客観的な情報が得にくくなる。

(9) 教師へのコンサルテーション

　子どもの心理的問題を生じさせる環境は家族や仲間だけではない、もちろん本人自身だけでもなく、仲間集団や学校生活にそれが多く依拠する。したがって教師を通じて援助を行なう方法（コンサルテーション consultation）が必要となる。つまり子どもを援助する際に、教師に助言や指導を行ない、教師を通じて間接的に働きかける。そのとき助言や指導を行なう専門家をコンサルタントと呼びその仲立ちをする第三者をコンサルティという。学校では教師がこの役割を担う。一般のカウンセリングやセラピーでは、専門家が来談者（クライエント）に直接働きかけるのに対して、コンサルテーションでは、コンサルティがおもに働きかけを行なう点が異なる。教師をコンサルティにした場合には、コンサルテーションを行う目的としては、子どもの症状とその対応策を知ることやクラスの仲間関係づくりの知識を得るために専門家の情報提供を求めるため、学校不適応をした子どもなど危機的状況に教師が介入するため、子どもの心理的側面の成長を促進し教育的な効果をねらった開発的な目的のためがある。

4 発達支援・特別支援教育あるいは生徒指導にかかわる子どもの診断と対応

　発達支援が必要な子どもについては、出生時診断や乳幼児検診などで用いられるスクリーニングテスト（screening test）で発見される。ときには当初は症状が微細であることもあって、その発見は幼稚園に就園してからであったり、小学校に入学後であったりすることもある。なかには、特定の発達支援が必要な症状と診断されながらも、その症状が落ち着いて必要がなくなる場合もある。しかし一般には症状が、一部の投薬による治療で軽減されるもの以外には、なんらかの教育や助言などによる対応がされる。これら治療や教育の契機になるのが教育相談になる。本人や親など保護者の自覚がなければ、その教育的効果が期待できない。したがって教師は、子どもの些細な行

動をよく見極めて、保護者の理解を得て専門家と連携し、早期からの教育を行なうことが重要となる。

(1) 知的障害（精神遅滞 mental retardation）

代謝障害であるフェニールケトン尿症やガラクトース血症など、放置していると中枢神経障害や知的障害を引き起こす疾病が知られている。これら発見された疾病・障害には、種々の対策がとられ、摂食物の切り替え療法によって症状の発現を抑制する。他にも、出生時の酸素欠乏による脳損傷やダウン症候群なども知的発達を妨げることが知られていたが、これらも教育や臨床指導によって、知的発達を促進する効果が現れている。

知的障害の子どもは、知的能力の面からは、抽象思考が困難であったり、習熟に時間を必要としたりする。およそIQ70またはそれ以下の知的機能障害のことをいう。情緒面についてゆえば、固執性をもつが、ほがらかである場合も多く、人間関係をとりやすいことがある。したがって、注意すべき点としては、正直であるので、狡猾な人物に利用されたり、いじめのターゲットにされたりする危険性がある。その状態に入って反発しようにも語彙能力が乏しいことで反論できず窮地に立たされる危険性をもっているので、周囲の人達の配慮・援助が必要となる。

知的障害の子どもは、知的なことだけでなく、身体活動が二次的なこととして問題が生じることがあるので対処が必要となる。つまりみずから積極的な運動を行なわなかったり、たとえ運動行為があったとしても特定身体部位の常動運動であっても、他の全身のあらゆる骨格筋に硬直が起る可能性が高い。したがって感覚統合運動をとり入れることによって、子どもが強制的な苦痛をともなうことなく、全身的な運動を行なえる。

(2) 広汎性発達障害（pervasive developmental disorder）、
自閉障害およびアスペルガー障害など[12]

このカテゴリーの子どもには、対人的相互反応の発達に広汎な障害がみられる。つまりこれらの子どもの行動には、言語的あるいは非言語的コミュニ

ケーション能力の障害や常同的な行動・興味・活動の存在がともなっている。次には、この障害で最も代表的なものを二つ示した。

①自閉障害（autistic disorder）

早期幼児自閉症や小児自閉症ともいわれる。または発見者の名からカナー症候群ともいわれる。社会的相互作用の逸脱、コミュニケーション技能の遅れと異常、活動および興味の限定的能力の範囲に特徴がある。1万人に2〜20人の範囲（平均5人：0.05％）。男子が女児の4〜5倍多くみられる。ただし女児の場合には男児より重度の知的障害をともなうといわれる[13]。この障害は3歳未満で発見されるが、それ以上の年齢に成長するまで気づかれない場合も多い。乳幼児期から社会的微笑を見せず、抱き上げられることを期待する態度もとらないことも多い。視線を合わせることが少なく愛着行動がみられない。生活において重要な親やきょうだい、教師を認識したり区別したりすることができない。つまり仲間と遊んだり人間関係をつくったりすることは顕著に少ない。「心の理論」が欠如しているため、他者の行動が解釈できず、社会的対応はぎこちなく不適切である。習慣には固執を示し、中断されると非常に強い不安を示す。言語的能力を要する課題より視覚空間の課題の能力に優れている。これらの特徴を活用した発達支援プログラムとして、TEACCH[14]があって、1日の予定をボードに文字とともに絵で時系列的に示して、ひとつの活動ごとにボードを見ながら確認してゆくことで生活を行なうようにしてゆく方法論である。

②アスペルガー障害（Asperger's disorder）

自閉症ほど、言語、認知、自助能力の遅れや障害は示さない。社会相互関係の障害や限定された行動、興味・活動の重度な障害を示す。IQは正常で、よくしゃべり知的である場合が多いが、他者との関係がぎこちなく人づきあいが苦手で、内気であって、非論理的な思考を示すことが多い。つまり他者と楽しんだり、興味や達成感を分かち合ったりしない。機能的でない習慣や儀式にかたくなにこだわることがある。

(3) AD/HD（Attention Deficit/ Hyperactivity Disorder 注意欠陥／多動性症候群）

　AD/HDの症状には、忘れ物が多い、落ち着きがない、衝動的などがある。放置すれば身の回りの生活習慣の形成もできず課題をこなすこともできない。かつては、この症状をもつ子どもも学業不振からLDと診断されたこともあったが、多動などの原因によって学習をする状態にいたっていないことが明らかになった。したがってLDでの認知的な学習困難とは異なる。男児に多いため、かつては「男の子だから元気で」「男の子だからやんちゃで」といわれ、見過ごされることが多かった。司馬理恵子は、この症状の現われ方によって、二つの異なったタイプがあることを紹介している。それらは、藤子不二雄の人気漫画の登場人物をヒントとして、のび太・ジャイアン症候群と称されて著されている。ここにはさらにもうひとつのタイプについて記載した。

①注意欠陥型（のび太型）

　藤子不二雄が自らの子ども期を思い出して、「のび太であった」と述べたように、この症状を示す子どもは、目標に向かう努力は持続しないし、適切な判断能力もないことをアニメのなかで現わしている。したがってこのタイプの子どもは課題を遂行することができないので自己嫌悪に陥ることがある。放置すると鬱的な症状になったり、失敗や途中の断念あるいは叱責を恐れたりして、何事にも取り組まなくなる可能性もある。このタイプには、何か物事を達成したときにほめる必要がある。

②衝動型（ジャイアン型）

　この子どもは、衝動的な行動ゆえ叱責を幾度も受けるが、短絡的に逆恨みをもったりして、けんかや暴力的な行為を頻繁に起こす傾向がある。女子の場合は行動が男子より穏やかであるが、いじわるや排除の行為を行なう。放置したり、しつけの方法を間違ったりすると、CDとなり成人に達するときには反社会性人格障害となる恐れがある。それを防ぐには、暴力的なしつけはせずに、我慢すること、待つことなどを忍耐強く教育する必要がある。

③多動型[15]

まるでエンジンでうごかされるように活動し、落ち着きがなく、じっとしていることがない。概しておしゃべりの傾向がある。このタイプの子どもに、衝動性が加わると、危険を顧みずに種々の行動（たとえば遠足で山登りのときに許可なく木に登ってしまう）などの行動があって、怪我をすることが多く、事故にあったり生命の危機にさらされたりすることもある。多動性を抑えるために、落ち着きを維持する耐性を培う訓練を行なったり、この子どもの周囲には落ち着きのある子どもを配置するよう配慮したりする方策がある。

これらの症状の子をもつ親には、かつて親のしつけが問われがちであったが、子どもを理解したうえでのしつけとともに、専門医による薬物療法の効果にゆだねる手段もある。薬物については、子どもの発達過程や落ち着き程度などによって調整し、成人に達する頃には必要となくなることも多い。さらに、因果関係は明確ではないが、脳の神経伝達物質に影響を及ぼす添加物を含む加工食品、着色料、保存料、砂糖の摂取を避けると症状が軽減するともいわれている。

これらの症状は、集団の場面では深刻であるが、1対1の面接場面では、目立たないこともある。さらに構造化された活動（スポーツ）では、衝動性や多動性の高い子どもは、かえって、症状が見出せないことがある。

(4) LD（Learning Disorder、Learning Disabilities 学習障害）

LDとは、感覚器官に器質的な問題がないのにもかかわらず、「読字」「書字」「算数・数学」に関して認知や理解の能力に障害が認められる場合をいう。1980年代まではAD/HDを混同して診断されたこともあったが、現在では厳密に分けて学習にかかわることだけをいう（Learning Disorder）。ここでの3タイプの能力障害は単独で生じることもあるが、複合して現れることもある。これらの症状によって、子どもは学業不振となって劣等感や欲求不満を感じたりする。さらにAD/HDなど他の精神疾患と合わせもつと、社会的認知・行動の発達に問題が生じることがある。したがって、それらを含めたものとして、あえてLDと称して対応している場合もある（Learning Disabilities）。

(5) CD（Conduct Disorder 行為障害）

　行為障害とは、他者の基本的人権または年齢相応の主要な社会的規範または規則を侵害することを反復・持続する行動様式である。軽症の段階でうそをつく行為が現れ、他者に対して、虚偽とともに、いじめ、脅迫、武器の使用などを行なう。また動物や人に対して身体的残酷さを示す。ここでの動物とは猫や犬などの愛玩の対象となる恒温動物をいう。その他に、盗み、物品の破壊、夜の外出、怠学などの行動を示すことがある。

　攻撃性を示す子どもは剛強な様相を誇示し、だれに対しても敵意を露骨に表すことがある。一方で暴力的手段を用いない子どもは、虚偽や自慢、意見をひるがえすなど言語的表現を駆使する傾向にある。虚偽の動機には、自己顕示性によって他者の賞賛や同情を得るため、他者の叱責・非難・罰の恐れからの回避をするため、集団内地位や物品を取得するため、他者への敵意や報復の手段として用いるため、などがある。

　この子どもは、自己愛的で、虚栄心が強く、他者から特別視されたい願望が強いため、弱者をいじめ人的環境を壊す。ただしみずからの言動を自分自身も信じ、演技も上手に行ない、強者に対して表面上は愛想がよく、従順にみられるために、この症状を示す子どもは、教師、親、あるいは本人より強い立場にいる仲間には、よい人物に映るので発見されにくい。よって、この子どもが放置されたままになると成人期には、反社会性人格障害にいたってしまう危険性も高い。

　行為障害には、専門家による診断・治療が必要で、薬物療法、家庭と地域社会の協力による治療プログラムが有効な手段となる。家庭状況に、深刻な夫婦の不和、望まれない妊娠により出生した子ども、親が反社会性人格障害やアルコール依存、親に養育怠慢や拒否あるいは子どもへの虐待などがみられることがある。そのときには、親に対する精神医学的評価と治療などの対処を行なってCDを悪化させる原因となる要素を取り除く。

　過去の事例には児童相談所や児童精神科医などの専門家に相談しながらも、青少年が犯罪にいたったり、親が耐え切れずに虐待が重篤となって致死にい

たる事件となった例が生じていたりしたことがあったので、迅速に対応できる組織・制度のさらなる整備の充実とともに親への教育・啓蒙が望まれる。

5 教育相談の課題

　かつての課題としては、担当者の専門家としての養成が要請されていた。それに応えるべく、現代では種々の資格を修得すべく種々の方策が行なわれている（第3節参照）。つまり有資格専門家の養成校や養成ための講習・研究会などがあるので、有資格の担当者は存在している。しかしながら課題としては、有資格者を雇用する相談機関数が少ない、あるいは専門家を多く必要とする社会的要請や現場の声があっても、自治体などの予算関係から、担当者となるべき人材が雇用されない、たとえ採用枠があっても、狭き門であって、有資格者が就業できず、社会的ニーズに応えられないという問題が噴出している。

　技法については、有資格者については、その資格・免許が更新性になっているため、それとのかかわりがある。すなわち資格・免許状更新に向けて一定の講習・研修会があるため、担当者の技法についてはある程度の水準は確保されている。ただし相談者の年齢段階の違いによって、あるいは相談者の症状によって、その技法を使い分ける必要がある。つまり教育相談担当者の技術的専門性の分化が社会的要請として強くなる可能性がある。教育相談には限界がある。つまりある特定の症状については、とくに器質的な障害や脳内伝達物質によるものであったりすると医療的・薬物療法の必要がある。つまり教育・心理・医療・福祉さらには行政との連携・協力体制が必要となる。

　専門家集団にかかわることとしては、教育相談に携わる資格が数種あるが、これらの資格がどのような子どもに対応するのが適切であるのか、そのすみわけと協力体制を作り上げることが課題となる。さらに学校現場での包括的総合的な教育相談が可能であるのか、複数種の専門家の常駐や巡回が必要となる。また担当者の複合的な役割がどのような形態で行なってゆけるのかが問題となっている。つまり、教育相談のカウンセラーとしての役割はもちろ

第11章　教育相談の理論と実践

んのこと、それを実施するにあたってのプロモーターやインテグレーター的な役割をどのように分担してゆくかなど構造化がまだされていないとの指摘もある。

注
1) 専門的相談者にカウンセラーを用いることがあるが、心理療法の専門家でなければコンサルタントを用いるべきであるといわれる。たとえば「住まいのカウンセラー」という言葉が使用されることがあるが、これは「住まいのコンサルタント」という表現にしたほうがよいとされる。
2) いじめに対する対応：いじめは「自分よりも弱いものに対して一方的に、身体的・心理的な攻撃を継続的に加え、相手が深刻な苦痛を感じているもの」（文部省、1999）と定義されている。日本でのいじめの発生は1980年代から社会的に言われはじめた。それまでは、いじめられるものに原因があるなどという理由をつけられて対処がされていなかったところがあったが、そのころから予防のための教育やそれが生じた時の対応が、学校でホームルームや生徒指導を通して実施されるようになった。それによって、いじめは教室内などの一応可視的なものは減少したが、教師の視野にはいらないところで拡大し、より悪質化しているともいわれる。たとえばインターネット上など、潜在的に、広範囲の不特定多数のものが特定のものを匿名で攻撃するようになった。

　　いじめの予防には、他者とのかかわりを学ぶことと自己理解の両面があるので、構成的グループ・エンカウンターが有効かもしれない。いじめが発見されたときの対応としては、いじめをした子どもといじめられた子どもをそれぞれ別々に指導や助言を行なうことになる。つまり両者を同時に呼び出して、いじめをした子どもを叱って謝罪させたとしても、その謝罪は、教師の目前であるからゆえに、いじめをした子どもによって形骸化したものに終わる可能性がある。そうするといじめをした子どもには、反省の意識は生じてこないし、その子どもは形式的謝罪を行なうことによって、かえってその行為によって、逆恨みを生じさせてしまい、いじめ行為がより悪化することがある。

　　いじめられた子どもには、心理的外傷を癒すことが必要となる。つまりいじめが長期にわたっていた場合は、いじめられた子どもが自己に対して無価値であるかのような負の自己概念を形成している可能性があるからである。このようなときには、その子どもを受容し、共感し、価値のある人物である者として尊重する。すなわち来談者中心カウンセリングの基本的態度を実践する。これによっていじめを受けた子どもが自己のすべてを話す雰囲気ができて、自己を価値ある人間であるとみなせるようにしてゆく。かつてみられた誤った対応としては、「い

じめられる者にもよくないところがあった」として教師がみなしてしまったことにある。旧文部省もいうように、いじめは、いじめられた子どもがどのように受けとったかが問題であって、他者が決定するものではない。たといいじめられた子どもに、何らかの行動、たとえばゆっくりした動き、清潔でないなどがみられたとしても、それをいじめとは切り離して、それを口実にしてはならないし、させてはならない。このような口実をゆるしてしまうと基本的態度が偽りとなって、いじめを受けた子どもがより深刻な精神状況に追い込まれてしまうことになる。すなわち教師は、いじめを許さない態度でいじめられた子どもを守ることを提示することが重要となる。

　一方で、いじめを行なった子どもへの対応も共感的理解や無条件の尊重の態度で接する。ただしここでの共感的理解は、いじめの行為を許容することではない。つまりいじめを行なった子どもが、それにいたるまでにどのような状況があったかを理解することである。いじめを行なった子どもの心理的背景を理解して、指導していく。いじめを行なうにいたる原因を解明するためには、精神分析の理論も役に立つ。つまりそこにいたるにはそれまでの何らかの欲求充足を得られない状況があった。それゆえに攻撃性を他者に向けていたと解釈できる。したがってその原因となる発達過程で達成できなかった課題を発見する必要があるかもしれない。つまりいじめ行為とともにこの心理的問題に取り組むことによって、いじめを行なった子どもが、発見されたいじめが解決した後でも、他の問題を生じさせないようにする。さらにいじめは触法行為にいたることもありうるので、ひとりの教師が抱え込むのではなく、学校の教師集団、さらには児童相談所などの専門家集団、そして警察などの外部の専門機関からの支援が必要ともなる。

3) 不登校は、しばしば、いじめと並んで同列に扱われることがあるが、その機序は異なるし、その発生数は文部科学省の学校基本調査などの統計資料からは不登校の方が多いとされる。しかも不登校は増加しつづけていて、いじめのような減少傾向がみられない。その原因については、生理的・精神的要因、環境的要因など、それらも種々あって、その追求や一般化には限界があるとされている。そのような多様な不登校にどのように適切に対処していくかに焦点があてられてきている。すなわち病理的なものをのぞくと、ひきこもりや中途退学も包括してとらえていかねばならないが、その実態は複合的な要因もあってあまりにも解明しにくい。
4) 本章では便宜上セラピストが適切と考えられる箇所もカウンセラーとして示した。
5) 1997 (平成9) 年日本教育心理学会によって開始され、2001年に日本特殊教育学会、日本発達障害学会、日本発達心理学会、日本LD学会との共同で学校心理士機構を設立した。資格申請者の学会所属は問わない完全オープン制を実施している。
6) 日本感情心理学会、日本教育心理学会、日本性格心理学会、日本発達心理学会の4学会共同の認定資格。

第 11 章　教育相談の理論と実践　　　　　　　　　　　　　　　　　　　　　　197

7) ひとの人格の構造はイド（es）、エゴ（ich 自我）、スーパーエゴ（Über ich 超自我）から成り立ち、イドはリビドーの根源であって、スーパーエゴは社会倫理を内在化したものである。イドとスーパーエゴは相反するものであるので、それらを制御していくのがエゴになる。イドを抑制すると欲求不満になることにもなるが、欲求のままに行動すると社会に受入れられない。その欲求が充足されないときに、自己を制御していく機序が防衛機制である。
8) 当時はウィリアムソンの指示的カウンセリングがあって、助言や指導を与える方法論を用いていた。これに対してロジャースの方法は非指示的カウンセリングとよばれた。
9) 来談者の心理的問題は、現実の自己状況と自己の理想（自己欲求）の状況とに不一致の状況が著しく大きくなった状況になって、自己状況の充足が非常に図れないときに生じる。
10) グループカウンセリングには、モレノ、J.の心理劇や精神分析派、アドラー派、ロジャース派などの立場がある。
11) ベーシックグループ・エンカウンターと呼ばれることもある。
12) ほかにも小児性崩壊性障害(ヘラー症候群、崩壊性精神病)、レット障害などがある。
13) 以前の研究では社会・経済的地位の高い層によくみられるといわれてきたが、これはこの階層が専門医を受診する傾向が多かったからである、といわれる。現在では社会的・経済的地位との関連についての研究はみられない。
14) Treatment and Education of Autistic and related Communication handicapped Children 自閉症およびコミュニケーション障害の治療と教育を行ない、視覚的情報を使用したスケジュールやワークを行なって生活の質の向上をねらう。
15) さくらもも子「ちびまる子ちゃん」に登場してくる人物「山田笑太」の言動に近似し、「クラスで一番明るい男の子で、勉強はできず宿題はせず試験は 0 点……心のままに生きていて……よく笑う」（豆大福プロダクション『ちびまる子ちゃん記念館』フジテレビ出版、2000 年）と記述されている。主人公まる子が「おもしろいやつだよね」と言及する場面があるが、詳しくその言動について触れているわけではない。したがって、「山田笑太」の言動は誇張されているものであってモデルとなった実際の人物のパーソナリティとは異なるかもしれない。ゆえに「のび太、ジャイアン」ほどに典型的な AD/HD のタイプに該当するかは定かではない。
16) 施設にいる子どもにも活動過多で、注意持続の困難なことが多い。ただしこの場合は情緒的発達が長引いていた結果なので、里親の決定など剥奪の要因がなくなれば、その行動はなくなる。一方で、家庭内不和などによって不安などの精神的ストレスを引き起こす原因があれば、AD/HD の症状を強く発現させたり永続させたりする。

17）メチルフェネデート（リタリン）が一部の AD/HD に有効とされる。近年はこの薬物の対象となるもの以外の者が乱用する事件が発生している。

参考文献

安彦忠彦・新井郁男・飯長喜一郎・井口磯夫・木原孝博・児島邦宏・堀口秀嗣『新版学校教育学大事典』ぎょうせい、2002 年。

牛島義友・阪本一郎・中野佐三・波多野完治・依田新編『教育学新辞典』金子書房、1968 年。

氏原寛・亀口憲治・成田義弘・東山紘久・山中康裕『心理臨床大事典』改訂版、培風館、2004 年。

河合隼雄・水島恵一・村瀬孝雄ら『臨床心理学大系　第 9 巻　心理療法③』金子書房、1989 年。

学校心理士資格認定委員会『学校心理学ガイドブック』第 2 版、風間書房、2007 年。

クラウス、M・H／ケネル、J・H『親と子のきずな』竹内徹・柏木哲夫・横尾京子訳、医学書院、1985 年。

黒田実郎編『乳幼児発達事典』岩崎学術出版、1985 年。

サドック、B・J／サドック、V・A『カプラン臨床精神医学テキスト DSM-Ⅳ-TR 診断基準の臨床への展開』第 2 版、上令一・四宮滋子訳、メディカル・サイエンス・インターナショナル、2004 年。

佐野茂「学校カウンセリングと生徒指導」武安宥ほか編『人間形成のイデア』改訂版、昭和堂、2008 年。

司馬理恵子『のび太・ジャイアン症候群』主婦の友社、1997 年。

中西信男・古市裕一・佐方哲彦・三川俊樹『子どものためのカウンセリング』有斐閣、1985 年。

西本望「人間形成の心理学的基底」武安宥ほか編『人間形成のイデア』改訂版、昭和堂、2008 年。

日本教育心理学会『教育心理学ハンドブック』有斐閣、2003 年。

細谷俊夫・奥田真丈・河野重男・今野喜清『新教育学大事典』第一法規、1990 年。

資 料

日本国憲法
(抜粋)

(昭和21年11月3日公布)

〔学問の自由〕
第23条 学問の自由は、これを保障する。
〔教育を受ける権利、義務教育〕
第26条 すべて国民は、法律の定めるところにより、その能力に応じて、ひとしく教育を受ける権利を有する。
2 すべて国民は、法律の定めるところにより、その保護する子女に普通教育を受けさせる義務を負ふ。義務教育は、これを無償とする。

教育基本法
(全文)

(平成18年12月22日法律第120号)

我々日本国民は、たゆまぬ努力によって築いてきた民主的で文化的な国家を更に発展させるとともに、世界の平和と人類の福祉の向上に貢献することを願うものである。
　我々は、この理想を実現するため、個人の尊厳を重んじ、真理と正義を希求し、公共の精神を尊び、豊かな人間性と創造性を備えた人間の育成を期するとともに、伝統を継承し、新しい文化の創造を目指す教育を推進する。ここに、我々は、日本国憲法の精神にのっとり、我が国の未来を切り拓く教育の基本を確立し、その振興を図るため、この法律を制定する。

第1章　教育の目的及び理念

〔教育の目的〕
第1条　教育は、人格の完成を目指し、平和で民主的な国家及び社会の形成者として必要な資質を備えた心身ともに健康な国民の育成を期して行われなければならない。
〔教育の目標〕
第2条　教育は、その目的を実現するため、学問の自由を尊重しつつ、次に掲げる目標を達成するよう行われるものとする。
一　幅広い知識と教養を身に付け、真理を求める態度を養い、豊かな情操と道徳心を培うとともに、健やかな身体を養うこと。
二　個人の価値を尊重して、その能力を伸ばし、創造性を培い、自主及び自律

の精神を養うとともに、職業及び生活との関連を重視し、勤労を重んずる態度を養うこと。
三　正義と責任、男女の平等、自他の敬愛と協力を重んずるとともに、公共の精神に基づき、主体的に社会の形成に参画し、その発展に寄与する態度を養うこと。
四　生命を尊び、自然を大切にし、環境の保全に寄与する態度を養うこと。
五　伝統と文化を尊重し、それらをはぐくんできた我が国と郷土を愛するとともに、他国を尊重し、国際社会の平和と発展に寄与する態度を養うこと。

〔生涯学習の理念〕
第3条　国民一人一人が、自己の人格を磨き、豊かな人生を送ることができるよう、その生涯にわたって、あらゆる機会に、あらゆる場所において学習することができ、その成果を適切に生かすことのできる社会の実現が図られなければならない。

〔教育の機会均等〕
第4条　すべて国民は、ひとしく、その能力に応じた教育を受ける機会を与えられなければならず、人種、信条、性別、社会的身分、経済的地位又は門地によって、教育上差別されない。
2　国及び地方公共団体は、障害のある者が、その障害の状態に応じ、十分な教育を受けられるよう、教育上必要な支援を講じなければならない。
3　国及び地方公共団体は、能力があるにもかかわらず、経済的理由によって修学が困難な者に対して、奨学の措置を講じなければならない。

第2章　教育の実施に関する基本

〔義務教育〕
第5条　国民は、その保護する子に、別に法律で定めるところにより、普通教育を受けさせる義務を負う。
2　義務教育として行われる普通教育は、各個人の有する能力を伸ばしつつ社会において自立的に生きる基礎を培い、また、国家及び社会の形成者として必要とされる基本的な資質を養うことを目的として行われるものとする。
3　国及び地方公共団体は、義務教育の機会を保障し、その水準を確保するため、適切な役割分担及び相互の協力の下、その実施に責任を負う。
4　国又は地方公共団体の設置する学校における義務教育については、授業料を徴収しない。

〔学校教育〕
第6条　法律に定める学校は、公の性質を有するものであって、国、地方公共団体及び法律に定める法人のみが、これを設置することができる。
2　前項の学校においては、教育の目標が達成されるよう、教育を受ける者の心身の発達に応じて、体系的な教育が組織的に行われなければならない。この場合において、教育を受ける者が、学校生活を営む上で必要な規律を重んずるとともに、自ら進んで学習に取り組む意欲を高めることを重視して行われなければならない。
（第9条として条立て）

〔大学〕
第7条　大学は、学術の中心として、高い

教養と専門的能力を培うとともに、深く真理を探究して新たな知見を創造し、これらの成果を広く社会に提供することにより、社会の発展に寄与するものとする。

2　大学については、自主性、自律性その他の大学における教育及び研究の特性が尊重されなければならない。

〔私立学校〕

第8条　私立学校の有する公の性質及び学校教育において果たす重要な役割にかんがみ、国及び地方公共団体は、その自主性を尊重しつつ、助成その他の適当な方法によって私立学校教育の振興に努めなければならない。

〔教員〕

第9条　法律に定める学校の教員は、自己の崇高な使命を深く自覚し、絶えず研究と修養に励み、その職責の遂行に努めなければならない。

2　前項の教員については、その使命と職責の重要性にかんがみ、その身分は尊重され、待遇の適正が期せられるとともに、養成と研修の充実が図られなければならない。

〔家庭教育〕

第10条　父母その他の保護者は、子の教育について第一義的責任を有するものであって、生活のために必要な習慣を身に付けさせるとともに、自立心を育成し、心身の調和のとれた発達を図るよう努めるものとする。

2　国及び地方公共団体は、家庭教育の自主性を尊重しつつ、保護者に対する学習の機会及び情報の提供その他の家庭教育を支援するために必要な施策を講ずるよう努めなければならない。

〔幼児期の教育〕

第11条　幼児期の教育は、生涯にわたる人格形成の基礎を培う重要なものであることにかんがみ、国及び地方公共団体は、幼児の健やかな成長に資する良好な環境の整備その他適当な方法によって、その振興に努めなければならない。

〔社会教育〕

第12条　個人の要望や社会の要請にこたえ、社会において行われる教育は、国及び地方公共団体によって奨励されなければならない。

2　国及び地方公共団体は、図書館、博物館、公民館その他の社会教育施設の設置、学校の施設の利用、学習の機会及び情報の提供その他の適当な方法によって社会教育の振興に努めなければならない。

〔学校、家庭及び地域住民等の相互の連携協力〕

第13条　学校、家庭及び地域住民その他の関係者は、教育におけるそれぞれの役割と責任を自覚するとともに、相互の連携及び協力に努めるものとする。

〔政治教育〕

第14条　良識ある公民として必要な政治的教養は、教育上尊重されなければならない。

2　法律に定める学校は、特定の政党を支持し、又はこれに反対するための政治教育その他政治的活動をしてはならない。

〔宗教教育〕

第15条　宗教に関する寛容の態度、宗教に関する一般的な教養及び宗教の社会生活における地位は、教育上尊重されなければならない。

2　国及び地方公共団体が設置する学校は、

特定の宗教のための宗教教育その他宗教的活動をしてはならない。

第3章　教育行政

〔教育行政〕
第16条　教育は、不当な支配に服することなく、この法律及び他の法律の定めるところにより行われるべきものであり、教育行政は、国と地方公共団体との適切な役割分担及び相互の協力の下、公正かつ適正に行われなければならない。
2　国は、全国的な教育の機会均等と教育水準の維持向上を図るため、教育に関する施策を総合的に策定し、実施しなければならない。
3　地方公共団体は、その地域における教育の振興を図るため、その実情に応じた教育に関する施策を策定し、実施しなければならない。
4　国及び地方公共団体は、教育が円滑かつ継続的に実施されるよう、必要な財政上の措置を講じなければならない。

〔教育振興基本計画〕
第17条　政府は、教育の振興に関する施策の総合的かつ計画的な推進を図るため、教育の振興に関する施策についての基本的な方針及び講ずべき施策その他必要な事項について、基本的な計画を定め、これを国会に報告するとともに、公表しなければならない。
2　地方公共団体は、前項の計画を参酌し、その地域の実情に応じ、当該地方公共団体における教育の振興のための施策に関する基本的な計画を定めるよう努めなければならない。

第4章　法令の制定

第18条　この法律に規定する諸条項を実施するため、必要な法令が制定されなければならない。

　　　　　附　則（抄）

（施行期日）
1　この法律は、公布の日から施行する。

学校教育法
（抜粋）

（昭和22年3月31日法律第26号）
最終改正：平成19年6月27日法98

第1章　総則

〔学校の範囲〕
第1条　この法律で、学校とは、幼稚園、小学校、中学校、高等学校、中等教育学校、特別支援学校、大学及び高等専門学校とする。

〔学校の設置者〕
第2条　学校は、国（国立大学法人法（平成15年法律第112号）第2条第1項に規定する国立大学法人及び独立行政法人国立高等専門学校機構を含む。以下同じ。）、地方公共団体（地方独立行政法人法（平成15年法律第118号）第68条第1項に規定する公立大学法人を含む。次項において同じ。）及び私立学校法第3

条に規定する学校法人（以下学校法人と称する。）のみが、これを設置することができる。
2　この法律で、国立学校とは、国の設置する学校を、公立学校とは、地方公共団体の設置する学校を、私立学校とは、学校法人の設置する学校をいう。
〔学校の管理・経費の負担〕
第5条　学校の設置者は、その設置する学校を管理し、法令に特別の定のある場合を除いては、その学校の経費を負担する。
〔授業料〕
第6条　学校においては、授業料を徴収することができる。ただし、国立又は公立の小学校及び中学校、中等教育学校の前期課程又は特別支援学校の小学部及び中学部における義務教育については、これを徴収することができない。
〔校長・教員〕
第7条　学校には、校長及び相当数の教員を置かなければならない。
〔校長・教員の欠格事由〕
第9条　次の各号のいずれかに該当する者は、校長又は教員となることができない。
一　成年被後見人又は被保佐人
二　禁錮以上の刑に処せられた者
三　教育職員免許法第10条第1項第2号又は第3号に該当することにより免許状がその効力を失い、当該失効の日から3年を経過しない者
四　教育職員免許法第11条第1項から第3項までの規定により免許状取上げの処分を受け、3年を経過しない者
五　日本国憲法施行の日以後において、日本国憲法又はその下に成立した政府を暴力で破壊することを主張する政党その他の団体を結成し、又はこれに加入した者
〔学生・生徒等の懲戒〕
第11条　校長及び教員は、教育上必要があると認めるときは、文部科学大臣の定めるところにより、児童、生徒及び学生に懲戒を加えることができる。ただし、体罰を加えることはできない。
〔健康診断等〕
第12条　学校においては、別に法律で定めるところにより、幼児、児童、生徒及び学生並びに職員の健康の保持増進を図るため、健康診断を行い、その他その保健に必要な措置を講じなければならない。

第2章　義務教育

第16条　保護者（子に対して親権を行う者（親権を行う者のないときは、未成年後見人）をいう。以下同じ。）は、次条に定めるところにより、子に9年の普通教育を受けさせる義務を負う。
第17条　保護者は、子の満6歳に達した日の翌日以後における最初の学年の初めから、満12歳に達した日の属する学年の終わりまで、これを小学校又は特別支援学校の小学部に就学させる義務を負う。ただし、子が、満12歳に達した日の属する学年の終わりまでに小学校又は特別支援学校の小学部の課程を修了しないときは、満15歳に達した日の属する学年の終わり（それまでの間において当該課程を修了したときは、その修了した日の属する学年の終わり）までとする。
2　保護者は、子が小学校又は特別支援学校の小学部の課程を修了した日の翌日以

後における最初の学年の初めから、満15歳に達した日の属する学年の終わりまで、これを中学校、中等教育学校の前期課程又は特別支援学校の中学部に就学させる義務を負う。

3　前2項の義務の履行の督促その他これらの義務の履行に関し必要な事項は、政令で定める。

第3章　幼稚園

第22条　幼稚園は、義務教育及びその後の教育の基礎を培うものとして、幼児を保育し、幼児の健やかな成長のために適当な環境を与えて、その心身の発達を助長することを目的とする。

第23条　幼稚園における教育は、前条に規定する目的を実現するため、次に掲げる目標を達成するよう行われるものとする。

一　健康、安全で幸福な生活のために必要な基本的な習慣を養い、身体諸機能の調和的発達を図ること。

二　集団生活を通じて、喜んでこれに参加する態度を養うとともに家族や身近な人への信頼感を深め、自主、自律及び協同の精神並びに規範意識の芽生えを養うこと。

三　身近な社会生活、生命及び自然に対する興味を養い、それらに対する正しい理解と態度及び思考力の芽生えを養うこと。

四　日常の会話や、絵本、童話等に親しむことを通じて、言葉の使い方を正しく導くとともに、相手の話を理解しようとする態度を養うこと。

五　音楽、身体による表現、造形等に親しむことを通じて、豊かな感性と表現力の芽生えを養うこと。

第25条　幼稚園の教育課程その他の保育内容に関する事項は、第22条及び第23条の規定に従い、文部科学大臣が定める。

第26条　幼稚園に入園することのできる者は、満3歳から、小学校就学の始期に達するまでの幼児とする。

第27条　幼稚園には、園長、教頭及び教諭を置かなければならない。

2　幼稚園には、前項に規定するもののほか、副園長、主幹教諭、指導教諭、養護教諭、栄養教諭、事務職員、養護助教諭その他必要な職員を置くことができる。

3　第1項の規定にかかわらず、副園長を置くときその他特別の事情のあるときは、教頭を置かないことができる。

4　園長は、園務をつかさどり、所属職員を監督する。

5　副園長は、園長を助け、命を受けて園務をつかさどる。

6　教頭は、園長（副園長を置く幼稚園にあつては、園長及び副園長）を助け、園務を整理し、及び必要に応じ幼児の保育をつかさどる。

7　主幹教諭は、園長（副園長を置く幼稚園にあつては、園長及び副園長）及び教頭を助け、命を受けて園務の一部を整理し、並びに幼児の保育をつかさどる。

8　指導教諭は、幼児の保育をつかさどり、並びに教諭その他の職員に対して、保育の改善及び充実のために必要な指導及び助言を行う。

9　教諭は、幼児の保育をつかさどる。

10　特別の事情のあるときは、第1項の規定にかかわらず、教諭に代えて助教諭又

は講師を置くことができる。

11　学校の実情に照らし必要があると認めるときは、第7項の規定にかかわらず、園長（副園長を置く幼稚園にあつては、園長及び副園長）及び教頭を助け、命を受けて園務の一部を整理し、並びに幼児の養護又は栄養の指導及び管理をつかさどる主幹教諭を置くことができる。

　　　　第4章　小学校

〔目的〕
第29条　小学校は、心身の発達に応じて、義務教育として行われる普通教育のうち基礎的なものを施すことを目的とする。
〔目標〕
第30条　小学校における教育は、前条に規定する目的を実現するために必要な程度において第21条各号に掲げる目標を達成するよう行われるものとする。
2　前項の場合においては、生涯にわたり学習する基盤が培われるよう、基礎的な知識及び技能を習得させるとともに、これらを活用して課題を解決するために必要な思考力、判断力、表現力その他の能力をはぐくみ、主体的に学習に取り組む態度を養うことに、特に意を用いなければならない。
〔体験活動〕
第31条　小学校においては、前条第1項の規定による目標の達成に資するよう、教育指導を行うに当たり、児童の体験的な学習活動、特にボランティア活動など社会奉仕体験活動、自然体験活動その他の体験活動の充実に努めるものとする。この場合において、社会教育関係団体その他の関係団体及び関係機関との連携に十分配慮しなければならない。
〔修業年限〕
第32条　小学校の修業年限は、6年とする。
〔教育課程〕
第33条　小学校の教育課程に関する事項は、第29条及び第30条の規程に従い、文部科学大臣が定める。
〔教科用図書・教材〕
第34条　小学校においては、文部科学大臣の検定を経た教科用図書又は文部科学省が著作の名義を有する教育用図書を使用しなければならない。
2　前項の教科用図書以外の図書その他の教材で、有益適切なものは、これを使用することができる。
3　第1項の検定の申請に係る教科用図書に関し調査審議させるための審議会等（国家行政組織法（昭和23年法律第120号）第8条に規定する機関をいう。以下同じ。）については、政令で定める。
〔児童の出席停止〕
第35条　市町村の教育委員会は、次に掲げる行為の一又は二以上を繰り返し行う等性行不良であつて他の児童の教育に妨げがあると認める児童があるときは、その保護者に対して、児童の出席停止を命ずることができる。
　一　他の児童に傷害、心身の苦痛又は財産上の損失を与える行為
　二　職員に傷害又は心身の苦痛を与える行為
　三　施設又は設備を損壊する行為
　四　授業その他の教育活動の実施を妨げる行為
2　市町村の教育委員会は、前項の規定に

より出席停止を命ずる場合には、あらかじめ保護者の意見を聴取するとともに、理由及び期間を記載した文書を交付しなければならない。
3 前項に規定するもののほか、出席停止の命令の手続に関し必要な事項は、教育委員会規則で定めるものとする。
4 市町村の教育委員会は、出席停止の命令に係る児童の出席停止の期間における学習に対する支援その他の教育上必要な措置を講ずるものとする。

〔学齢未満子女の入学停止〕
第36条 学齢に達しない子は、小学校に入学させることができない。

〔校長・教頭・教諭その他の職員〕
第37条 小学校には、校長、教頭、教諭、養護教諭及び事務職員を置かなければならない。
2 小学校には、前項に規定するもののほか、副校長、主幹教諭、指導教諭、栄養教諭その他必要な職員を置くことができる。
3 第1項の規定にかかわらず、副校長を置くときその他特別の事情のあるときは教頭を、養護をつかさどる主幹教諭を置くときは養護教諭を、特別の事情のあるときは事務職員を、それぞれ置かないことができる。
4 校長は、校務をつかさどり、所属職員を監督する。
5 副校長は、校長を助け、命を受けて校務をつかさどる。
6 副校長は、校長に事故があるときはその職務を代理し、校長が欠けたときはその職務を行う。この場合において、副校長が2人以上あるときは、あらかじめ校長が定めた順序で、その職務を代理し、又は行う。
7 教頭は、校長（副校長を置く小学校にあつては、校長及び副校長）を助け、校務を整理し、及び必要に応じ児童の教育をつかさどる。
8 教頭は、校長（副校長を置く小学校にあつては、校長及び副校長）に事故があるときは校長の職務を代理し、校長（副校長を置く小学校にあつては、校長及び副校長）が欠けたときは校長の職務を行う。この場合において、教頭が2人以上あるときは、あらかじめ校長が定めた順序で、校長の職務を代理し、又は行う。
9 主幹教諭は、校長（副校長を置く小学校にあつては、校長及び副校長）及び教頭を助け、命を受けて校務の一部を整理し、並びに児童の教育をつかさどる。
10 指導教諭は、児童の教育をつかさどり、並びに教諭その他の職員に対して、教育指導の改善及び充実のために必要な指導及び助言を行う。
11 教諭は、児童の教育をつかさどる。
12 養護教諭は、児童の養護をつかさどる。
13 栄養教諭は、児童の栄養の指導及び管理をつかさどる。
14 事務職員は、事務に従事する。
15 助教諭は、教諭の職務を助ける。
16 講師は、教諭又は助教諭に準ずる職務に従事する。
17 養護助教諭は、養護教諭の職務を助ける。
18 特別の事情のあるときは、第1項の規定にかかわらず、教諭に代えて助教諭又は講師を、養護教諭に代えて養護助教諭を置くことができる。
19 学校の実情に照らし必要があると認めるときは、第9項の規定にかかわらず、

校長（副校長を置く小学校にあつては、校長及び副校長）及び教頭を助け、命を受けて校務の一部を整理し、並びに児童の養護又は栄養の指導及び管理をつかさどる主幹教諭を置くことができる。
〔小学校設置義務〕
第38条　市町村は、その区域内にある学齢児童を就学させるに必要な小学校を設置しなければならない。
〔市町村学校組合〕
第39条　市町村は、適当と認めるときは、前条の規定による事務の全部又は一部を処理するため、市町村の組合を設けることができる。

第5章　中学校

〔目的〕
第45条　中学校は、小学校における教育基礎の上に、心身の発達に応じて、義務教育として行われる普通教育を施すことを目的とする。
〔目標〕
第46条　中学校における教育は、前条に規定する目的を実現するため、第21条各号に掲げる目標を達成するよう行われるものとする。
〔修業年限〕
第47条　中学校の修業年限は、3年とする。
〔教育課程〕
第48条　中学校の教育課程に関する事項は、第45条及び第46条の規定並びに次条において読み替えて準用する第30条第2項の規定に従い、文部科学大臣が定める。
〔準用規定〕

第49条　第30条第2項、第31条、第34条、第35条及び第37条から第44条までの規定は、中学校に準用する。この場合において、第30条第2項中「前項」とあるのは「第46条」と、第31条中「前条第1項」とあるのは「第46条」と読み替えるものとする。

第6章　高等学校

〔目的〕
第50条　高等学校は、中学校における教育の基礎の上に、心身の発達及び進路に応じて、高度な普通教育及び専門教育を施すことを目的とする。
〔目標〕
第51条　高等学校における教育は、前条に規定する目的を実現するため、次に掲げる目標を達成するよう行われるものとする。
　一　義務教育として行われる普通教育の成果を更に発展拡充させて、豊かな人間性、創造性及び健やかな身体を養い、国家及び社会の形成者として必要な資質を養うこと。
　二　社会において果たさなければならない使命の自覚に基づき、個性に応じて将来の進路を決定させ、一般的な教養を高め、専門的な知識、技術及び技能を習得させること。
　三　個性の確立に努めるとともに、社会について、広く深い理解と健全な批判力を養い、社会の発展に寄与する態度を養うこと。
〔学科及び教育課程〕
第52条　高等学校の学科及び教育課程に

関する事項は、前2条の規定及び第62条において読み替えて準用する第30条第2項の規定に従い、文部科学大臣が定める。

〔修業年限〕

第56条　高等学校の修業年限は、全日制の課程については、3年とし、定時制の課程及び通信制の課程については、3年以上とする。

〔入学資格〕

第57条　高等学校に入学することのできる者は、中学校若しくはこれに準ずる学校を卒業した者若しくは中等教育学校の前期課程を修了した者又は文部科学大臣の定めるところにより、これと同等以上の学力があると認められた者とする。

〔校長・教頭・教諭その他の職員〕

第60条　高等学校には、校長、教頭、教諭及び事務職員を置かなければならない。

2　高等学校には、前項に規定するもののほか、副校長、主幹教諭、指導教諭、養護教諭、栄養教諭、養護助教諭、実習助手、技術職員その他必要な職員を置くことができる。

3　第1項の規定にかかわらず、副校長を置くときは、教頭を置かないことができる。

4　実習助手は、実験又は実習について、教諭の職務を助ける。

5　特別の事情のあるときは、第1項の規定にかかわらず、教諭に代えて助教諭又は講師を置くことができる。

6　技術職員は、技術に従事する。

第7章　中等教育学校

〔目的〕

第63条　中等教育学校は、小学校における教育の基礎の上に、心身の発達及び進路に応じて、義務教育として行われる普通教育並びに高度な普通教育及び専門教育を一貫して施すことを目的とする。

〔目標〕

第64条　中等教育学校における教育は、前条に規定する目的を実現するため、次に掲げる目標を達成するよう行われるものとする。

一　豊かな人間性、創造性及び健やかな身体を養い、国家及び社会の形成者として必要な資質を養うこと。

二　社会において果たさなければならない使命の自覚に基づき、個性に応じて将来の進路を決定させ、一般的な教養を高め、専門的な知識、技術及び技能を習得させること。

三　個性の確立に努めるとともに、社会について、広く深い理解と健全な批判力を養い、社会の発展に寄与する態度を養うこと。

〔修業年限〕

第65条　中等教育学校の修業年限は、6年とする。

〔前期課程及び後期課程〕

第66条　中等教育学校の課程は、これを前期3年の前期課程及び後期3年の後期課程に区分する。

〔課程の目的及び目標〕

第67条　中等教育学校の前期課程における教育は、第63条に規定する目的のう

ち、小学校における教育の基礎の上に、心身の発達に応じて、義務教育として行われる普通教育を施すことを実現するため、第21条各号に掲げる目標を達成するよう行われるものとする。

2　中等教育学校の後期課程における教育は、第63条に規定する目的のうち、心身の発達及び進路に応じて、高度な普通教育及び専門教育を施すことを実現するため、第64条各号に掲げる目標を達成するよう行われるものとする。

〔校長・教頭・教諭その他の職員〕

第69条　中等教育学校には、校長、教頭、教諭、養護教諭及び事務職員を置かなければならない。

2　中等教育学校には、前項に規定するもののほか、副校長、主幹教諭、指導教諭、栄養教諭、実習助手、技術職員その他必要な職員を置くことができる。

3　第1項の規定にかかわらず、副校長を置くときは教頭を、養護をつかさどる主幹教諭を置くときは養護教諭を、それぞれ置かないことができる。

4　特別の事情のあるときは、第1項の規定にかかわらず、教諭に代えて助教諭又は講師を、養護教諭に代えて養護助教諭を置くことができる。

第8章　特別支援教育

第72条　特別支援学校は、視覚障害者、聴覚障害者、知的障害者、肢体不自由者又は病弱者（身体虚弱者を含む。以下同じ。）に対して、幼稚園、小学校、中学校又は高等学校に準ずる教育を施すとともに、障害による学習上又は生活上の困難を克服し自立を図るために必要な知識技能を授けることを目的とする。

第73条　特別支援学校においては、文部科学大臣の定めるところにより、前条に規定する者に対する教育のうち当該学校が行うものを明らかにするものとする。

第74条　特別支援学校においては、第72条に規定する目的を実現するための教育を行うほか、幼稚園、小学校、中学校、高等学校又は中等教育学校の要請に応じて、第81条第1項に規定する幼児、児童又は生徒の教育に関し必要な助言又は援助を行うよう努めるものとする。

第75条　第72条に規定する視覚障害者、聴覚障害者、知的障害者、肢体不自由者又は病弱者の障害の程度は政令で定める。

第76条　特別支援学校には、小学部及び中学部を置かなければならない。ただし、特別の必要のある場合においては、そのいずれかのみを置くことができる。

　　特別支援学校には、小学部及び中学部のほか、幼稚部又は高等部を置くことができ、また、特別の必要のある場合においては、前項の規定にかかわらず、小学部及び中学部を置かないで幼稚部又は高等部のみを置くことができる。

第77条　特別支援学校の幼稚部の教育課程その他の保育内容、小学部及び中学部の教育課程又は高等部の学科及び教育課程に関する事項は、幼稚園、小学校、中学校又は高等学校に準じて、文部科学大臣が定める。

第80条　都道府県は、その区域内にある学齢児童及び学齢生徒のうち、視覚障害者、聴覚障害者、知的障害者、肢体不自由者又は病弱者で、その障害が第75条

の政令で定める程度のものを就学させるに必要な特別支援学校を設置しなければならない。

第81条　幼稚園、小学校、中学校、高等学校及び中等教育学校においては、次項各号のいずれかに該当する幼児、児童及び生徒その他教育上特別の支援を必要とする幼児、児童及び生徒に対し、文部科学大臣の定めるところにより、障害による学習上又は生活上の困難を克服するための教育を行うものとする。

　小学校、中学校、高等学校及び中等教育学校には、次の各号のいずれかに該当する児童及び生徒のために、特別支援学級を置くことができる。

一　知的障害者
二　肢体不自由者
三　身体虚弱者
四　弱視者
五　難聴者
六　その他障害のある者で、特別支援学級において教育を行うことが適当なもの

　　前項に規定する学校においては、疾病により療養中の児童及び生徒に対して、特別支援学級を設け、又は教員を派遣し、教育を行うことができる。

学校教育法施行規則
(抜粋)

(昭和22年5月23日文部省令第11号)
最終改正：平成19年10月30日文令34

第1章　総則

第2節　校長及び教頭の資格
〔校長の資格〕
第8条　校長（学長及び高等専門学校の校長を除く。）の資格は、次の各号のいずれかに該当するものとする。

一　教育職員免許法（昭和24年法律第147号）による教諭の専修免許状又は一種免許状（高等学校及び中等教育学校の校長にあつては、専修免許状）を有し、かつ、次に掲げる職（以下「教育に関する職」という。）に5年以上あつたこと。

イ　学校教育法第1条に規定する学校及び同法第82条の2に規定する専修学校の校長の職

ロ　学校教育法第1条に規定する学校の教授、准教授、助教、教頭、教諭、助教諭、養護教諭、養護助教諭、講師（常時勤務の者に限る。）及び同法第82条の2に規定する専修学校の教員(以下本条中「教員」という。)の職

ハ　学校教育法第1条に規定する学校の事務職員（単純な労務に雇用される者を除く。本条中以下同じ。）、実習助手、寄宿舎指導員及び学校栄養

職員（学校給食法（昭和29年法律第160号）第5条の3に規定する職員をいい、同法第5条の2に規定する施設の当該職員を含む。）の職
　ニ　学校教育法第94条の規定により廃止された従前の法令の規定による学校及び旧教員養成諸学校官制（昭和21年勅令第208号）第1条の規定による教員養成諸学校の長の職
　ホ　前号に掲げる学校及び教員養成諸学校における教員及び事務職員に相当する者の職
　ヘ　海外に在留する邦人の子女のための在外教育施設（以下「在外教育施設」という。）で、文部科学大臣が小学校、中学校又は高等学校の課程と同等の課程を有するものとして認定したものにおけるイからハまでに掲げる者に準ずるものの職
　ト　ヘに規定する職のほか、外国の学校におけるイからハまでに掲げる者に準ずるものの職
　チ　少年院法（昭和23年法律第169号）による少年院又は児童福祉法（昭和22年法律第164号）による児童自立支援施設（児童福祉法等の一部を改正する法律（平成9年法律第74号）附則第7条第1項の規定により証明書を発行することができるもので、同条第2項の規定によりその例によることとされた同法による改正前の児童福祉法第48条第4項ただし書の規定による指定を受けたものを除く。）において教育を担当する者の職
　リ　イからチまでに掲げるもののほか、国又は地方公共団体において教育事務又は教育を担当する国家公務員又は地方公務員（単純な労務に雇用される者を除く。）の職
　ヌ　外国の官公庁におけるリに準ずる者の職
　二　教育に関する職に10年以上あつたこと

第3節　管　理
〔指導要録〕
第12条の3　校長は、その学校に在学する児童等の指導要録（学校教育法施行令第31条に規定する児童等の学習及び健康の状況を記録した書類の原本をいう。以下同じ。）を作成しなければならない。
2　校長は、児童等が進学した場合においては、その作成に係る当該児童等の指導要録の抄本又は写しを作成し、これを進学先の校長に送付しなければならない。
3　校長は、児童等が転学した場合においては、その作成に係る当該児童等の指導要録の写しを作成し、その写し（転学してきた児童等については転学により送付を受けた指導要録の写しを含む。）及び前項の抄本又は写しを転学先の校長に送付しなければならない。
〔懲戒〕
第13条　校長及び教員が児童等に懲戒を加えるに当つては、児童等の心身の発達に応ずる等教育上必要な配慮を加えなければならない。
2　懲戒のうち、退学、停学及び訓告の処分は、校長（大学にあつては、学長の委任を受けた学部長を含む。）がこれを行う。
3　前項の退学は、公立の小学校、中学校

（学校教育法第51条の10の規定により高等学校における教育と一貫した教育を施すもの（以下「併設型中学校」という。）を除く。）又は特別支援学校に在学する学齢児童又は学齢生徒を除き、次の各号のいずれかに該当する児童等に対して行うことができる。
一　性行不良で改善の見込がないと認められる者
二　学力劣等で成業の見込がないと認められる者
三　正当の理由がなくて出席常でない者
四　学校の秩序を乱し、その他学生又は生徒としての本分に反した者
五　第2項の停学は、学齢児童又は学齢生徒に対しては、行うことができない。

〔学校備付表簿〕
第15条　学校において備えなければならない表簿は、概ね次のとおりとする。
一　学校に関係のある法令
二　学則、日課表、教科用図書配当表、学校医執務記録簿、学校歯科医執務記録簿、学校薬剤師執務記録簿及び学校日誌
三　職員の名簿、履歴書、出勤簿並びに担任学級、担任の教科又は科目及び時間表
四　指導要録、その写し及び抄本並びに出席簿及び健康診断に関する表簿
五　入学者の選抜及び成績考査に関する表簿
六　資産原簿、出納簿及び経費の予算決定についての帳簿並びに図書機械器具、標本、模型等の教具の目録
七　往復文書処理簿
2　前項の表簿（第12条の3第2項の抄本又は写しを除く。）は、別に定めるもののほか、5年間、これを保存しなければならない。ただし、指導要録及びその写しのうち入学、卒業等の学籍に関する記録については、その保存期間は、20年間とする。
3　学校教育法施行令第31条の規定により指導要録及びその写しを保存しなければならない期間は、前項のこれらの書類の保存期間から当該学校においてこれらの書類を保存していた期間を控除した期間とする。

第2章　小学校

第1節　設備編制

〔設置基準〕
第16条　小学校の設備、編制その他設置に関する事項は、この節に定めるもののほか、小学校設置基準（平成14年文部科学省令第14号）の定めるところによる。

〔校務分掌の整備〕
第22条の2　小学校においては、調和のとれた学校運営が行われるためにふさわしい校務分掌の仕組みを整えるものとする。

第2節　教　科

〔教育課程の編成〕
第24条　小学校の教育課程は、国語、社会、算数、理科、生活、音楽、図画工作、家庭及び体育の各教科（以下本節中「各教科」という。）、道徳、特別活動並びに総合的な学習の時間によつて編成するものとする。
2　私立の小学校の教育課程を編成する場合は、前項の規定にかかわらず、宗教を

加えることができる。この場合において は、宗教をもつて前項の道徳に代えるこ とができる。
〔教育課程の基準〕
第25条　小学校の教育課程については、この節に定めるもののほか、教育課程の基準として文部科学大臣が別に公示する小学校学習指導要領によるものとする。
〔卒業証書〕
第28条　校長は、小学校の全課程を修了したと認めた者には、卒業証書を授与しなければならない。

　　　第4節　学年及び授業日
〔学年〕
第44条　小学校の学年は、4月1日に始まり、翌年3月31日に終る。
〔授業終始の時刻〕
第46条　授業終始の時刻は、校長が、これを定める。

　　　第6節　学校評価
第50条　小学校は、当該小学校の教育活動その他の学校運営の状況について、自ら評価を行い、その結果を公表するものとする。
2　前項の評価を行うに当たつては、小学校は、その実情に応じ、適切な項目を設定して行うものとする。

　　　第3章　中学校
〔教育課程の編成〕
第53条　中学校の教育課程は、必修教科、選択教科、道徳、特別活動及び総合的な学習の時間によつて編成するものとする。
2　必修教科は国語、社会、数学、理科、音楽、美術、保健体育、技術・家庭及び外国語（以下この条において「国語等」という。）の各教科とする。
3　選択教科は、国語等の各教科及び第54条の2に規定する中学校学習指導要領で定めるその他特に必要な教科とし、これらのうちから地域及び学校の実態並びに生徒の特性その他の事情を考慮して設けるものとする。
〔授業時数〕
第54条　中学校（併設型中学校を除く。）の各学年における必修教科、道徳、特別活動及び総合的な学習の時間のそれぞれの授業時数、各学年における選択教科等に充てる授業時数並びに各学年におけるこれらの総授業時数は、別表第2に定める授業時数を標準とする。
〔教育課程の基準〕
第54条の2　中学校の教育課程については、この章に定めるもののほか、教育課程の基準として文部科学大臣が別に公示する中学校学習指導要領によるものとする。
〔進学生徒の調査書等の送付〕
第54条の4　校長は、中学校卒業後、高等学校、高等専門学校その他の学校に進学しようとする生徒のある場合には、調査書その他必要な書類をその生徒の進学しようとする学校の校長あて送付しなければならない。
　　ただし、第59条第3項（第73条の16第5項において準用する場合を含む。）及び同条第4項の規定に基づき、調査書を入学者の選抜のための資料としない場合は、調査書の送付を要しない。

第4章　高等学校

第1節　設備、編制、学科及び教科
〔教育課程〕
第57条　高等学校の教育課程は、別表第3に定める各教科に属する科目、特別活動及び総合的な学習の時間によつて編成するものとする。

第57条の2　高等学校の教育課程については、この章に定めるもののほか、教育課程の基準として文部科学大臣が別に公示する高等学校学習指導要領によるものとする。

第4章の2　中等教育学校並びに併設型中学校及び併設型高等学校

第1節　中等教育学校
第65条の3　中等教育学校の前期課程の設備、編制その他設置に関する事項については、中学校設置基準の規定を準用する。
2　中等教育学校の後期課程の設備、編制、学科の種類その他設置に関する事項については、高等学校設置基準の規定を準用する。

第6章　特別支援教育

第73条の2の3　特別支援学校の小学部、中学部又は高等部の学級は、同学年の児童又は生徒で編制するものとする。ただし、特別の事情がある場合においては、数学年の児童又は生徒を一学級に編制することができる。

2　特別支援学校の小学部、中学部又は高等部の学級は、特別の事情のある場合を除いては、視覚障害者、聴覚障害者、知的障害者、肢体不自由者又は病弱者の別ごとに編制するものとする。

3　特別支援学校の幼稚部における保育は、特別の事情のある場合を除いては、視覚障害者、聴覚障害者、知的障害者、肢体不自由者及び病弱者の別ごとに行うものとする。

第73条の7　特別支援学校の小学部の教育課程は、国語、社会、算数、理科、生活、音楽、図画工作、家庭及び体育の各教科（知的障害者である児童を教育する場合は生活、国語、算数、音楽、図画工作及び体育の各教科とする。）、道徳、特別活動、自立活動並びに総合的な学習の時間（知的障害者である児童を教育する場合を除く。）によつて編成するものとする。

第73条の8　特別支援学校の中学部の教育課程は、必修教科、選択教科、道徳、特別活動、自立活動及び総合的な学習の時間によつて編成するものとする。

2　必修教科は、国語、社会、数学、理科、音楽、美術、保健体育、技術・家庭及び外国語（次項において「国語等」という。）の各教科（知的障害者である生徒を教育する場合は国語、社会、数学、理科、音楽、美術、保健体育及び職業・家庭の各教科とする。）とする。

3　選択教科は、国語等の各教科（知的障害者である生徒を教育する場合は外国語とする。）及び第73条の10に規定する特別支援学校小学部・中学部学習指導要領で定めるその他特に必要な教科とし、これらのうちから、地域及び学校の実態

並びに生徒の特性その他の事情を考慮して設けるものとする。

第73条の9　特別支援学校の高等部の教育課程は、別表第3及び別表第4に定める各教科に属する科目（知的障害者である生徒を教育する場合は国語、社会、数学、理科、音楽、美術、保健体育、職業、家庭、外国語、情報、家政、農業、工業及び流通・サービスの各教科並びに第73条の10に規定する特別支援学校高等部学習指導要領で定めるこれら以外の教科とする。）、特別活動（知的障害者である生徒を教育する場合は、道徳及び特別活動とする。）、自立活動及び総合的な学習の時間によつて編成するものとする。

第73条の10　特別支援学校の教育課程については、この章に定めるもののほか、教育課程の基準として文部科学大臣が別に公示する特別支援学校幼稚部教育要領、特別支援学校小学部・中学部学習指導要領及び特別支援学校高等部学習指導要領によるものとする。

第7章　幼稚園

〔教育週数〕
第37条　幼稚園の毎学年の教育週数は、特別の事情のある場合を除き、39週を下つてはならない。

〔教育課程〕
第38条　幼稚園の教育課程その他の保育内容については、この章に定めるもののほか、教育課程の基準として文部科学大臣が別に公示する幼稚園教育要領によるものとする。

教育公務員特例法
(抜粋)

（昭和24年1月12日法律第1号）
最終改正：平成19年6月27日法98

第1章　総　則

〔この法律の趣旨〕
第1条　この法律は、教育を通じて国民全体に奉仕する教育公務員の職務とその責任の特殊性に基づき、教育公務員の任免、給与、分限、懲戒、服務及び研修等について規定する。

〔定義〕
第2条　この法律で「教育公務員」とは、地方公務員のうち、学校教育法（昭和22年法律第26号）第1条に定める学校であつて、同法第2条に定める公立学校（地方独立行政法人法（平成15年法律第118号）第68条第1項に規定する公立大学法人が設置する大学及び高等専門学校を除く。以下同じ。）の学長、校長（園長を含む。以下同じ。）、教員及び部局長並びに教育委員会の教育長及び専門的教育職員をいう。

2　この法律で「教員」とは、前項の学校の教授、准教授、助教、副校長（副団長を含む。以下同じ。）、教頭、主幹教諭、指導教諭、教諭、助教諭、養護教諭、養護助教諭、栄養教諭及び講師（常時勤務の者及び地方公務員法（昭和25年法律第261号）第28条の5第1項に規定する短時間勤務の職を占める者に限る。第

23条第2項を除き、以下同じ。）をいう。
3　この法律で「部局長」とは、大学（公立学校であるものに限る。第26条第1項を除き、以下同じ。）の副学長、学部長その他政令で指定する部局の長をいう。
4　この法律で「評議会」とは、大学に置かれる会議であつて当該大学を設置する地方公共団体の定めるところにより学長、学部長その他の者で構成するものをいう。
5　この法律で「専門的教育職員」とは、指導主事及び社会教育主事をいう。

　　　第2章　任免、給与、分限及び懲戒

　　第2節　大学以外の公立学校の
　　　　　　校長及び教員
〔採用及び昇任の方法〕
第11条　公立学校の校長の採用並びに教員の採用及び昇任は、選考によるものとし、その選考は、大学附置の学校にあつては当該大学の学長、大学附置の学校以外の公立学校にあつてはその校長及び教員の任命権者である教育委員会の教育長が行う。
〔条件附任用〕
第12条　公立の小学校、中学校、高等学校、中等教育学校、特別支援学校及び幼稚園（以下「小学校等」という。）の教諭、助教諭及び講師（以下「教諭等」という。）に係る地方公務員法第22条第1項に規定する採用については、同項中「6月」とあるのは「1年」として同項の規定を適用する。
2　地方教育行政の組織及び運営に関する法律（昭和31年法律第162号）第40条に定める場合のほか、公立の小学校等の校長又は教員で地方公務員法第22条第1項（前項の規定において読み替えて適用する場合を含む。）の規定により正式任用になっている者が、引き続き同一都道府県内の公立の小学校等の校長又は教員に任用された場合には、その任用については、同条同項の規定は適用しない。

　　　第3章　服　務

〔兼職及び他の事業等の従事〕
第17条　教育公務員は、教育に関する他の職を兼ね、又は教育に関する他の事業若しくは事務に従事することが本務の遂行に支障がないと任命権者（地方教育行政の組織及び運営に関する法律第37条第1項に規定する県費負担教職員については、市町村(特別区を含む。以下同じ。)の教育委員会。第23条第2項及び第24条第2項において同じ。）において認める場合には、給与を受け、又は受けないで、その職を兼ね、又はその事業若しくは事務に従事することができる。
2　前項の場合においては、地方公務員法第38条第2項の規定により人事委員会が定める許可の基準によることを要しない。
〔公立学校の教育公務員の政治的行為の制限〕
第18条　公立学校の教育公務員の政治的行為の制限については、当分の間、地方公務員法第36条の規定にかかわらず、国家公務員の例による。
2　前項の規定は、政治的行為の制限に違反した者の処罰につき国家公務員法（昭和22年法律第120号）第110条第1項の例による趣旨を含むものと解してはならない。

第4章 研修

〔研修〕
第21条　教育公務員は、その職責を遂行するために、絶えず研究と修養に努めなければならない。
2　教育公務員の任命権者は、教育公務員の研修について、それに要する施設、研修を奨励するための方途その他研修に関する計画を樹立し、その実施に努めなければならない。

〔研修の機会〕
第22条　教育公務員には、研修を受ける機会が与えられなければならない。
2　教員は、授業に支障のない限り、本属長の承認を受けて、勤務場所を離れて研修を行うことができる。
3　教育公務員は、任免権者の定めるところにより、現職のままで、長期にわたる研修を受けることができる。

〔初任者研修〕
第23条　公立の小学校等の教諭等の任命権者は、当該教諭等（政令で指定する者を除く。）に対して、その採用の日から1年間の教諭の職務の遂行に必要な事項に関する実践的な研修（以下「初任者研修」という。）を実施しなければならない。
2　任命権者は、初任者研修を受ける者（次項において「初任者」という。）の所属する学校の副校長、教頭、主幹教諭（養護又は栄養の指導及び管理をつかさどる主幹教諭を除く。）、指導教諭、教諭又は講師のうちから、指導教員を命じるものとする。
3　指導教員は、初任者に対して教諭の職務の遂行に必要な事項について指導及び助言を行うものとする。

〔10年経験者研修〕
第24条　公立の小学校等の教諭等の任命権者は、当該教諭等に対して、その在職期間（公立以外の小学校等の教諭等としての在職期間を含む。）が10年（特別の事情がある場合には、10年を標準として任命権者が定める年数）に達した後相当の期間内に、個々の能力、適性等に応じて、教諭等としての資質の向上を図るために必要な事項に関する研修（以下「10年経験者研修」という。）を実施しなければならない。
2　任命権者は、10年経験者研修を実施するに当たり、10年経験者研修を受ける者の能力、適性等について評価を行い、その結果に基づき、当該者ごとに10年経験者研修に関する計画書を作成しなければならない。
3　第1項に規定する在職期間の計算方法、10年経験者研修を実施する期間その他10年経験者研修の実施に関し必要な事項は、政令で定める。

〔指導改善研修〕
第25条の2　公立の小学校等の教諭等の任命権者は、児童、生徒又は幼児（以下「児童等」という。）に対する指導が不適切であると認定した教諭等に対して、その能力、適性等に応じて、当該指導の改善を図るために必要な事項に関する研修（以下「指導改善研修」という。）を実施しなければならない。
2　指導改善研修の期間は、1年を超えてはならない。ただし、特に必要があると認めるときは、任命権者は、指導改善研

修を開始した日から引き続き2年を超えない範囲内で、これを延長することができる。
3　任命権者は、指導改善研修を実施するに当たり、指導改善研修を受ける者の能力、適性等に応じて、その者ごとに指導改善研修に関する計画書を作成しなければならない。
4　任命権者は、指導改善研修の終了時において、指導改善研修を受けた者の児童等に対する指導の改善の程度に関する認定を行わなければならない。
5　任命権者は、第1項及び前項の認定に当たつては、教育委員会規則で定めるところにより、教育学、医学、心理学その他の児童等に対する指導に関する専門的知識を有する者及び当該任命権者の属する都道府県又は市町村の区域内に居住する保護者（親権を行う者及び未成年後見人をいう。）である者の意見を聴かなければならない。
6　前項に定めるもののほか、事実の確認の方法その他第1項及び第4項の認定の手続に関し必要な事項は、教育委員会規則で定めるものとする。
7　前各項に規定するもののほか、指導改善研修の実施に関し必要な事項は、政令で定める。

〔指導改善研修後の措置〕
第25条の3　任命権者は、前条第4項の認定において指導の改善が不十分でなお児童等に対する指導を適切に行うことができないと認める教諭等に対して、免職その他の必要な措置を講ずるものとする。

第5章　大学院修学休業

〔大学院修学休業の許可及びその要件等〕
第26条　公立の小学校等の主幹教諭、指導教諭、教諭、養護教諭、栄養教諭又は講師（以下「主幹教諭等」という。）で次の各号のいずれにも該当するものは、任命権者の許可を受けて、3年を超えない範囲内で年を単位として定める期間、大学（短期大学を除く。）の大学院の課程若しくは専攻科の課程又はこれらの課程に相当する外国の大学の課程（次項及び第28条第2項において「大学院の課程等」という。）に在学してその課程を履修するための休業（以下「大学院修学休業」という。）をすることができる。
一　主幹教諭（養護又は栄養の指導及び管理をつかさどる主幹教諭を除く。）、指導教諭、教諭又は講師にあつては教育職員免許法（昭和24年法律第147号）に規定する教諭の専修免許状、養護をつかさどる主幹教諭又は養護教諭にあつては同法に規定する養護教諭の専修免許状、栄養の指導及び管理をつかさどる主幹教諭又は栄養教諭にあつては同法に規定する栄養教諭の専修免許状の取得を目的としていること。
二　取得しようとする専修免許状に係る基礎となる免許状（教育職員免許法に規定する教諭の一種免許状若しくは特別免許状、養護教諭の一種免許状又は栄養教諭の一種免許状であつて、同法別表第3、別表第5、別表第6、別表第6の2又は別表第7の規定により専修免許状の授与を受けようとする場合

には有することを必要とされるものをいう。次号において同じ。）を有していること。
三　取得しようとする専修免許状に係る基礎となる免許状について、教育職員免許法別表第3、別表第5、別表第6、栄養教諭又は別表第7に定める最低在職年数を満たしていること。
四　条件付採用期間中の者、臨時的に任用された者、初任者研修を受けている者その他政令で定める者でないこと。
2　大学院修学休業の許可を受けようとする主幹教諭等は、取得しようとする専修免許状の種類、在学しようとする大学院の課程等及び大学院修学休業をしようとする期間を明らかにして、任命権者に対し、その許可を申請するものとする。

第6章　職員団体

〔公立学校の職員の職員団体〕
第29条　地方公務員法第53条及び第54条並びに地方公務員法の一部を改正する法律（昭和40年法律第71号）附則第2条の規定の適用については、1の都道府県内の公立学校の職員のみをもつて組織する地方公務員法第52条第1項に規定する職員団体（当該都道府県内の1の地方公共団体の公立学校の職員のみをもつて組織するものを除く。）は、当該都道府県の職員をもつて組織する同項に規定する職員団体とみなす。
2　前項の場合において、同項の職員団体は、当該都道府県内の公立学校の職員であつた者でその意に反して免職され、若しくは懲戒処分としての免職の処分を受け、当該処分を受けた日の翌日から起算して1年以内のもの又はその期間内に当該処分について法律の定めるところにより審査請求をし、若しくは訴えを提起し、これに対する裁決又は裁判が確定するに至らないものを構成員にとどめていること、及び当該職員団体の役員である者を構成員としていることを妨げない。

索 引

●あ●

アートセラピー（芸術療法）	186
愛国教育	34
アイゼンク	184
アイデンティティー	64
愛のムチ	166
『アヴェロンの野生児』	21
アスペルガー障害	175
アリストテレス	126
委員会	75
畏敬の念	139
一視同仁	14
一種免許状	42
一斉方式	119
一般教育学	112
イデア	29
居間の教育	12
ヴィゴツキー	111
AD/HD	175
『エミール』	19, 111
エリクソン	61
LD	175
エレン・ケイの『児童の世紀』	108
オープン・エデュケーション（開放教育制度）	119
『狼に育てられた子――カマラとアマラの養育日記』	21
公の性質	104

●か●

カール・ロジャーズ	164
外国語活動	101
介護等体験	44
ガイダンス	158
カウンセリング	163, 174
――・マインド	178
科学的概念	58
核家族	133
学習指導要領	143
――一般編（試案）	88
――の法的拘束性	92
学習の動機	30
覚醒	29
学制が発布	88
学校教育目標	69
学力中心の教育	34
可型性（可塑性）	4
家族カウンセリング	187
語りかけ	115, 116
学級活動	145
学級経営	46
学級担任（ホームルーム担当）	47, 161
学級崩壊	47
学校運営	77
学校カウンセラー	163
学校学習のモデル	114
学校教育法	47
――施行規則	48, 90
学校教育目標	69
学校教員	36
――の身分	48
学校行事	144
学校心理士	180
学校評価	82
学校評議員制度	77

索　引　221

家庭 134
　──教育 135
課程認定制度 42
壁のない教室 120
カロカガティア 29
感覚 27
感覚運動的 54
完全習得学習(マスタリー・ラーニング) 114
管理・教授・訓練 107
管理職 81
危機管理 83
機能概念 160
機能主義 61
木の花法 115
規範意識 138
基本的な生活習慣 138, 146
キャロル 114
休職 52
教育愛 12
『教育学講義』 19
教育課程 88
　──の編成権者 103
教育基本法 131
教育公務員 49
　──特例法 49
教育使節団 95
教育実習の意義や目的 43
教育職員免許法 42
教育職員養成審議会 38
教育水準の確保 105
教育相談 163, 174
　──員 163
　──係 123
教育勅語 95
教育内容の構造化 108
『教育の過程』 109
教育の機会均等 105
教育方法学 107
教育目的 23
教育目標 23
教員研修 90
教員数 36
教員の資質能力 38
教員免許更新制 41

教員養成 42
教科課程 88
教科担任制 141
共感的理解 182
教材の構造化 109
教師の仕事 45
教職という仕事の難しさ 38
教職の魅力 37
教師力 114
教聖 29
教頭 81
共同感情 7
学年・学級制 46
クラブ活動 148
グループ・エンカウンター 183
クレーマー 84
訓育 122
計画設計 113
形式陶冶 66, 110
継時近接法 186
系統 112
系統的脱感作法 184
ゲゼル 53
欠陥存在 20
欠損家庭 170
言語活動 56
研修 85
県費負担教職員 49
厳父慈母 8
行為障害 193
公教育 93
公共の福祉 131
校訓 69
構成主義 55
校則 165
校長 80, 81
行動主義 55
行動療法 184
広汎性発達障害 189
校務分掌 47
『国家』 29
コメニウス 108

●さ●

災害	83
最初の微笑み	7
自我意識	137
事故	84
思考活動	56
自己同一性	6
資質能力	38
──の向上策	40
自主編成権	92
至上命令	32
自然人	32
自然による教育	33
自他の生命の尊重	139
実行	113
実質陶冶	111
実践力	114
『実存哲学と教育学』	130
指導案	46
児童会	147
──活動	147
──・生徒会活動	147
指導教諭	82
指導計画	152
指導力不足教員の問題	52
自閉障害	175
社会化	134
『社会契約論』	33
社会人	32
社会的学習	56
社会的動物	5
社会的分散認知システム	59
習熟度別学習	120
習熟度別指導	99
10年経験者研修	41
主幹教諭	81
主観主義	28
授業	45
──の構造-課程	118
「──の三角形」モデル	118
──力	114
主知主義	60
主張訓練法	185
出席停止	167
主任	81
シュプランガー	110
受容的態度	182
状況に埋め込まれた認知	59
小集団方式	119
情動	60
食育	146
職員会議	79
職業的教師	26
食習慣	146
職務上の義務	50
助産	29
初任者研修	41
人格の完成	158
信頼の最初の芽	136
真理	27
心理システム	62
スクール・カウンセラー	123
スクールサポータ	44
スピノザ	60
スペンサー	111
生活指導	122, 158
生殖家族	132
精神分析療法	181
生徒会	147
生徒指導	158
──主事	161
生徒理解	162
生理的早産	20
世界に開かれた存在	21
セクトのない教室	120
積極的傾聴	182
専修免許状	42
全人	16, 29
前操作的	54
ソーンダイク	111
総合的学習	34
総合的な学習の時間	99
操作的	54
相対主義	28
属性	32
ソクラテス	127

索　引　　223

組織　69
ソフィスト　25

特別免許状　42
ドリル学習　110

●た●

『大教授学』　21, 111
大綱的基準　92
体罰　166
対話　28
託卵　20
多文化　65
魂の助産術　29
単独学級　119
地域社会の匿名性　171
知識基盤社会　100
知識の商人　26
知的障害　189
地方公務員法　48
中央教育審議会　40
『中学校学習指導要領解説──道徳編』　137
中間管理職　81
懲戒　51, 165
　　──処分　51
調整　109
聴聞の機会の保障　166
直観　112
つまずき　117
『テアエテートス』　29
ティーチング　107
ティーム・ティーチング　118
定位家族　132
適正手続き　166
デューイの理論　95
デルボラフ　113
転移　109
ドーキンス　59
トークンエコノミー　185
問い　115
問いかけ　116
道徳　127
道徳教育推進教師　110, 123, 140
道徳教育の全体計画の作成　141
独創性　109
特別活動　143

●な●

ナイサー　55
なすことによって学ぶ　111
二種免許状　42
2欄法　115
人間化　20
人間中心アプローチ　181
認知構造　62
任命権者　49
年齢期　61
脳髄化　21
『ノモイ』　29

●は●

バーンアウト現象　38
媒介学習体験　62
パイデイア思想　29
発達の最近接領域　58
発問　116
犯罪　83
反社会的な行動　172
バンデューラ　56
範例学習　113
ピアジェ　53
非行　168
非社会的な行動　172
必修科目未履修　91
必修クラブ活動　99
必履修科目　91
人による教育　33
美にして善　16
評価　113, 155
評価制度　82
標準時数　97
フィッシュボーン法　115
フォイヤーシュタイン　62
副校長　81
服務　50
　　──の監督　51

普遍的なるもの……………………28
ブルーナー…………………………109
プレイセラピー（遊戯療法）……186
フレイレ……………………………66
フロイト……………………………181
プロジェクトチーム………………76
分限…………………………………51
　　――処分………………………52
分掌…………………………………70
ペスタロッチ…………………112, 136
ベルのならない教室………………120
ヘルバルト…………………………107
弁論術………………………………25
保育内容「環境」…………………150
奉仕体験活動………………………140
放任・過保護………………………170
方法…………………………………112
母子関係……………………………133
補助教材……………………………90
ボルノー……………………………130

●ま●

身分上の義務………………………50
無知…………………………………28
明瞭…………………………………112
『メノン』…………………………29
免許更新講習会……………………41
メンタルヘルス……………………86
目的設定……………………………113
目的論………………………………60

モデリング…………………………185
ものによる教育……………………33
模倣…………………………………6
モレノ………………………………183
モンスターペアレンツ……………84

●や●

ユーモア……………………………135
ゆとり教育…………………………34
幼稚園教育要領……………………143
善さ…………………………………126

●ら●

来談者中心カウンセリング………181
『ラケス』…………………………29
ラトケ………………………………108
力動性と融通性……………………119
理想国………………………………29
リテラシー…………………………65
流暢性………………………………109
領域概念……………………………160
臨時免許状…………………………42
臨床心理士…………………………180
臨床発達心理士……………………180
ルソー………………………………111
連合…………………………………112
ロールプレイ………………………182
ロジャース…………………………177

■執筆者紹介（執筆順、＊印は編者）

＊武安　宥（たけやす たもつ）	関西学院大学名誉教授		第1章
成山文夫（なりやま ふみお）	武庫川女子大学文学部教授		第2章
南本長穂（みなみもと おさお）	関西学院大学教職教育研究センター教授		第3章
竹内伸宜（たけうち のぶよし）	頌栄短期大学教授		第4章
加藤巡一（かとう じゅんいち）	神戸松蔭女子学院大学人間科学部教授		第5章
＊角本尚紀（かくもと なおき）	神戸海星女子学院大学名誉教授・前学長		第6章・10章
上寺常和（かみでら つねかず）	姫路獨協大学医療保健学部教授		第7章
広岡義之（ひろおか よしゆき）	兵庫大学健康科学部教授		第8章
西本　望（にしもと のぞむ）	武庫川女子大学文学部教授		第9章・11章

教職概論

2009年3月30日　初版第1刷発行
2013年10月20日　初版第3刷発行

編　者　武安 宥・角本尚紀
発行者　齊藤万壽子
〒606-8224　京都市左京区北白川京大農学部前
発行所　株式会社昭和堂
振込口座　01060-5-9347
TEL(075)706-8818／FAX(075)706-8878
ホームページ　http://www.showado-kyoto.jp/

印刷　中村印刷

©武安 宥・角本尚紀ほか 2009

ISBN 978-4-8122-0914-1
＊落丁本・乱丁本はお取り替え致します。
Printed in Japan

本書のコピー、スキャン、デジタル化等の無断複製は著作権法上での例外を除き禁じられています。本書の代行業者等の第三者に依頼してスキャンやデジタル化をすることは、たとえ個人や家庭内での利用でも著作権法違反です。

武安宥 編 長尾和英	人間形成のイデア［改訂版］	定価二四一五円
亀井伸孝 著	遊びの人類学ことはじめ——フィールドで出会った子どもたち	定価二五二〇円
小松茂久 編	教育行政学——教育ガバナンスの未来図	定価二四一五円
井上美智子 著	幼児期からの環境教育	定価四四一〇円
今村光章 著	環境教育という〈壁〉	定価三一五〇円
ジョン・アラン 他著 高石浩一 他訳	ユング派の学校カウンセリング——癒しをもたらす作文指導	定価二六二五円

昭和堂

（定価には消費税5%が含まれています）